「ESDでひらく未来」シリーズ

教育の課程と方法

持続可能で包容的な未来のために

鈴木敏正
降旗信一 編著

学文社

〈執筆者〉

鈴木　敏正	北海道文教大学	［序章・第1章］
梅津　徹郎	北海道文教大学	［第2章］
安藤　聡彦	埼玉大学	［第3章］
古里　貴士	東海大学	［第3章］
朝岡　幸彦	東京農工大学	［第4章］
小玉　敏也	麻布大学	［第4章・補章Ⅰ］
宋　　美蘭	北海道大学（非）	［第5章］
吉岡亜希子	北海道文教大学	［第5章］
岩本　　泰	東海大学	［第6章］
仙田　　考	鶴見大学短期大学部	［第6章］
井上　大樹	札幌学院大学	［第7章］
降旗　信一	東京農工大学	［補章Ⅱ］
長谷川万希子	高千穂大学	［補章Ⅱ］
甚野　雄治	東京都杉並区立大宮小学校	［補章Ⅱ］
水山　光春	青山学院大学	［第8章］
二ノ宮リムさち	東海大学	［第9章］
佐野　淳也	同志社大学	［第9章］

はじめに

　21 世紀は，モノやサービスあるいは情報でもなく，急速に変容する「知」
へのかかわり方が国や社会そして個人の行く末をも左右する「知識基盤社会」
であるといわれてきた。巨大津波と過酷な原発事故を伴った東日本大震災
(2011 年) 以後は，「リスク社会」あるいは「不確実性・不確定性の時代」であ
ることが強調され，これまでの社会制度や政策のあり方だけでなく，自然・人
間・社会に対する見方・考え方・行動の仕方が問い直されてきた。

　こうしたなかで，2030 年度を目標とし，2020 年度に小学校から本格実施を
予定されている「学習指導要領」が文部科学省によって示され，2017 年度か
ら一部先行実施が始まっている。学習指導要領は，1958 年度から「教育課程
の基準 (2008 年度からは最低基準)」とされてきたものであるが，今回の新学習
指導要領は 21 世紀型学習をめざすものとして，「社会に開かれた教育課程」や
「主体的・対話的で深い学び（アクティブ・ラーニング）」あるいは「グローバ
ル人材の育成」などのスローガンが話題を呼び，教育関係者だけでなく広くマ
スコミなどを含めて，将来社会の担い手の育て方をめぐっての議論が実施前か
ら活発になされてきた。

　以上のような動向において本書は，「持続可能で包容的な未来のための教育」
の「課程と方法」の基本的なあり方を提起し，それを具体化する実践例をふま
えて，今後の課題を考えようとしている。

　「持続可能な未来」への課題といえば，まず自然環境・資源問題を思い浮か
べる人が多いであろう。しかし，とくに 21 世紀に入って深刻化する子どもの
格差・貧困問題，（社会的孤立・不登校やいじめ・虐待問題といった）地域・学
校・家族からの「社会的排除問題」は，社会の分裂と崩壊をもたらしかねず，
それらの問題の克服を抜きにして，「持続可能な未来」は切り拓くことはでき

ない。「持続可能性」とあわせて「包容的な（異質な他者・少数者を排除しない）未来」を重視する理由である。

　本書の特徴は，次の４つである。

　第一は，新学習指導要領への対応の仕方である。本書は，すでに多く出回りつつあるような解説や説明をするテキストではなく，新学習指導要領の性格を理解し，その批判的発展をはかりつつ，現場に立つ教員みずからが（保護者・地域住民そして教育関係職員と協力しつつ）「教育の課程と方法」を創造していく際に必要な視点を提供することをめざしている。

　第二に，教育の「課程と方法」を統一的にとらえることを重視したことである。これまでにも「教育課程の基準」とされてきた学習指導要領（それに基づく検定教科書）は，教育内容に対する国家的統制や教育の画一化につながるものとして批判があったが，教育の目的や方法に及ぶということになれば，「学習指導要領」としても逸脱していると批判されよう。その一方でしかし，本来，学校や地域の現場での教育実践は一定の「教育目的」のもとでの「教育内容と教育方法の統一」であり，教育方法なくして教育内容なし，という関係がある。そこで本書は，できるかぎり具体的な教育実践を取り上げ，「教育課程論」としても「教育方法論」としても利用可能なテキストをめざしている。

　第三は，国際的な教育運動，とくに21世紀的動向としての「持続可能な開発（発展）のための教育（Education for Sustainable Development；ESD）」をふまえて，「持続可能で包容的な未来」に向けた教育実践の方向を示していることである。ユネスコを中心にした「ESDの10年（DESD, 2005-2014）」の運動は，現在その後継の５カ年計画「ESDに関するグローバル・アクション・プログラム（GAP）」に引き継がれている。それは国連が提起している「持続可能な開発目標（Sustainable Development Goals；SDGs, 2015-2030）」の一環として位置づけられているが，その目標年次は新学習指導要領と同じ2030年である。DESDを提案し，その総括会議を日本で開催した日本の政府とNGOとしてもこの動向を無視できないであろう。

　第四は，幼児・初等・中等教育それぞれの教育課程づくりの課題を考えると

ともに，それらの枠を超えた大学教育や民間教育運動，そして韓国や英国の実践例を取り上げて，旧来よりも広い視野から，新学習指導要領が強調する「社会に開かれた教育課程」のあり方を考えようとしていることである。1998年版学習指導要領からのキャッチフレーズである「生きる力」は1970年代，もともと民間教育運動から提起されたものでもある。もう1つのキャッチフレーズ「アクティブ・ラーニング（能動的学習）」（新学習指導要領では「主体的・対話的で深い学び」）は大学教育改革から始まっている。日本の学校教育を相対化して考えるうえで，国際的経験に学ぶことが不可欠であることはいうまでもない。

　以上をふまえて，本書は次のように構成されている。

　序章（鈴木敏正）では，「教育課程」の理解とその21世紀的課題，「社会に開かれた教育課程」のあり方，そして学力問題と「21世紀型学習」について再検討し，そのうえでESDの視点から考えることの重要性を指摘する。

　第1章（鈴木）は，教育課程論の基本的視点として，教育課程（カリキュラム）を「誰が，誰に対して，何のために」編成するのかを提起し，その21世紀的課題を整理する。そして現代カリキュラム編成原理を提示，代表例として環境教育（自然エネルギー教育），実践例として「15年一貫環境教育」をあげる。

　第2章（梅津徹郎）は教育の課程と方法の歴史的展開過程を再整理する。ここでは，学習指導要領の歴史の批判的再検討をし，自主的教育研究団体による実践的経験から学びつつ，カリキュラムづくりの基本，とくに教師たちによる「自覚的協働関係」形成の重要性を指摘する。

　第3章（安藤聡彦・古里貴士）では，教育課程の自主的編成，具体的には「公害教育カリキュラム」づくりの歴史的経験を取り上げる。それは目の前の子どもの現実から出発し，公害反対運動に支えられたカリキュラムづくりである。日本の代表的公害地区，四日市市と水俣市の実践例から学ぶ。

　以上を念頭に次の2つの章（および1つの補章）では，グローバリゼーション時代の「双子の基本問題」，すなわち「地球的環境問題」と「貧困・社会的排除問題」にかかわる教育実践について考える。ESDは，この両者にまたが

る。

　第4章（小玉敏也・朝岡幸彦）では，ESD 時代のカリキュラム改革のあり方と具体的方法論を提起する。背景となる価値観，具体的な教育課程編成のあり方を考えたうえで代表的実践例を紹介しつつ，どの学校でも取り組みうる ESD カリキュラム様式を提示する。後半では，「社会に開かれた教育課程」とくに「主体的・対話的で深い学び」を字義どおりの内容にするための課題を，飯田市 OIDE 長姫高等学校「地域人教育」と府中市立府中第5中学校「ESD 塾」（不登校生徒等向け実験学級）の実践例をとおして提起する。

　この章の補章Ⅰ（小玉敏也）として，「原発学習」の教育課程づくりの経験を取り上げる。2016 年にあらためて社会問題化した「原発いじめ」を考えるだけでも，その今日的重要性が知れよう。この実践は，原発学習の可能性と同時に，教師が「わたしの教育課程」を創ることの重要な意義を明らかにしている。

　第5章（宋美蘭・吉岡亜希子）は，「もっとも近くて遠い国」である韓国の「代案学校（もうひとつの学校）」の実践例を取り上げる。代案学校の成立史と現段階の特徴にふれたのち，学校制度の内外，そして農村型・都市型という2つの視点から4つの実践例を選び，それぞれの実践例を紹介し，それらの意義と日本の教育実践への示唆を考える。

　以上をふまえて第6〜9章では，学校種ごとの検討をする。

　第6章（岩本泰・仙田考）は，「子育て新制度」のもとでその存在意義が問われている幼稚園教育を取り上げる。まず「幼稚園教育要領」を吟味し，とくに環境を通した遊びから学びへの「教育の課程と方法」を考える。そして，「園庭自然のふれあいの場」創生の3つの実践事例を取り上げてその意義を考察する。

　第7章（井上大樹）は，最近の学校改革による小学校らしさの変容を「こどもの時間」の喪失傾向ととらえる。そして，これに対する教育課程づくりの方向を「こどもの時間」を重視した授業づくり，共通研究主題に基づく部会活動によるカリキュラム・マネジメント，そして家庭・地域に開かれた通学合宿と

コミュニティスクール活動の実践例によって示す。

　さらに補章Ⅱ（降旗信一・戔谷川万希子・甚野雄治）では，「教育の課程と方法」を具体的に開発していく際に，教師たちの学び合いと協同活動（「同僚性」）が重要であることを，実践的経験から考える。取り上げるのは，学校統廃合の危機を乗り越え，「ペア学習」という新しい教育方法を開発してきた東京都内のある公立小学校の取り組みである。

　第8章（水山光春）は，中等教育の今日的焦点である「市民性教育」を取り上げる。日本では2016年の「18歳選挙権」実施を契機に，にわかに「主権者教育」をめぐる議論が巻き起こっているが，「市民性教育」の内実については今後の理論的・実践的検討にまつところが多い。ここでは，英国のシティズンシップ教育を比較対象として取り上げ，その経験から日本の「市民性教育」が学ぶべきことを提起する。

　これに連続して，第9章（二宮リムさち・佐野淳也）では大学教育の「課程と方法」を市民育成と社会変革の視点から検討する。「深い」アクティブ・ラーニングが重視されてきている動向をふまえ，東海大学学士課程と同志社大学大学院総合政策科学研究科の実践例から，新たな市民育成の課題を考える。

　なお，本書では巻末に「関連資料」を付けているので，随時参照いただきたい。

　本書は，教育職員免許法上の「教育課程の意義及び編成の方法」に照応したテキストとして，教職について学ぶ学生・大学院生を読者として念頭においている。しかし同時に，現代教育の基本的課題をふまえつつ，かつてないほどの包括的な内容をもつ新学習指導要領にも対応したものとして，現職教員や教育関連職員，そして「持続可能で包容的な社会」や「未来のための教育」に関心のある市民や研究者にも読んでいただくことを希望している。

編者を代表して

鈴木　敏正

目　次

はじめに　　i

序　章　21世紀の「教育の課程と方法」 ─────────── **1**

　序-1　「教育課程」とは　　2

　序-2　「社会に開かれた教育課程」　　4

　序-3　学力問題と21世紀型学力　　8

　序-4　21世紀型学習とESD　　12

第1章　誰が，誰に対して，何のために―カリキュラム編成の基本原理― ── **18**

　1-1　21世紀の教育・学習主体　　18

　1-2　教育の目的と「人格としての子ども」　　21

　1-3　現代のカリキュラム原理　　24

　1-4　現代知の構造と自己教育主体形成　　29

第2章　教育課程の課題と授業づくりの歴史 ─────── **35**

　2-1　校歌から考える教育課程編成と子ども・地域の課題　　35

　2-2　学習指導要領の変遷と財界・企業の教育要求　　37

　2-3　教育課程編成をめぐる現代的課題　　42

　2-4　戦後日本の自主編成運動と授業づくりの展開　　46

第3章　教育課程の自主編成―公害教育カリキュラムづくりを事例として― ── **52**

　3-1　教育課程の自主編成　　52

　3-2　四日市市における公害教育カリキュラムの自主編成　　54

　3-3　水俣市における公害教育カリキュラムの自主編成　　62

　3-4　教育課程の自主編成の意義　　69

第4章　ESD時代のカリキュラム改革と方法論 ─────── **71**

　4-1　「持続可能な社会の創り手」を育てる教育への転換　　71

4-2 ESD 時代の教育課程（カリキュラム）のあり方　**74**

4-3 「社会に開かれた教育課程（カリキュラム）」の模索　**80**

4-4 「主体的・対話的で深い学び」を実現するために　**86**

補　章 I　「わたしの教育課程」を創る ———————————— **88**
　　　　 —道徳『健一の悩み』・総合学習『東北の 12 歳は今』の授業事例を通して—

I-1 道徳授業『健一の悩み』の概要　**88**

I-2 総合学習『東北の 12 歳は今』の概要　**95**

I-3 「わたしの教育課程」をどのように実現するか　**101**

第 5 章　韓国の「もうひとつの学校」代案学校 ———————— **105**
　　　　 —代案教育における新しい学びへの転換—

5-1 「競争教育」から「共同・協同」による学びへの転換運動　**105**

5-2 韓国の代案学校の法制度的位置づけと類型　**109**

5-3 競争・社会的排除から「包容」と「寛容」への多様な学びと教育実践事例
　　　 109

5-4 「もうひとつの学校」代案学校の成果　**128**

第 6 章　幼稚園の教育の課程と方法 ———————————— **129**

6-1 幼稚園から認定子ども園への潮流　**129**

6-2 幼稚園教育の教育課程　**132**

6-3 遊びと学びの教育課程と方法　**135**

6-4 自らかかわり，語り合い，協働する機会と場　**136**

6-5 包容的な未来を担う子どもたちを育む教育課程と方法への展望　**144**

第 7 章　小学校の教育の課程と方法—毎日の授業を「こどもの時間」に— — **147**

7-1 かわりゆく小学校授業の風景　**147**

7-2 「教育改革」ラッシュが変えた小学校のあり方　**149**

7-3 小学校教育の根幹のゆらぎ　**150**

7-4 「こどもの時間」によるカリキュラム・マネジメント　**154**

7-5 「こどもの時間」を家庭・地域に広げる　**160**

補　章Ⅱ　持続可能性を追求する「教育の課程と方法」の開発を支える「同僚性」 ― **162**
　　　　　―A 小学校の研究実践を通して―

Ⅱ-1　学校統廃合の危機に直面して　**162**

Ⅱ-2　同僚性に基づくアクティブ・ラーニングの試み　**164**

Ⅱ-3　同僚性に基づく教育の今後の持続可能性　**173**

第 8 章　中学校・高等学校の教育の課程と方法 ――――――― **176**

8-1　校種間の連携における課題　**176**

8-2　シティズンシップ教育とは何か　**177**

8-3　英国におけるシティズンシップ教育　**179**

8-4　日本における市民性（シティズンシップ）教育　**186**

8-5　教育課程からみる市民性教育の課題とこれから　**193**

第 9 章　大学の教育の課程と方法―「市民」の育成と社会変革― ――― **196**

9-1　大学の教育課程とは：誰が，誰に対して，何のために　**196**

9-2　大学教育における質的転換の模索―「アクティブ・ラーニング」　**201**

9-3　大学教育における質的転換の現場から　**203**

9-4　持続可能で包容的な未来へ向けた大学教育へ　**209**

　おわりに　**211**

　関連資料　**213**

　索　引　**226**

序　章
21世紀の「教育の課程と方法」

　文部科学省が告示する「学習指導要領」は，1958年以降，「教育課程の基準」とされてきた。しかし，「教育課程」とはそもそも何であろうか。

　まずはインターネット時代，ウィキペディアをのぞいてみよう。教育課程は「教育内容の広範かつ一般的な計画という側面をもつ。カリキュラムの同義語と捉えられることもあるが，カリキュラムのうち，具体的な教育計画を指すこともある」とある（2017年5月閲覧）。つぎに，『広辞苑』（第6版，岩波書店）をみる。教育課程とは「学校教育で望ましい学習が展開されるように配慮してつくられる，教育の目標・内容構成・配当時間などの総体。教科・科目など指導領域を設け，教材を選択・配列することによって編成される。カリキュラム。」となっている。ここでも「カリキュラム」と同義語のように扱われているが，「学校教育」に限定されていて具体的である。

　これらのいわば定番の説明をみても，①教育課程は「教育計画」や「カリキュラム」とどのような関係にあるのだろうか，②教育計画のうち「教育内容」にかかわるものであるならば，それ以外には何があるのだろうか，③「広範かつ一般的な計画」と「具体的な計画」はどのような関係にあるのだろうか，④「具体的な計画」はどう考えたらいいのだろうか，といった疑問が湧くであろう。

　そこでこの序章では，教育計画と教育課程とカリキュラムの関係を整理したうえで，「社会に開かれた教育課程」や「21世紀的学力」「21世紀型学習」を題材にして，「教育の課程と方法」の今日的課題を検討していくことにしよう。

　学校教育内容の編成については，終戦直後は教科構成を中心とする「教科課程」（小学校）や「学科課程」（中学校）という戦前からの用語が使用されていたが，戦後教育改革の過程で，教科外の教育を含む「教育課程」が採用されるようになった。その際に教育課程とは「児童や生徒たちが望ましい成長発達を遂げるために必要な諸経験をかれらに提供しようとする全体計画」だとされた（1951 年版『学習指導要領（一般編）（試案)』）。

　ここにはアメリカの経験主義的「新教育」の一環としての「カリキュラム」づくりの考え方も反映されている。しかし，「学習指導要領」はあくまで「試案」であり，「教育課程」は子どもとその生活を基盤として「本来，教師と児童・生徒によって」（同上）編成されるべきものと考えられたから，戦前からの日本での関連する実践的蓄積もあわせて，各地域・学校での「地域教育計画」づくりの実践のなかで位置づけられた。教育計画・教育課程・カリキュラムづくりが一体となった活動が展開されることになったのである。それらは，憲法・教育基本法体制のもとでの「国民の教育権」を具体化するものだったといえる。

　しかし，1950 年代には「国民の教育権」に対して「国家の教育権」を重視するという「教育における逆コース」の動向が強まり，とくに 1950 年代後半からの高度経済成長時代に入って，教育計画・教育課程・カリキュラムの理解は分裂していく。教育計画は高度経済成長時代に求められる人材養成・配分のための「長期総合教育計画」として，国家と都道府県が中心となって進めていくようになる。学習指導要領は国家による「試案」であったものが，1958 年要領からは「教育課程の基準」とされた。こうしたなかで，現場の教育内容に深いかかわりをもっていたカリキュラムづくりの教育実践的な意味は見失われがちとなった。

　カリキュラムはもともとラテン語の「走路」「人生の来歴」という意味で，それは今日でも「履歴書（curriculum vitae)」という用語に生きている。教育

の領域では，学校における教師と子どもの「教育経験の総体」と理解される。欧米におけるこうした経過をふまえて佐藤学はカリキュラムを，「教師が組織し子どもたちが体験している学びの経験（履歴）」と定義している（佐藤学『カリキュラムの批評』世織書房，1996 年）。そして，「公的な枠組み」としてのカリキュラム＝教育課程と区別される，「教師の構想におけるカリキュラム」「子どもの学習経験の総体としてのカリキュラム」「子どもと教師の創造的な経験の手段と所産としてのカリキュラム」という 3 つの視点を提示している。

　日本での経験をふまえた中内敏夫は，「教育の計画化の前提であり結果でもある子どもの教育的発達とその助成の，法則的で動的な過程」を「教育過程」とし，そのうち「指導目標をプログラム化された教師と子どもの活動として示したもの」が教育課程（curriculum）であり，「文化的諸価値とその伝達過程を子どもの発達段階と進路に即して構造化したもの」であると定義した（中内敏夫『教育学第 1 歩』岩波書店，1988 年）。今日一般に使用されているテキストでは，たとえば「子どもたちの成長と発達に必要な文化を組織した，全体的な計画とそれに基づく実践と評価を統合した営み」であると定義されている（田中耕治編『よくわかる教育課程』ミネルヴァ書房，2009 年）。

　冒頭でみたような辞書類の理解は，以上のような経過の結果だといえる。教育計画・教育課程・カリキュラムの入り組んだ関係を反映して「教育課程」の多様な定義があるが，教育課程は「教育計画」の一環として位置づけられている。それは，狭い意味での計画段階にとどまらず，それに基づく実践と評価，すなわち実践論的領域（カリキュラム論でいう「教師の教育と子どもの学びの経験」）の全体を含むようになってきているといえる。「国際数学・理科教育動向調査（TIMSS）」を実施している「国際教育到達度評価学会（IEA）」では，カリキュラム全体を「意図したカリキュラム」と「実施したカリキュラム」と「達成したカリキュラム」の 3 つに区別している。

　実際の学校現場では，公式に計画された教育内容以外のことが，しばしば教師の主観的意図とも異なって学ばれている（「潜在的または隠れたカリキュラム」）。古川治らは，これまで潜在的カリキュラムについてはとくに学術研究の

分野で注目されてきたが，それらの成果もふまえて学校現場で主流となっている「教育課程」とそれにかかわる営みをとらえる必要があるとしている（古川治・矢野裕俊・前迫孝憲編『教職をめざす人のための教育課程論』北大路書房，2015 年）。

　ここで学術研究の分野とされているのは，欧米の批判的教育社会学に始まる動向であろう。とくに 1960 年代から英米で行われた教育調査によって，子どもの階級的・階層的格差を縮小するはずであった学校教育がかえって格差を固定化あるいは拡大してきたことが明らかになり，1970 年代以降，学校で教える知識と文化に適合的な階層の子どもと不適合を起こす階層の子どもの差異にその基本的原因が求められてきたことである（G. ウィッティ／久冨善之他訳『学校知識　カリキュラムの教育社会学』明石書店，2009 年，原著 1985 年）。そこから生まれるカリキュラム批判とカリキュラム改革のあり方をめぐる議論は 21 世紀まで続いており，格差社会化が進む日本でもその動向は無視できない。

　以上をふまえて本書では「教育課程」を「各学校の教科と教科外・生活指導の活動全体にわたり，教育内容を中心に編成される教育計画」と理解する。教育計画（子どもの学習計画，教育者の教育実践計画，学習・教育条件整備計画から成る）は国家的・行政的計画に大きな影響を受けるが，本来「教育実践を未来に向けて総括する」実践であり，教師が個人的・集団的に取り組む場合を含め，学校教育の現場で実践されている（教育方法も含めた）カリキュラムづくりを重視する。21 世紀は「教育改革の時代」と呼ばれているが，現状では「教育改革栄えて教育実践滅ぶ」といった観がある。現場からのボトムアップの視点を大切にして「教育の課程と方法」の基本的課題を考えていこう。

序-2　「社会に開かれた教育課程」

（1）いま「教育の課程と方法」が問われる理由

　今日の「教育の課程と方法」の問題背景は，次の 4 つである。

　第一に，2006 年の新教育基本法によって生まれた「教育振興基本計画」が教育政策推進の基本となったことである。政府が策定した教育振興基本計画→

地方自治体首長による「教育大綱」と「自治体教育振興計画」→学校教育（経営）計画という流れが方向づけられ，行政主導の教育計画の一環として（「全教職員の協力の下」校長の責任による）「カリキュラム・マネジメント」（巻末の関連資料C．A）が求められることになった。自治体教育行政や学校には，教育活動の結果に対する「説明責任（accountability）」が求められている。これらに対して各地域・学校，そして教師たちがどう対応し，子ども・保護者・地域住民に対する「応答責任（responsibility）」を果たすかが問われているのである。

　第二に，学校と子ども・教師の枠内に限定して考えるわけにはいかなくなってきているということである。学校の教育課程に基づく教育以外の領域は，日本では「社会教育」として位置づけられてきたが，とくに「臨時教育審議会」（1984〜87年）以来，学校教育と社会教育を含めて「生涯学習体系への移行」を基本スローガンとする教育改革が，総合行政として進められてきた。そして2006年，大改定された新教育基本法では「生涯学習の理念」が位置づけられ，教育は「学校・家庭・地域住民等の相互の連携協力」（第13条）のもとで進めることが規定された。2007年改定の学校教育法では，義務教育の目標の最初に「学校内外における」社会的活動や自然体験活動の促進が掲げられた（第21条）。現行の「第2期教育振興基本計画」（2013-17年度）は，「自立・協働・創造」を理念とする「生涯学習社会の構築」を基本目標としている。新学習指導要領の重要スローガンは「社会に開かれた教育課程」である（関連資料A，B）。

　第三に，グローバリゼーションの影響を無視できなくなったということである。経済協力開発機構（OECD）が進める「生徒の学習到達度調査（PISA）」やその前提となっている「コンピテンシー（資質・能力）論」が日本の教育政策，とくに学習指導要領や全国学力調査に大きな影響をもってきた。「第2期教育振興基本計画」は，グローバル化のなかで「社会を生き抜く力」を育成するために「国際的な学力調査でトップレベルに」なることと，「未来へ飛躍する人材」として「新たな価値を創造する人材，グローバル人材等」の育成を求めている（関連資料F）。

　情報化社会を超えた「知識基盤社会」に対応するために，たとえば，小学校

での（コンピュータ利用習熟のための）「プログラミング教育」が必修化された。背景には「知識の商品化」と「教育の企業化」があり，塾をはじめとする民間事業者の学校教育での活用，基礎・基本はICT（情報通信技術）を利用して家庭で，発展・応用学習は学校でという「反転学習」の提起，大学入試改革における民間試験の利用などの動向もある。

　第四に，日本の貧困化率（とくに子どもの貧困化率）が先進国最悪レベルとなる格差社会のなかで教育課程のあり方が問われていることである。貧困・社会的排除状態にある子どもにはそれに対応した教育活動が必要となってきた。その理解のうえで，現代がかかえる共通課題に協同して取り組む力を育てるような教育実践が求められている。地球的環境問題という共通課題と同時に，貧困・社会的排除問題にも対応し，日本では両問題の典型例である東日本大震災を経て，それらを同時に克服する「持続可能で包容的な（誰をも排除しない）社会」をめざす教育課程の創造が必要となってきているのである。

（2）「社会に開かれた教育課程」への学習領域

　日本の教育基本法はその目的として「人格の完成」をめざし，「平和で民主的な国家及び社会の形成者」（第1条）としての資質を育成することをあげている。「社会に開かれた教育課程」で問われているのは，上記のようなグローバルにしてローカルな課題に取り組むような資質と能力をもった国民の育成である。こうしたなかで「国家の形成者」＝公民育成のあり方が問われている。新学習指導要領の高等学校「公民」では主権者教育を担う必修科目「公共」が新設される。「地理歴史」では，18世紀後半以降の世界と日本の歴史を合わせて学ぶ必修科目「歴史総合」が新設され，地理は必修科目「地理総合」となる。

　「第2期教育振興基本計画」で掲げられている「生涯学習社会の構築」のためには，子どもにとどまらず大人も学びを必要とし，大人（保護者・教師・地域住民）と子どもの学び合いから，「世代間の公正」（環境問題から教育や年金の問題まで）を実現するための世代間連帯へと発展させるような，学校の外へと広がる学習＝生涯学習を視野に入れた教育課程が求められている。

表 0.1　「社会に開かれた教育課程」への学習領域

公民形成	主権者	受益者	職業人	国家公民	地球市民
学習領域（ユネスコ21世紀教育原則プラスα）	教養・文化（知ることを学ぶ）	生活・環境（人間として生きることを学ぶ）	行動・協働（なすことを学ぶ）	分配・連帯（ともに生きることを学ぶ）	自治・政治（ともに世界をつくることを学ぶ）
市民形成	消費者	生活者	労働者	社会参画者	社会形成者

注：「ユネスコ21世紀教育原則」については序−4を参照

　文科省が作成した「次期学習指導要領改訂の方向性（案）」（2015年）では，「社会に開かれた教育課程」は「よりよい学校教育を通じてよりよい社会を創るという目標を共有し，社会と連携・協働しながら，未来の創り手となるために必要な資質・能力を育くむ」ことをめざすものとされていた。主権者教育を担う必修科目「公共」が新設されるのもそれゆえであろう。大人も子どもも，両者を媒介する若者も，単なる消費者や生活者，そして労働者だけでなく，社会参画者そして社会形成者，さらには主権者＝「国家の形成者」そして地球市民となれるような教育の計画化と教育課程づくりが求められているのである。

　日本では立ち遅れていた「市民性（シティズンシップ）教育」もその推進の具体的動きがみえるようになってきた（本書第8章および第9章参照）。もはや，「政治的中立性」の名目によって「政治教育」を避けることはできない。主権者教育を選挙制度の理解に，シティズンシップ教育を「政治的リテラシー」に限定する形式的な主権者教育・市民性教育を超えて進まなければならない。

　以上をふまえて今日的な「社会に開かれた学び」の諸領域を示すならば，表0.1のようになるであろう。

　近代に始まり現代に至る「近現代社会」は，市民社会と政治的国家の分離を基本的特徴とする。人間諸個人は前者に所属する「市民」と後者に所属する「公民（国民）」に分裂する。「市民」は，「私的個人と社会的個人（社会の一構成員）の矛盾」という基本的矛盾をもつ。「公民と市民の分裂」を克服しよう

とするためには「公共性」の形成が，「私的個人と社会的個人」の矛盾に対応しようとすれば「協同性」の形成が必要である。こうして現代社会の諸個人は「協同性の形成をとおした公共性」の形成を基本課題としている。

　それは一般に，現代に「生きる力」の形成というだけでなく，どの地域の地域再生・地域づくり活動においても実践的課題となっている。とりわけ東日本大震災（2011年）などの被災地・被災者（子どもを含む）による復興活動や復興計画づくりにおいて求められており，子どもが復興過程に参画する「復興教育」（石巻市立雄勝小学校など）にその重要な教育的意義を確認できる。「第2期教育振興基本計画」で提起されている「我が国を取り巻く危機的状況」に対応しようとする「自立・協働・創造」の基本理念は，こうした脈絡のなかに位置づけられなければならないであろう。

　今日における「市民」は消費者・生活者・労働者・社会参画者・社会形成者，それに照応する「公民」は主権者・受益者・職業人・国家公民・地球市民のそれぞれ5つの側面をもつ。将来社会に向けて「社会に開かれた教育課程」を考えるならば，公民と市民の統一的育成に必要な「協同性の形成をとおした公共性」の形成を重視して，「教養・文化，生活・環境　行動・協働，分配・連帯，自治・政治」の〈5つの学習領域〉を相互連関的に展開する必要がある。それらは，序-4でみるユネスコからの提起に応え，発展させることにもなろう。

　「社会に開かれた教育課程」づくりは，この表の全体を視野に入れつつ，具体的な地域・学校に即して創造的に取り組む必要がある。

序-3　学力問題と21世紀型学力

（1）21世紀型学力とは

　21世紀における「教育の課程と方法」にかかわる論議のなかで最大の焦点となってきたのは，学力問題である。

　2008年学習指導要領では「確かな学力」形成が重要課題とされた。1998年学習指導要領にはじまる学力低下論争，詰め込みか「ゆとり」か，知識か「考える力」かといった論争に対する中央教育審議会と文科省の対応の結論である。

「確かな学力」は「基礎・基本を身に付け，自ら課題を見つけ，自ら学び，自ら考え，主体的に判断し，行動し，より良く問題を解決する資質や能力」とされている。こうして問題解決型＝プロジェクト型の学習が重視され，具体的には「アクティブ・ラーニング（能動的学習）」がとくに強調されてきたが，それ自体は教育方法にかかわるものである。それゆえ，学校現場では基礎・基本を身につけるためとして反復学習やドリル学習が進められる一方で，とにかく参加型学習が重要だといって，形式的に体験学習や話し合いが進められるといったことが流行のように広がった。

こうした事態に対して，改めて「生きる力」を育成する「主体的・対話的で深い学び」の必要性が強調されてきた。たとえば，「ハウツーを超えた理解」をめざしたアクティブ・ラーニングの授業方法として，「協同学習」（グループ学習）をはじめ，ジグソー法，ケースメソッド，反転学習などが紹介されている（安永悟・関田一彦・水野正朗編『アクティブラーニングの技法・授業デザイン』東信堂，2016 年）。アクティブ・ラーニングはもともと大学教育改革の取り組みから始まったことであるが（本書第 9 章参照），個々の活動を具体的にみれば，これまで学校においてすでに実践されてきたことが多い。

問題とされているのは，それでなくとも教師の長時間・加重労働が深刻化しているなかで，「質も量も」求めて政策的に推進される「確かな学力」のための授業改革がいかに定着するかということである。より深刻な問題は，学力低下が国際学力テスト（PISA）の順位低下として議論され，2007 年からは全国学力テストがはじまって，それらの順位競争が都府県や学校レベルで展開されるなかで「学力向上」がめざされてきたということである。そのために，テスト対策としての過去問題学習や反復学習，さらにはテスト実施における不正問題までがマスコミでも問題にされ，およそ「確かな学力」形成とはいいがたい傾向がある。

教育現場では「新しい学力」を各教科でどう具体化するかが課題とされているが，そこで問われるのは単なる授業方法を超えた学びの実質内容である。その問いを延長すれば，そもそも「学力」とは何かと問うことになる。

一般に学力は「学校教育によって形成される学習能力」であるが，具体的には「目的としての学力」「可能性としての学力」「過程としての学力」「結果としての学力」の４つの側面がある。これらのうち，「可能性としての学力」が本来の「学力」である。テストで計測される学力はせいぜい「結果としての学力」，それも数値化されるかぎりでの「学力」である。それが子ども自身のものでも，子どもたちが学習活動の結果を確認しあうものでもなく，他者に評価・利用されるような，他者のための学力になれば，「学力の疎外」が生まれる。それは，1950 年代から問題にされてきた「学力の剥落」や「学力の商品化」や「偏差値教育」の問題（中内敏夫『学力とは何か』岩波書店，1983 年）にとどまらない。テスト学力・受験学力として問題にされてきたように，「学力」が子ども自身から離れ，むしろ子どもの苦しみの原因になってしまうという「学力の疎外」は，学習の結果だけでなく過程，可能性，目的にまで及び，全体として子どもの「学びからの逃避・脱落・排除」，先進国で最悪レベルの「学びへの意欲や意味の喪失」を生み出してきた。

　「確かな学力」は「過程としての学力」を重視して，こうした問題へ対応するという側面もある。しかし，日本での動向は学習指導要領や全国学力テストが前提とした「PISA 型学力」の方向ともずれてきている。OECD の PISA は「学習到達度」を調査するものである。旧来の日本における「学力」とくに受験主義的学力とは異なり，数学的・読解的・科学的な理解（リテラシー）と問題解決能力から構成された。そして実際に，たとえば読解力や課題解決能力の不足や学習意欲・習慣の欠落など，日本の子どもの学習活動の問題点を明らかにした。

　そこで当初は，PISA 調査でトップクラスだった諸国，たとえばフィンランドの教育が注目された。しかし，フィンランドは社会民主主義政権の経験が長く，歴史的・経済的・政策的前提条件や，それに基づく教育条件が大きく異なる。少人数教育と弾力的カリキュラム，グループ学習やプロジェクト法による「協同の教育」，そして総合学習の徹底や横断的テーマ学習など，現場での教育実践における彼我の差異の大きさも明らかになっている（庄井良信・中嶋博編

『フィンランドに学ぶ教育と学力』明石書店，2005年）。日本の現状で，学習技術だけフィンランドをまねしようとしてもうまくはいかないであろう。

　いっぽう，フィンランドをはじめとする北欧社会民主主義諸国もまたEU統一市場の競争的環境のもとにあり，EUの政策では，リテラシーを超えた実際的競争力としてのコンピテンシー（遂行能力），さらには労働者としてのエンプロイアビリティ（被雇用能力）を重視してきた。しかし，批判的検討を抜きにすると，これらは経済的競争力向上に都合のよい側面だけが取り入れられるおそれもある。

　この点では，PISA調査ではフィンランドや日本を追いかけ追い越しつつある上海，香港，シンガポール，韓国など，国家主導のカリキュラム改革が進む「東アジア型」（日本もその一環とされている）の学力がかかえている問題も含めて考えていく必要がある。

（2）誰のための学力か

　ここでは「学力」を議論する際の大前提でありながら，しばしば忘れ去られてしまう「誰のための学力か」にかかわる点についてだけふれておきたい。

　21世紀に政府が進めてきた学力向上政策は，グローバリゼーションのもとでの市場競争に打ち勝って行くためのものである。それは日本の「格差社会化」を前提とした学力政策である。日本経済団体連合会は1995年に「少数の中枢的管理者，相当数の専門的技術者，多数の流動的労働者」からなる労働者階層構成を提起した（本書第2章参照）。21世紀に入ってそれが現実のものとなってきたことは，流動的な（「雇用柔軟型」の）非正規労働者が若者で半数を越えるようになっていることなどに示されている。

　こうした実態をふまえるならば，この間に政策的に提起されてきた「人間力」形成（「新しい時代を切り拓くたくましい日本人の育成」）は，中枢的管理者でグローバル人材である「エリート」層に求められる学力であったことがわかる。そのことは，「第2期教育振興基本計画」で強調されている「社会を生き抜く力」や「未来への飛躍を実現する人材」においても同様である。

こうしたなかで，「人間力」や「コンピテンシー」，あるいは「コミュニケーション力」など「人格まるごとの能力」として学力を問うような時代には「柔軟な専門性」形成が重要だという提起（本田由紀『多元化する「能力」と日本社会』NTT出版，2005年）も注目されてきた。しかし，職業能力形成の重要性は理解できたとしても，それは「人格まるごとの能力」（＝「可能性としての能力」）に対置されるものではない。それが「相当数の専門的技術者」養成のためであるとしたら，今日の学力問題に対処できるかどうかは疑問であろう。たとえば若者の「就労自立」が若者自立戦略等で取り組まれてきたが，現代の若者にとって重要なことは経済的自立以前に「社会的自立」だという現実をみても，専門性形成＝就労自立路線は袋小路につきあたる危険性をもっているといえる。

　いま教育が焦点をあわせるべきは，社会的被排除者となる可能性が高い「多数派の子ども」であり，とくに困難をかかえた子どもである。そこで求められているのは「競争と自己責任」を強要する教育や，個人の競争力としての「コミュニケーション能力」ではなく，ともに学び合い，育ち合うような学びを進める「協同の教育」である。そうした教育実践は，私的個人が所有するものとして理解されがちな「学力」観を乗り越えていくことにつながる。

　以上のような意味で，支援を受けたり協同したりすることができる力を含めた「生きる力」を育てる実践を進めることは当面する重要課題である。「生きる力」は，終戦後の復興過程で，あるいは受験主義的教育がもたらした諸問題（おちこぼれ，非行，校内暴力など）への対応が問題となった1970年代に，そして多くの教師と保護者・地域住民の日常的実践をとおして提起されてきたことである。そうした実践に目を向けることによって，競争的な個人の「生き抜く力」（第2期教育振興基本計画）とは異なる「生きる力」を考えることができよう。

序-4　21世紀型学習とESD

（1）ユネスコ発の21世紀型学習

　OECDが提起した，「知識基盤社会」に求められる21世紀型学習や21世紀

型スキルの必要性が喧伝されている。学力にかかわる代表的なものは，「コンピテンシーの定義と選択：その理論的・概念的基礎」プロジェクト（通称 De-SeCo）が提示したキー・コンピテンシーである（D.S. ライチェン・L.H. サルガニク編／立田慶裕監訳『キー・コンピテンシー』明石書店，2006 年，原著 2003 年）。それを受けて日本でも，「コンピテンシー・ベース」の授業改革への提起が数多くなされ，その手法はいまや乱立状態にある。しかし国際的に教育的課題を考える際には，経済開発に主要課題がある OECD ではなく，まず国連とくに教育領域に責任をもつユネスコの教育活動に注目する必要がある。

　国連 21 世紀教育国際委員会はその報告書『学習：秘められた宝』（1996 年）で，「生活全体をとおした学び」を基本原則としながら 4 つの学びを提起した。20 世紀までの「知ること（to know）」と「なすこと（to do）」に加えて，21 世紀型の「人間として生きること（to be）」と「ともに生きること（to live together）」を学ぶことである。それは，学習活動は「なりゆきまかせの客体からみずからの歴史をつくる主体へ変えるもの」と提起した「学習権宣言」（1985 年）や子どもを主体的人格として処遇することを求めた「子どもの権利条約」（1989 年），1990 年代の国連「人間開発計画」や「地球サミット」（1992 年）などの成果をふまえながら，21 世紀の子どもの学びのあり方を提示したものである。

　新学習指導要領は，まず「何ができるようになるか」（教育目標）を問うて，①生きて働く知識・技能の習得，②それらを活用する思考力・判断力・表現力等の育成，③人生や社会に生かそうとする学びに向かう力・人間性の涵養という，3 つの新しい時代の「資質・能力」（「可能性としての学力」）育成を基本的課題としている（関連資料 A）。それらはそれぞれ①知ることを学ぶ，ⅱなすことを学ぶ，ⅲ人間として生きることを学ぶという視点に立ち返って，さらにこれらにⅳともに生きることを学ぶの視点を加えて考えてみる必要があろう。

　20 世紀型の学びである①では，単に知識・技能を獲得するだけでなく「学ぶことを学ぶ」という探究的学習が重視されている。ⅱでは「構想し・創造する」という，本来，人間誰もがもっている特質を活かした学習が考えられてい

る。これらをふまえた 21 世紀型学習として強調されている⒤と⒥については，その歴史的・社会的背景を含めて検討してみる必要がある。

　⒤は，とくに深刻化する地球的環境（自然―人間関係）問題をふまえて，人類と地球の「持続不可能性」が危惧されている 21 世紀の人間存在のあり方を問うものである。もう 1 つの⒥は，社会を分裂させかねないまでに深刻化した貧困・社会的排除（人間―人間関係）問題に対応したものである。「排除型社会」と呼ばれる社会のあり方は，学校におけるいじめ問題から仕事の場，さらには国際的な宗教的・民族的・国家的対立まで，あらゆるレベルに広がっている。これらへの取り組みは「平和文化（peace culture）」形成の課題とされているが，日本思想では「ともに生きること」を自然―人間関係を含めて「共生」というから，⒤と⒥をあわせて「共生への学び」ということもできよう。

　上記報告と同年，ユネスコ第 45 回国際教育会議は「教師の役割と地位に関する勧告」を採択した（関連資料 E）。同勧告で教師は，旧来の学習援助だけでなく「市民性の育成と社会への積極的な統合を促進し，好奇心，批判的思考と創造性，自発性と自己決定能力を発達させる」ような集団的学習の促進者（ファシリテーター）であるとされている。そこでは，大量の情報とさまざまな価値観のなかで学習者が「自分の位置を確かめられるようにする」ことが期待されると同時に，さまざまなパートナーによる「教育活動のまとめ役」として「コミュニティにおける変革の効果的な担い手」，政治的決定へ参加する一員であることが求められている。

（2）ESD が求める教育

　21 世紀に入って，ユネスコが中心となった「持続可能な開発（発展）のための教育の 10 年（DESD，2005-2014）」が展開されてきた。現在その後継としての「ESD に関するグローバル・アクション・プログラム（GAP）」，さらに 2030 年をめざした「持続可能な開発目標（SDGs）」が提起され，国連全体として「持続可能で他者を排除しない（多元的で包容的な）世界」の実現をめざした活動をしている。各国・各地域に根ざして「持続可能で包容的な社会」を具

体的に創造していくような学び，すなわち「ともに世界をつくる学び」が求められている。上記「4本柱」にこれを加えて「学習5本柱」とし，どのように全体的・構造的に発展させていくかが，21世紀世界の共通課題になってきた。

　SDGsと同じく2030年をめざす新学習指導要領は，このような国際的課題に応えなければならない。「第2期教育振興基本計画」ではグローバル人材の育成が重要課題とされ，2008年学習指導要領では小学校5，6年生に「外国語（実際には英語）活動」が位置づけられ，2017年版学習指導要領ではそれが「外国語科」という教科となり，「外国語活動」は3，4年生から開始される。しかし，授業時間を増大させて内容抜きの英語教育を進めても地球市民は育たない。国連やユネスコで議論されている地球的問題群（個人や地域にかかわると同時に地球大に広がるという，グローカルな諸問題）に立ち向かうための，多文化的かつ普遍的な教育の課程と方法のあり方を考えることが求められている。

　具体的には第4章で述べるが，21世紀におけるユネスコを中心とした教育運動として本書では「持続可能な開発（発展）のための教育（ESD）」に注目する。その基本的な理由は，以下のようである。

　第一に，ESDは教育本来の課題だということである。「持続可能な発展（SD）」を提起した国連の「環境と開発」国際委員会報告（ブルントラント委員会報告，1987年）では，SDは「将来世代の利益を損なうことなく現代世代の必要を満たすこと」だと定義され，そのために「世代間および世代内の公正」を実現することが基本課題だとされている。「世代間公正」においては主として環境・資源問題，「世代内公正」においては格差・貧困・社会的排除問題への取り組みが意識されている。しかし，本来「世代間および世代内の公正」は，自由・平等・友愛を理念とし，親・保護者の経済的・文化的・社会関係的な力によって子どもの将来が決定づけられることを克服するという，近代以降の教育の基本課題であった。ESDは教育本来のあり方，その21世紀的発展の方向を問うている。

　第二に，もともとSDの考え方では，これまでの延長線上に将来のあり方を考えるという「フォアキャスティング」ではなく，現在が「持続不可能」な状

表 0.2　SD と ESD の位置

	自　然	人　間	社　会
循環性	再生可能性	生命・生活再生産	循環型社会
多様性	生物多様性	個性の相互承認	共生型社会
持続性	生態系保全	ESD	SD＝世代間・世代内公正

態にあることを認識したうえで，あるべき将来を考え，そこから当面する改革の課題を考えるという「バックキャスティング」の視点が重視されてきたということである。こうしたなかで重要課題とされてきた ESD（SD のための教育）は「教育計画論」的性格を強くもっているが，そこでは「質問し熟慮する権利」や「自分自身の世界を読み取り，歴史を綴る権利」とともに「構想し創造する権利」（学習権宣言）の具体化が求められる。その内実を問うのが，ESDの視点に立った教育課程（カリキュラム）である。

　第三に，自然生態系と地球そのものの「持続不可能性」を克服しようとするESD の教育内容の「全体的（ホリスティック）」な性格である。現在取り組まれている国連の「ESD に関するグローバル・アクション・プログラム（GAP）」（関連資料 D）はその原則（e）で，環境・経済・社会・政治そして文化などを含む包括的で「全体的（holistic）な方法」をあげている。しかし，それはなんでもかんでも総花的に取り上げるということではない。SD を提起した地球サミット（1992 年）の際に，同時に生物多様性条約と気候変動枠組条約（通称：地球温暖化防止条約）が採択されている。前者の最大のキーワードはもちろん「多様性」であるが，後者のそれは「循環性」である。「持続性」を考える前提としての「多様性」そして「循環性」の視点をふまえて，「自然─人間─社会」の総体的システムの持続可能性を検討することが求められてきたのである。

　こうしたなかでの SD と ESD の位置づけをしてみるならば，表 0.2 のようになる。ここで「個性の相互承認」とは，「異質な他者」を受け入れ，対話し，互いに承認し合うことであり，集団的にみれば「文化的多様性」と言い換えることもできる。

SD は「持続的な経済成長」のことではない。巨大な津波と過酷な原発事故を伴った東日本大震災は「自然―人間―社会」の全体にわたって，この表で示したような視点からの問い直しを求めている。今日では表中のどの要素が欠けても，現在はもとより未来に向けて深刻な問題を引き起こさざるをえないことが理解されてきており，ESD はこれらの関連のなかにある。課題解決のためには複眼的視点が求められ，多様な人々の協同が必要となる。

　第四に，ESD は「教育・学習の中核としての変革的教育（transformative education）」（GAP 原則 (d)）だとされていることである。それは「批判的思考，複雑なシステム理解，未来を想像する力，参加・協働型意思決定等の向上等」（同 (b)）をめざす。「複雑なシステム」とは，自然・人間・社会のそれぞれと全体を意味するであろう。

　ESD はあくまで持続可能な未来，「世代間および世代内の公正」を実現する社会の創造に向けた教育のあり方として提起されたものである。表 0.2 は，持続不可能な現状を「批判的思考」をもって理解し，「システム理解」を進め，「未来を想像する力」を育て，何に向けて「参加・協働型意思決定」をする必要があるのかを示しているといえる。持続可能な未来のための「教育の課程と方法」を考える本書では，このような意味での ESD に注目するのである。

読者のための参考文献

・柴田義松『教育課程―カリキュラム入門』有斐閣，2000 年
・鈴木敏正『現代教育計画論への道程―城戸構想から「新しい教育学」へ』大月書店，2008 年
・田中耕治編『戦後日本教育方法論史（上）―カリキュラムと授業をめぐる理論的系譜』ミネルヴァ書房，2017 年
・松下佳代編『〈新しい能力〉は教育を変えるか―学力・リテラシー・コンピテンシー』ミネルヴァ書房，2010 年
・秋田喜代美編『学びとカリキュラム』岩波書店，2016 年
・鈴木敏正『将来社会への学び―3.11 後社会教育と ESD と「実践の学」』筑波書房，2016 年

第1章

誰が，誰に対して，何のために
―カリキュラム編成の基本原理―

　2008年改訂の学習指導要領の基本理念は「生きる力」（確かな学力，豊かな心，健やかな体）を育むことであった。しかし教育現場では，授業時間・内容量増大のなかでの「確かな」学力形成のために学力テスト対策が重視され，「自ら学び，自ら考え，主体的に判断し，より良く問題を解決する資質や能力」を育てることは不十分であった。それでなくとも多忙な教師たちが，さらに「健やかな体」や「豊かな心」（自らを律しつつ，他人とともに協調し，他人を思いやる心や感動する心など）を育てる教育実践に本腰で取り組む余裕はなかった。

　そのためであろう。新学習指導要領策定にあたっても「生きる力」が重視されてきた。しかし「生きる力」は，1998年学習指導要領（「ゆとり路線」と評された）でも強調されていた。その後，猫の目のように変わる教育行政に振り回されてきた教育現場では，教育課程の基本に立ち返って考えることが切実になっている。

　それでは教育課程の基本とは何か。それはまず「誰が，誰に対して，何のために」編成するものであるかを考えることである。そのうえで，カリキュラム編成の基本原理を検討することが本章の課題である。基本原理をふまえることによってはじめて，変化に対応しつつ，自由で創造的，かつ現実的なカリキュラムづくりが可能となるからである。

1-1　21世紀の教育・学習主体

（1）教育課程を編成するのは誰か

　戦後日本の教育主体をめぐっては「国民の教育権」と「国家の教育権」の対

立を基本に，「親の教育権」と「教師の教育権」の関係理解などを加えて，多様な議論があった。しかし教育行政は，「学習指導要領」と「教科書検定」に示されるように，全体として国家主導で進められてきた。「学習指導要領」（幼稚園の場合は「幼稚園教育要領」）は，戦後改革の当初は教育課程づくりの「試案」であったが，1958 年改訂以降は「基準」となっている。「教育課程の基準」とされてきた日本の学習指導要領は，Course of Study（教育課程）ではなく Government Guidelines for Teaching（教授のための政府指針）である。

しかしながら，学校現場で実際に教育を進める中心的主体は教師，家庭では親（保護者）であり，それぞれの地域に根ざした教育課程自主編成の努力も重ねられてきた（本書第 2 章および第 3 章参照）。こうした経過は，教育課程づくりの主体は誰かを考える際にもふまえておかなければならない。

序章でみたように，2006 年教育基本法改定後の教育課程は 4 つのレベルで考えられる。①教育振興基本計画と学習指導要領にかかわる政府・文科省，②「教育大綱」と自治体教育振興計画にかかわる地方自治体・教育委員会，③学校経営計画にかかわる各学校，そして④実際に教育実践をする教師である。教育行政としては①から④へのトップダウンの流れが強まっている。しかし，具体的な教育課程を「編成」するのは各学校であり（「学校教育法施行規則」），それを実践するのは教師たちである。教育実践をよりよいものにするための教育課程には，本来ボトムアップの流れが不可欠である（補章Ⅰ・Ⅱを参照）。

加えて今日，教育は「学校，家庭，地域住民等の相互の連携協力」（新教育基本法第 13 条）によって進めるべきものとされ，それぞれの学校・地域での教育計画・教育課程づくりが重要な実践的課題となっている。子どもに対する教育については，きわめて多様な「ステークホルダー（利害関係者)」が入り組んだ状態にある。専門家としての教育職員や教育委員会・教育行政あるいは PTA だけでなく，NPO（民間非営利組織）や民間企業，そして「地域の教育力」にかかわる地域住民や関連教育団体などが関係している。もちろん，それぞれによって考える教育内容（「教育課程」）が異なるのであり，それらにどう対応するか，どう調整しながら「連携協力」するかが重要な実践的課題となっ

ている。

　さらにふまえておくべきは，本来子どもは「何のために何をどう学ぶか」に
かかわる存在だということである。序章第 1 節でもふれたように，教育課程とい
いう用語が初めて使用された 1951 年の学習指導要領では，教育課程は「本来，
教師と児童・生徒によって」編成されるべきものだとされた。実際に，子ども
の参加なしには学校での教育実践は実質的に成り立たない。学習の「関心・意
欲・態度」が問われるようになる 1 つの理由でもある。国連の「子どもの権利
条約」（1989 年）は，「子どもに影響を及ぼすすべての事項について自由に自己
の意見を表明する権利」（第 12 条）を確認している。

　戦後の社会教育では「すべての国民が自ら実際生活に即する文化的教養を高
める」（社会教育法第 3 条）こととされ，子どもも「自己教育」の主体である。
ユネスコなどの国際的動向では，「自己決定学習（self-directed learning）」（学習
の目的・内容・方法に学習者自身がかかわっていくような学び）と，それを推進す
るための「子どもの参画」が重視されてきた（R. ハート／ IPA 日本支部訳『子
どもの参画』萌文社，2000 年，原著 1997 年）。新学習指導要領で喧伝されている
「アクティブ・ラーニング（主体的・対話的で深い学習）」は，学生主体・学生参
画をめざす大学教育改革から始まった。これらをふまえるならば，教育課程
（カリキュラム）づくりへの子どもの参画が今後の重要課題となるだろう。

（2）不確定な時代における学習主体

　「教育課程」は教育行政担当者や教師にとっていかに重要なものであっても，
最終的には子どものためのものである。それゆえ，子どもをどうみるか（「子
ども観」）によって教育課程のあり方も変わる。戦後教育は国民の「教育を受
ける権利」（日本国憲法第 26 条）を保障するためのものであった。しかし，子
どもの権利についての理解が広がっていくのにつれて「教育権」は「学習権」
と理解され，子どもをより能動的で主体的存在としてとらえることが求められ
てきた。その今日的到達点が「子どもの権利条約」であり，21 世紀に入って
各自治体でひろがってきた「子どもの権利条例」であるが，問われているのは

その内実である。

　今日，私たちがかかえている諸課題は地球レベルの問題とつながり，多様化・複雑化・深刻化してきている。新学習指導要領作成のための中央教育審議会の前提は，進行中の新しい時代は「将来の変化を予測することが困難な時代」であるという時代認識であった。これまでの教育課程を支えていた「科学（自然科学や社会科学）」や哲学，ものの見方や考え方そのもののとらえ直しが必要となってきてきた。従来の「知」とくに「学校知」が疑問にさらされている時代に，将来社会の担い手としての子どもをどう理解して，何を教育すればいいのであろうか。こうしたなかでは教師自身も，子どもや保護者・地域住民とともに学習者であることが求められている。東日本大震災後，とりわけ不確定性と不確実性に支配されている日本がその状況にある。

　より切迫した理由は，序章第3節でもふれた学力問題にもみられる，子どもたちの多層化である。とくに若者の半数以上が「非正規労働者」（派遣，パートなど）となるような今日の日本の状況のなかで，教育は何ができるのかが問われている。学校に通っている子どもの間でも格差拡大がみられ，学習活動と学力における二極化といった現象も指摘されている。不登校・ひきこもりなど，学校に通えない子どもも常態化している。学校教育に参加できない，あるいは参加することが困難な子どもたちに何を教育するかが問われているのである。

1-2　教育の目的と「人格としての子ども」

　以上のような今日的状況をふまえて，あらためて「何のために」，すなわち「教育の課程と方法」の目的について考え直してみる必要がある。

　戦後の「教育の目的」は，「人格の完成」である。1947年教育基本法第1条では続けて，「平和的な国家及び社会の形成者として，真理と正義を愛し，個人の価値をたっとび，勤労と責任を重んじ，自主的精神に充ちた心身ともに健康な国民の育成を期して行われなければならない」（第1条）としている。これこそ，教科と教科外・生活指導の活動を通して追及されるべき教育課程の目的でもある。

表 1.1 「人格としての子ども」とその展開構造

存　在	関　係	過　程	諸個人	実　践	仕　事
自然的	人間─自然関係	自己実現	諸能力と環境	活動・労作	作品・生産物
社会的	人間─人間関係	相互承認	共生・連帯	協働・役割取得	分かち合い
意識的	自己関係	主体形成	自己知	実践知	対象知

　2006 年改定の新教育基本法では「真理と正義を愛し」から「自主的精神に充ちた」までが削除されたが，それらは今日でも，憲法をふまえた一貫したものとして重要な実践的課題となっている。理念としての「生きる力」や，前倒し実施された「特別の教科　道徳」および新科目「公共」のあり方などを「人格の完成」の視点からとらえ直すことは重要課題である。その際の前提となるのが，「人格」としての子ども，そして「国家および社会の形成者」の理解である。

　一人ひとりの子どもは，個性的で多様な能力・資質をもつかけがえのない存在，個人の尊厳と「生命，自由および幸福追求権」（憲法第 13 条）をもった存在であり，自律的な実践的主体＝「主体的人格」である。あらためて，人権をもつものとして社会的に承認された子ども＝「人格としての子ども」の全体構造を理解したうえで，知・徳・体の調和的統一とされる「生きる力」（確かな学力，豊かな心，健やかな体）を育てるということの意味を考えてみる必要がある。

　「人格の完成」は，2006 年教育基本法第 2 条のように徳目をかかげ，新学習指導要領のように道徳の教科化を進めることによって実現できるようなことではない。現実の子どもは，表 1.1 に示すような存在，関係，過程にあり，表の諸要素を学校内外の教育実践をとおして総合的に展開する必要がある。

　子どもは自然的かつ社会的かつ意識的存在である。「健やかな体」「豊かな心」「確かな学力」はそれぞれに対応しているものともいえる。しかし，子どもはさらに広く，人間─自然関係，人間─人間関係，そして（自己と対話する）自己関係のなかで生きている。今日の子どもの身体能力・健康問題から地球的

環境問題まで，人間—自然関係のとらえ直しが必要とされていることは数多い。学校でのいじめ・社会的排除問題から国際的文化・宗教対立や地域戦争まで，人間—人間関係のあり方を問う課題は数え切れないほどである。

　こうしたなかで子どもたちは，自己実現（資質・能力の表現活動・労作による発揮，その作品・生産物を通しての自己確証）と相互承認（連帯＝意思協同から協力・協働と役割取得，その成果の分かち合いを通しての相互理解）を繰り返しつつ，主体として形成されていってはじめて「生きる力」を獲得できるのである。自己実現と相互承認は不可分の関係にあるから，具体的な実践は両者の複眼的視点をもって進められなければならない。

　学習活動の援助・組織化としての教育実践（学級集団・仲間づくりを含む）では，子どもの自己知と対象知，そして両者を結びつける実践知の形成が基本課題となる。「生きる力」を育てる「確かな学力」は，それらの活動をとおしてはじめて現実のものとなる。自分の力を発揮し，その作品や生産物をとおして自己を理解する機会がなければ，自己肯定感を得られないというだけでなく，自己喪失や自己破壊に陥る。異なる他者と相互に承認し合い，分かち合う機会が奪われれば，なんらかのコミュニケーション障害が生まれ，他者喪失や他者破壊に至る。日本の子どもは先進国のなかでもとくに自己肯定感が低く，国連の「子どもの権利委員会」からは，いじめ問題や競争的環境のなかでの孤立・自殺などの問題への対応が勧告されており（2010年），国内的にもそれらへの対策が重要課題と認識されてきている。

　自己実現を目的とする教育は「自己教育（狭義）」であり，相互承認を目的とする教育は「相互教育」である（鈴木敏正『新版　教育学をひらく』青木書店，2009年）。ともに不可分でありながら現実的には分裂したり対立したりすることもある自己教育と相互教育を具体的な教育実践をとおして結びつけながら，子ども自身が「何のために，何を，どう学ぶか」すなわち学習の目的・内容・方法にかかわっていくような学習が「主体的な学習」＝自己決定学習（self-directed learning）である。それは決して，意欲や態度だけのことではない。この自己決定学習の積み重ねによって，子どもたちが自らと自分たちの教育の主

体となること＝「自己教育主体形成」こそ学校教育の基本目標であり，その活動を援助・組織化するのが教育専門職員としての教師の仕事だといえる。

　本来，学校教育をとおしてすべての子どもが自己教育主体となり，学校教師が不要となる状態で実際社会に出て行くことが学校教育の目的である。新学習指導要領に向けた中央教育審議会教育課程企画特別部会の「改訂の基本方針」（2016 年 8 月）は，学習指導要領は「学びの地図」であり「教職員のみならず，子供自身が学びの意義を自覚する手掛かりとしたり，家庭・地域，民間企業等において幅広く活用したりできることを目指す」としている。アクティブ・ラーニングについては，これまで体験学習や話し合い・グループ学習などが機械的・行動主義的に進められる傾向があったため，「主体的・対話的で深い学び」（ディープ・アクティブラーニング）という用語に置き換えて提起されている。これまでの研究によれば，それは「学生が他者と関わりながら，対象世界を深く学び，これまでの知識や経験と結びつけると同時にこれからの人生につなげていけるような学習」である（松下佳代・京都大学高等教育研究開発推進センター編『ディープ・アクティブラーニング』勁草出版，2015 年）。

　「主体的な学び」「対話的学び」「深い学び」は，それぞれ自己教育（狭義）・相互教育・自己教育主体形成の一定の側面を表現したものと考えることができる。あらためて，表 1.1 に立ち戻って考えてみることが必要であろう。

1-3　現代のカリキュラム原理

（1）4つの教育観とカリキュラム原理

　それでは，これまで教育課程＝カリキュラムはどのような考え方で編成されてきたのであろうか。

　序章第 2 節（2）でみたように，近現代社会は政治的国家と市民社会の分離を基本的特徴とする。これに対応して教育基本法の目的にある「国家及び社会の形成者」は「国家の形成者」と「社会の形成者」に分かれる。「社会の形成者」はさらに，「私的個人」と「社会的個人」（集団・組織の構成員の立場）の二面をもつ。これらに対応し教育をみていく基本視点（「教育観」）は，まず 3 つ

表1.2　近現代の4つの教育観とカリキュラム原理

教育の目的	人格理解	教育観	カリキュラム原理
世界平和・人類福祉	地球市民	世界主義	人類の文化遺産
国家の形成者	国家公民	国家主義	国家的要請
社会の形成者 （市民）	社会的個人	社会機能主義	社会的必要
	私的個人	個人的自由主義	子ども中心主義

に分かれる。教育を，①個人の自由の発展のためと考える個人的自由主義，②社会を形成・維持する担い手形成のための活動だと考える社会的機能主義，③国家を発展させるためにその構成員（国家公民）の育成をする活動だという国家主義である。

　これらを超えて，人類普遍の価値を強調する教育観がある。「近代教育の父」と呼ばれたJ.A. コメニウスは17世紀半ばに「あらゆる人にあらゆること（人類共通の知識体系）を教える技法」を考えた。近代教育は「人間」の教育であり，公教育は教育（徳育）と区別された「知育」に限定すべきだと考えられた（堀尾輝久『現代教育の思想と構造』岩波書店，1971年）。自由と理性をもった人間を育成することが教育の基本課題だと考えたI. カントは，18世紀末に「世界の永遠平和」を主張し，それが20世紀の国際連盟・国際連合の理念につながったことはよく知られている。地球時代と呼ばれる第二次世界大戦後には，人類共通の文化としての学問（「真理と正義」），なかでも「科学」の成果を学校で教えることが一般化した。そして，米ソ冷戦体制崩壊後のグローバリゼーションのなかで，日本の新旧教育基本法前文にある「世界の平和と人類の福祉」が改めて切実な課題となり，それを実現する担い手＝「地球市民」の形成が求められてきた。これらに伴う教育観は，④世界主義（コスモポリタニズム）あるいは地球的普遍主義ということができる。

　以上をまとめて，関連する「カリキュラム原理」を示すならば表1.2のようである。

　もちろん，これらの教育観とカリキュラム原理にはそれぞれに亜種が存在す

るし，それらの関係，重点のおかれ方や組み合わせは時代とともに変化する。戦後日本の教育観は大きく，国家主義と個人的自由主義の対立を中心にして展開されてきたといえる。教育現場でのカリキュラム原理としては，「人類の文化遺産を，子どもの発達段階に照応して系統的に編成する」という理解（「系統主義」と呼ばれる）と，子どもの興味・関心や生活経験から出発して構成するという「子ども中心主義」の理解（「経験主義」または「問題解決型」と呼ばれる）を両極とし，両者が時計の振り子のように入れ替わりつつ主張されてきた。

　詳しい動向は第2章でみるが，戦後は，子どもの経験から出発するアメリカ発の「新教育」を導入するところから始まった。しかし「新教育」は子どもの学力低下をもたらすとして批判され，高度経済成長時代には，自然科学・社会科学の成果を系統的に教育するような「現代化」が進められた。それは，経済成長に必要な科学技術の発展に対応する「現代化」として，国家政策としても推進されてきた。しかし，次々に進歩し多様化する科学技術に対応する教育課程は，受験主義的教育の激化もあって，子どもが受容する限界を超え，おちこぼれ，校内暴力や非行の増大をもたらした。1970年代には子どもの「人格全体」をとらえ直し，「生きる力」を育てる「地域に根ざした教育」が民間教育運動のなかから提起されるようになる。

　「戦後教育の総決算」を掲げた臨時教育審議会（1984〜87年）では，それまでの「画一的教育」が批判され，「個性化」や「自由化」が強調されるようになる。教育政策では子どもの関心・意欲・態度を重視する「新学力観」が打ち出され，中央教育審議会（教育課程審議会）では「自己教育力の育成」も提起される。その後のいわゆる「ゆとり路線」につながるものであるが，21世紀には揺り戻しがみられる。この間の学力論争，「知識」の重視か子ども主体の「ゆとり」かといった議論は，「系統主義」と「経験主義」の対立の表れだともいえる。

　以上のように，子どもの現実も「人類の文化遺産」の理解も大きく変容するなかで，対立しがちな「系統主義」と「経験主義」を実践においてどのように創造的に統一していくかが，今日でも教育課程づくりの基本課題となっている。

（2）現代カリキュラムづくりの基本問題

　上述の経過においては，社会的必要や国家的要請にどう対応していくかも問われてきた。とくに国家主義は，一方で世界主義を装い，他方で教育の社会的有用性を強調しがちである。

　政策的に進められた「現代化」には，社会的必要に対応しようとする社会機能主義（とくに能力主義）の教育観も含まれ，高度経済成長を担う人材を養成するという「長期総合教育計画」によって推進された。臨時教育審議会の時期には，産業構造と生活様式の変容に対応した「職業能力の開発」や「生活技術の獲得」の重要性が強調された。20世紀末からは，若者の構造的失業や非正規労働者化，あるいは「ニート」や「社会的ひきこもり」の増大に対応して「キャリア教育」が重視され，最近では「職業大学」も設立されつつある。

　また，国旗・国歌法（1999年）や2006年教育基本法（「我が国と郷土を愛する」教育目標，教育振興基本計画など），そして2017年版学習指導要領（小・中学校）「前文」でのそれらの強調やそれに基づく教科書検定にもみられるように，国家主義の新たな展開もみられる。21世紀の国家主義は，グローバル化が進むなかでの国家間の競争に打ち勝とうとする「グローバル国家＝大国主義」の側面が強い。しかしグローバル化はまた，国家の力の相対化をもたらしている。

　地域から国家そして地球大に広がる「地球的問題群」をどう解決するかが問われ，それを担う「地球市民」の形成（「市民性（citizenship）教育」）が課題となっている。「地球的問題群」の多く（資源・環境問題，人権・貧困問題，戦争など）が，人類と地球環境の「持続不可能性」につながると考えられるからである。そうしたなかでどのような「国のかたち」をつくるか，その課題に取り組む「国家の形成者」を育成する教育（「主権者教育」）が求められている。

　以上のような経過において，これまで中心をなしてきた「系統主義」や「経験主義」のカリキュラム編成原理も変化を余儀なくされている。

　「系統主義」が「人類の文化遺産を子どもの発達段階に応じて」という場合，前提として「子どもの発達段階」をどうとらえるかが問題となる。とくにこれまでの発達心理学に支配的であった普遍主義的あるいは個人主義的理解の問題

が指摘され，それらを克服しつつ，実際の子どもたちの学びを理解しようとする研究が進められている（石黒広昭『子どもたちは教室で何を学ぶのか』東京大学出版会，2016 年）。他方で，「人類の文化遺産」そのものが問われている。従来の「人類共通の文化遺産」は欧米中心的なものであったが，グローバリゼーション＝アメリカ化がもたらす地球的問題群に対して，地域の内発的な発展におけるローカルな価値や知識の重要性が明らかになってきた。世界の思想的・歴史的・社会的そして文化的・宗教的多様性をふまえた「人類の文化遺産」の理解（「多元的普遍主義」）が必要になっている。

　学校カリキュラムの前提であった「学問知」そのものにも疑問が付されてきた。とくに自然を支配しようとしてきた近代科学や近代思想こそが環境問題などを引き起こしてきたといったことが主張されて，学校文化そのものの批判もなされてきた。21 世紀は知識基盤社会とされているが，その「知識」の内容自体を問い直しつつ未来を切り開く知，とくに実践知の学び方が問われている。ここに，「実践の学」としての教育学の固有の役割もある。教育実践をとおした知の再確認，再創造，そして新創造の意義が強調されなければならない。

　「経験主義」のカリキュラム原理は，子どもの現実的経験はもとより，子ども自体の変容に対応しなければならなくなっている。子どもの身体的・精神的な変容や「歪み」というだけではない。既述のように，社会格差が地域・国家・地球レベルで拡大し，貧困や社会的排除問題が深刻化して，学校でも子どもの二極化が進展した。こうしたなかで，学校での学びからの「離脱・逃走・拒否」をするような子どもが構造的に生み出されている。

　社会の分裂と破綻にも行き着かざるをえないこうした動向のなかで，一人ひとりの現実的経験をふまえて「生きる力」を育てつつ，持続可能で，誰をも排除しない（包容的な）社会づくりを進めるような「社会の形成者」「地球市民」の育成が当面する基本課題となってきている。「包容ないし包摂（インクルージョン）の教育」はもともと障害者教育の領域で提起されたものであるが，今や教育活動全体（学級集団・仲間づくりや地域活動を含む）のあり方を「包容」と「ケアの思想」（N. ノディングズ）で理解することが提起されてきている。

排除されつつある子どもたちに対してはとくに，教師（大人）と子ども，子どもどうしの相互受容（自己受容と他者受容）関係の形成から，自己信頼と共感，自己表現と立場交換といった関係づくりをとおしたエンパワーメント（主体的力量形成）過程のよりていねいな実践が求められている。教育は本来，受容からはじまり，「排除（エクスクルージョン）」と根本的に対立するものであり，ここでこそ，教育の真価が問われているのである。

1-4　現代知の構造と自己教育主体形成

（1）カリキュラム編成に向けて

　21世紀のカリキュラム編成に求められていることは，第一に，地球的課題と個人的課題を，身の回りや地域の学習課題と結びつけて編成することである。それは「系統主義的学習」と「経験主義的学習」を有機的に結びつけて，グローカルな社会的必要や国家的要請に，教育の視点から批判的・創造的に対応していくことでもある。つまり，「有機的・構造的カリキュラム」構築の必要性である。個々の教科や単元の具体的局面ではどれかが優先されるとしても，それは「有機的・構造的カリキュラム」の一環であると理解される必要がある。

　第二に，事前に考えられたカリキュラムはあくまで「仮説」，1つの「実践展開の見通し」であり，実際のカリキュラムは実践過程をとおして形成されるものであるという「過程的カリキュラム」の視点である。それはすべての教科・教科外で求められる視点であるが，子どもの主体的参加や対話的学習が問われる「アクティブ・ラーニング」においては，とりわけ重要な理解である。ましてや教師もよく知らないことを，子どもや支援者としての大人とともに学び合いながら進めることが必要となる「総合的学習」においては，「過程的カリキュラム」の視点をぬきにして意味ある授業実践は成り立たない。

　第三に，表1.1で意識的存在である「人格としての子ども」の展開構造として示した自己知・実践知・対象知は，21世紀的課題をふまえて，自己・環境知，実践・労働知，対象・システム知として拡充する必要があるということである。それらが相互に関連しあい，そのなかでそれぞれが発展していき，それ

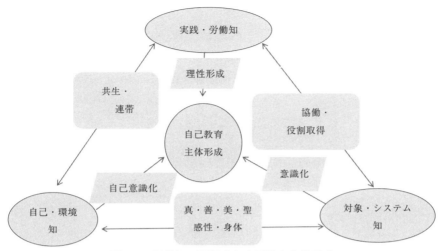

図1.1　現代知の再編成と自己教育主体形成

らを通して自己教育主体形成がなされるというカリキュラム理解である。

　ここで「自己・環境知」とは，自己を周りの自然的・社会的な環境世界（＝生活世界）との関係でとらえる知のことをいう。そこから出発して，主体と客体（対象）を切り離してとらえる近代的な知ではなく，自己と自然・社会との相互規定的関係を理解するところに，21世紀に求められる「環境知」の独自性がある。その形成は，表0.1で示した「生活・環境」学習の課題である。さらにESDでは個々の対象知だけでなく「複雑な（矛盾を内包した）システム」理解や「全体論的（holistic）把握」が求められている（序章第4節参照）。人間と自然をつなぐ活動〔労働〕の「参加型協同学習」による理解を前提にし，対象に働きかけ働きかけられる人間的活動の意味を理解することは，まわりの世界を批判的にとらえ直し（「批判的思考」），将来社会を構想して（「想像し構想する力」），実際に創造していく実践的思考を育成するのに不可欠な学習となっている。

　以上をふまえて，子どもたちが現代知（認識的側面と価値的側面がある）を獲得しつつ自己教育主体として形成されていく実践的構造を示すならば，図1.1

にようである。

　従来，全体をとらえようとするのは普遍的な真・善・美・聖で，これらを子どもの発達段階に即して教育するのが学校の役割とされ，とくに系統主義的教育においては「真」にかかわる「科学」の成果が重視された。しかし，科学の「成果」だけを知識として教えようとするといわゆる詰め込み主義になる。「善」の諸要素を徳目として教え込んでも身につくものではないことも同様である。そこで「学びに向かう態度・力」が強調される。しかし，「態度」は強要できない。

　まわりの対象や環境的世界を直接的・全体的にとらえるのは，固有な身体と精神をもった子どもの「感性」（五感と第六感＝共通感覚）である。対象知を獲得するためには，子どもが対象を自己と結びつけ，自分の課題としてとらえる「自己意識化」が必要となる。自分にとっての学びの意味を考え，自分自身を理解する「自己知」が求められるのである。自己理解は振り返りや自己反省だけで得られるものではない。「自己」は自己表現，一般に自己実現をとおして，そして同じ人間としての他者をとおした相互承認によってしか理解できない。自己実現のためには活動・労作による作品・生産物の創造が，相互承認のためには協働活動による分かち合いの実践が不可欠である。

　そうした学習を進める教育実践では，「実践・労働知」の形成が必要となる。それは実際生活に連続的であり，学校の枠を超えた学習活動に広がる。新学習指導要領では，学校内外にわたる学習が提起され，「社会に開かれた教育課程」を求めているが，そこでは実践知の形成が位置づけられなければならない。実践知は，自己知と対象知をつなげ，それらを相互に豊かにしていく。

　かくして，どこから始まるかにかかわりなく，自己・環境知，実践・労働知，対象・システム知が相互に豊かになっていくようなサイクル（図 1.1）を創造する学習活動を援助し組織化することが教育実践の基本課題となるのである。

（2）環境・自然エネルギー教育の場合

　ここで 21 世紀的実践を示す事例として，旧来の学問や制度によって縦割り

的に構成された教科的な知ではなく，「全体的（ホリスティック）な知」が求められ，しばしば総合的学習のテーマとなる環境教育，とくに東日本大震災後の「持続可能な社会」にとって重要な自然エネルギー教育を取り上げて，カリキュラム編成の実際を考えてみよう。そこには，次のような4つの領域がある。

  ⅰ「自然教育」の領域であり，①五感で自然をとらえる自然観察や自然体験学習。身の回りの自然エネルギーへの気づき，自然エネルギーによる発熱・発電の体験などが含まれる。②自然科学や社会科学の知見，最近ではサステナビリティ学など科学の成果（個々の対象知だけでなく「システム知」）の学習，科学的視点・態度を学ぶ学習。現在のエネルギー循環システムとともに，エネルギー利用の歴史から学ぶことも重要である。

  ⅱ「生活環境教育」の領域であり，①学習者の経験の振り返り，日常生活の反省的見直し，②自分史・生活史のなかでのとらえ返し，③話し合い学習や学習ネットワーキングによる自己・他者理解学習。ここで，自然的・人間的環境世界との相互関係にある「自己知」の形成が重要な意味をもってくる。これらの学習活動には，現在のエネルギー利用による日常的な生活や行動の反省，なぜそうなっていて，今後取り組むべきことは何かを考えること，リデュース・リユース・リサイクルの活動などをしながらの生活見直しなどの学習が含まれる。

  ⅲ「環境創造教育」の領域であり，①人間（地域住民）と自然環境の相互関係，風土や旦地・里山・里海などのコモンズ（共通資産），あるいはバイオリージョン（生態域）の観察・調査学習，第1次産業の役割とあり方の学習，②環境保全の行動（NPO活動など）をとおして学ぶ地域行動学習，③持続可能な地域づくりに取り組むことによって学ぶ協同学習，などが含まれる。これらの学習においては「実践・労働知」の形成が中心的課題になっている。地域での自然エネルギー開発にかかわる学びの多くはこの領域に含まれる。

  ⅳ「環境教育主体形成」の領域であり，以上の学習の意味と意義を考えたり，地域環境教育計画やESD計画づくりへ参画したりして，自然エネ

ルギー利用社会実現のために必要な学びを主体的に推進し，さらには他者の環境・エネルギー学習を援助・組織化していく実践者になることである。

図1.1にもどるならば，ⓘが対象・システム知にかかわる「意識化」，ⓘⓘが自己・環境知にかかわる「自己意識化」，ⓘⓘⓘが実践・労働知にかかわる「理性形成」，そしてⓘⓥがそれらを統一する「自己教育主体形成」の事例といえるであろう。これら4つの領域を相互に豊かになるように組み立てるのが教育実践の役割となる。もちろん，地域の条件や子どもの年齢段階などに応じて重点は変わり，究極的には一人ひとりの子どもに応じた実践が問われる。

たとえば北海道下川町は，山村特有の過疎問題（地域的排除問題）に地域主体で取り組む「内発的発展の町」として知られる。最近は地域自然エネルギー利用100％の持続可能な地域づくりの一環として「15年一貫森林環境教育」を展開している。幼児センター（幼稚園）から高等学校（商業高校）まで，成長段階に合わせた目標を設定している。それは，①野外で楽しく遊ぶ，②自然を体感して気づく，③環境の仕組みを理解する，④人間と自然の相互作用を理解する，⑤環境問題に自分なりの判断を示す，⑥未来に対して責任をもつ，という段階的なものである。具体的なプログラム事例は，図1.2にみるようである。

これらは「総合的学習」を利用した一貫教育として，NPO「森の生活」が中心的推進者となり，積み上げ的に「タテ（階段的）」に編成されていると同時に，各教科での学習を前提とし，森林環境教育が各教科の学びと影響しあうという「ヨコ」の広がりも意識されている。これらのプログラムでは，各教科の学びから排除されがちな子どもたちが元気になっていく姿もみられ，社会的排除問題への対応としても機能している。こうして，森林環境教育の展開が学校カリキュラム全体の改革につながっていくことが期待される。こうした実践は，これまでみてきたような現代カリキュラム原理を具体化するものである。

もちろん，現場での実践形態はきわめて多様である。以下の章では，「持続可能で包容的な未来」に向けた「教育の課程と方法」の具体的なあり方を考えていこう。まず，歴史的経験に学ぶことからである。

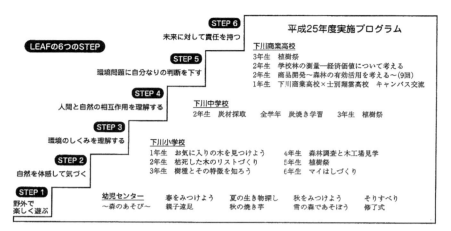

図1.2　北海道下川町の「15年一貫森林環境教育」

注：NPO「森の生活」2014 年度年次報告書より。LEAF とは「森林環境学習 Learning about Forests」プログラムのこと。

読者のための参考文献

・斎藤孝『新しい学力』岩波書店，2016 年
・教育科学研究会編『学力と学校を問い直す』かもがわ出版，2014 年
・東京大学教育学部カリキュラム・イノベーション研究会編『カリキュラム・イノベーション―新しい学びの創造へ向けて』東京大学出版会，2015 年
・鈴木敏正『新版 教育学をひらく―自己解放から教育自治へ』青木書店，2009 年
・鈴木敏正『持続可能な発展の教育学―ともに世界をつくる学び』東洋館出版社，2013 年

第2章

教育課程の課題と授業づくりの歴史

　本章では，学校教育における教育課程（カリキュラム）の位置づけについて確認し，民主主義の作法を学ぶための学校のあり方について考えてみたい。とくに教育の目的である「人格の完成をめざす」ことをキーワードに学習指導要領を歴史的に概観し，教育課程編成における現代的課題は何であるのかを考えてもらいたい。また学校づくりや授業づくりにとって教師間の「自覚的協働関係性」が重要であることを指摘し，戦後の民間教育研究団体の自主編成運動の成果を紹介しつつ，授業づくりの原則にもふれてみる。そのうえで，どうすれば子どもたちと「たのしくわかる授業」をつくることができるのかを考えてもらいたい。

2-1　校歌から考える教育課程編成と子ども・地域の課題

（1）校歌に込められた願い

　どの学校にも「校歌」がある。下記の小学校2校の校歌をみてみよう。

> 岬も海も輝いて　響く港の船の笛　今日すこやかに　いきいきと
> みんなでやさしく手を結ぶ　潮見が丘の　小学校
> 　　　　　　　　　　　　　　　　　　（北海道稚内市立潮見が丘小学校）
> 十勝の広野　朝あけて　みどりの窓に　夢がわく　　かがやく希望に　ほおそめ
> て　大きく強く進もうよ　ああ光南　あかるい母校
> 　　　　　　　　　　　　　　　　　　（北海道帯広市立光南小学校）

　下線部のことばをひろってみると，「輝いて・すこやかに・いきいきと・やさしく手を結ぶ・十勝の広野・夢がわく・かがやく希望・大きく強く・あかるい」など，歌詞には夢や希望，友情や協力につながるメッセージや地域の自然

や産業が読み込まれている。

　教育の目的は「人格の完成」をめざすことであり，そのために「学校教育目標」（＝このような子どもに育ってほしいという願い）が設定される。その目標を達成するために創られるのが教育課程であり，その編成権は学校にある。

　教育課程は子どもと地域の実態にあわせて編成される学校教育推進の要であり，教師はそれを拠り所に教育内容を選択し，教育活動（教育実践）を展開するのである。同時に，学校教育の教育課程をどのように客観的に評価し，改善に役立てていくかという課題があり，その評価にあたっては学校環境の整備，教職員の勤務条件なども考慮しなければならない。

（2）民主主義の作法を学ぶ学校

　現代において学校教育が果たすべき重要な役割の1つは「子どもたちに民主主義を具体的に教えること」であり，「子どもたちに民主主義の作法をしっかり学んでもらうこと」である。そのためには，教師自身の「教育観」「子ども観」が民主主義的に鍛えられていなければならないのであり，どのような「教育観」「子ども観」のもとで教育を実践するのかが教師に問われることになる。

　筆者がここでいう民主主義とは，《互いの差異や多様性，個性・もち味を認めあい，かつ異質を排除しない共感的な人間関係性を尊重しあう作法》のことであり，学校は教育活動全般において，民主主義を具体的に学びあい，実践するところでなければならないと考える。

　「みんな仲良くね」という言い方に異議を唱える教師はいないであろう。しかし「みんな仲良くね」というのは民主主義を学び，実践するうえで無責任なことばでもある。なぜなら，30人の子どもがいれば，大小を問わず必ず対立や矛盾があり，その対立や矛盾を解決せずにただ「みんな仲良くね」というだけでは民主的な学校づくりはできないであろう。

　教師にとって大切なことは，子どもたちの対立や矛盾を解決するための作法を学級集団として考えさせ，よりよい解決方法を子どもたち自身が見いだせるよう援助，支援することである。このことは探求的学習や個々の教科指導とい

う授業の場面においても，子どもたちの対立的意見や考えを認め合う「思考の自由」と「判断の自由」を保障する授業運営法として大切なことである。子どもと教師が民主主義の作法を学びあい，実践することで教育課程は一層豊かになるであろう。

2-2 学習指導要領の変遷と財界・企業の教育要求

（1）戦後学習指導要領の変遷とその特徴

　学習指導要領はおおむね10年ごとに改訂されてきたが，その変遷をたどると，社会的・経済的な要因が大きく影響しており，とくに財界・企業による人材育成論からの教育要求が学習指導要領に色濃く反映されているのがみてとれる。ここでは表2.1にしたがって，学習指導要領の変遷をみてみよう。

　Ⅰ　1947（昭和22）年，教育基本法（47基本法）が制定され，同年，文部省はそれまでの教授要目，国定教科書教師用書にかわり，学校の教育内容の基本を示すものとして「学習指導要領・一般編」を発行した。これには「試案」という言葉が付されていた（以下，「47試案」）。

　その序論では，「これまでの教師用書のように，一つの動かすことのできない道をきめて，それを示そうとするような目的でつくられたものではない。新しく児童の要求と社会の要求とに応じて生れた教科課程をどんなふうにして生かして行くかを教師自身が自分で研究して行く手びきとして書かれたものである」とし，今後の方針として「下の方から，みんなの力でいろいろ作りあげていく」と記している。

　「47試案」では「社会科」「家庭科」「自由研究」が登場し，生活単元学習，問題解決学習などの経験主義教育が進められることとなった。

　1951年の学習指導要領では小・中・高等学校の全面改訂が行われたが，「47試案」同様に「試案」としての性格を踏襲した。なお，この改訂では「自由研究」は廃止され，「生活単元学習」色は薄められた。

　Ⅱ　1955（昭和30）年の高等学校学習指導要領改訂（実施は1956年）から「試案」の2字は削除され，1958（昭和33）年の改訂（小・中）以降，学習指導

表 2.1 戦後の小学校学習指導要領の変遷と特徴的キャッチフレーズ

改訂の時期	学習指導要領の主な内容，特徴など
1947 年 （昭和 22）	「学習指導要領（試案）」発表。法的拘束力なし。「生活単元・問題解決学習」方式による経験主義教育。社会科の新設。
1951 年 （昭和 26）	全面改訂 「生活単元学習」色を薄める。
1958〜1960 年 （昭和 33〜35）	学習指導要領を「試案」ではなく「告示」とし，法的拘束力をもたせた。「生活単元・問題解決学習」方式を廃止し，「系統学習」に転換。「道徳」を特設。「国旗を掲揚し，君が代を斉唱させることが望ましい」との文言が登場。1960 年代にはいり，各国で「科学教育の現代化」運動が起こる。
1968〜1970 年 （昭和 43〜45）	「教育内容の現代化・探究の科学」を打ち出す。教育内容・授業時数の増加。算数に集合・関数・確率の概念導入。
1977〜1978 年 （昭和 52〜53）	キャッチフレーズ「ゆとりと充実」。授業時数の削減。 君が代の「国歌化」。
1989 年 （昭和 64）	「新しい学力観」個性重視と国際化への対応方針。 低学年社会科・理科を廃止し，「生活科」を設置。
1998〜1999 年 （平成 10〜11）	学校週 5 日制実施。学習内容の 3 割削減実施。「総合的な学習の時間」設置。「生きる力」と「ゆとり教育」を強調。 学力低下論が起こり，文科省は「ゆとり教育」から「学力向上」重視へ転換。特色ある学校づくり推進。
2003 年 （平成 15）	指導要領の一部改訂。「生きる力」と「確かな学力」の形成強調。
2008〜2009 年 （平成 20〜21）	学習指導要領改訂に先立ち，2006 年教育基本法改正，2007 年学校教育法改正。知識基盤社会への対応。「確かな学力」。学力の 3 要素（①基礎的な知識及び技能の習得，②課題を解決するための思考力・判断力・表現力などの活用能力，③主体的に学習に取り組む探究的態度）。小学校高学年に外国語（英語）活動を新設。

要領は官報告示となり，学習指導要領に法的拘束力をもたせた。文部省はこれを教育課程の国家基準とし，あわせて教科書は学習指導要領に準拠しなければならないとし，教科書の内容に対する統制も強めていった。

この 1958（昭和 33）年の改訂では，「道徳」を特設とし教育課程編成を各教科・特別教育活動・道徳・学校行事の四領域とし，学校行事や儀式では「国旗を掲揚し，君が代を斉唱させることが望ましい」との文言が登場した。

1960（昭和 35）年には高等学校学習指導要領が全面改訂（実施は 1963 年）され，科学技術教育，教科の系統性重視，コース制，多様化をうたい，能力主義の教育をうちだした。この背景には各国で進められた「科学教育の現代化」運動があった。

Ⅲ 1968～1970（昭和 43～45）年にかけて小，中，高等学校の学習指導要領が順次改訂されていった。ここでは教育課程編成を学校行事と特別教育活動をまとめて「特別活動」とし，各教科・道徳の三領域とした。

また，「教育内容の現代化」「探求の科学」を掲げ，小学校から「集合」を導入するなど数学分野では「関数」「確率」など，また理科分野では「エネルギー」「分子・原子」などの新しい概念が加えられた。そのため，授業時数が増加した。それらに加え，学校制度の多様化，能力主義の教育の推進がいっそう強調された。その結果，授業についていけない子どもたち（いわゆる「落ちこぼれ」）を大量に生み出すこととなった。

Ⅳ 1977～1978（昭和 52～53）年の改訂では「落ちこぼれ」の大量化を克服するという課題を背景に，「ゆとり」と「充実」をキャッチフレーズに学習指導要領の内容と授業時数が削減された。また，君が代が「国歌」と規定され，「国旗を掲揚し，国歌を斉唱することが望ましい」とされた。

Ⅴ 1989（平成元）年は小・中・高等学校の学習指導要領が全面改訂となった。前年の「新しい学力観」の登場以降「個性重視」「国際化への対応」がうたわれ，新しいかたちの能力主義が進行した。たとえば，「関心・意欲・態度」にそった多様な評価尺度を用意し，小学校段階で「できる子・普通の子・できない子」の選別的な教育が進められ，「できないことも個性である」という論調も出現した。

小学校低学年の社会科と理科が廃止され，新たに「生活科」が新設された。また高等学校社会科も廃止され，「地歴科」「公民科」が設置され，単位制高校

など高等学校の多様化・細分化が進められ，コンピューター教育など情報化社会への対応も強調されるようになった。

Ⅵ　1998〜1999（平成10〜11）年は小・中・高等学校の学習指導要領が全面改訂となり，学校週5日制が実施された。「ゆとり」のなかで「特色ある学校づくり」が強調され，「総合的な学習の時間」の設置と学習内容の3割削減も行われた。

たとえば，円周率3.14は「3」として扱う，台形の面積は教えなくてよい，月の満ち欠けは8通りあったが，「満月と半月」だけ教えればよいなど，機械的な3割削減を行った。そのため国民や学校関係者から「学力低下」の懸念が多数出る事態になった。こうした国民の声をうけ，文部科学省は「ゆとり教育」から「学力向上」重視へと方針転換することとなった。

Ⅶ　2003（平成15）年は小・中・高等学校の学習指導要領の一部改訂を行った。ここでは「生きる力」と「確かな学力」が強調され，学習指導要領に示した内容は「最低水準」であるとし，学習意欲のある児童・生徒には，高度な内容である「発展的学習」を扱ってもよいとした。

Ⅷ　2008（平成20）年には小・中学校の，2009（平成21）年には高等学校の学習指導要領が全面改訂となった。これらは2006（平成18）年の教育基本法の改正および2007（平成19）年の学校教育方改正をふまえたものであった。

知識基盤社会への対応のため，「確かな学力」がいっそう強調され，学力の3要素（①基礎的な知識及び技能の習得，②課題を解決するための思考力・判断力・表現力などの活用能力，③主体的に学習に取り組む探究的態度）が示された。また，小学校高学年に外国語（英語）活動を新設することが盛り込まれた。

以上，戦後の学習指導要領の変遷とその特徴を概観してきたが，すでに2020年実施予定の〈新学習指導要領〉も発表されており，資質・能力の育成を柱とした教育課程改革は，新学習指導要領にも反映されている。これらは今日のグローバル経済競争のもとで「知識基盤社会」を急いでつくり，経済競争で活躍できる人材育成を進める必要があるとする財界・企業からの教育要求が背景にあり，ここでは変化への「適応」を求めるという観点が据えられている。

新学習指導要領の実施は2020年から小，中，高等学校と順次進められるが，人格の完成や真理探究のための深い学びを通じて人間的な諸能力の発達が促される教育実践を期待したい。

（2）財界・企業からの教育要求と能力主義の人材育成論

　学習指導要領の改訂の変遷は，財界・企業にとって便利な人間づくりに呼応した能力主義教育に特徴があり，財界・企業からの教育要求は1990年代にはいって，一層明確に表明されるようになった。以下に経済団体連合会（経団連）など当時の財界・企業からの教育要求を簡単にまとめてみる。

---

① 1991年　日本生産性本部
　「21世紀への人事戦略─変貌する企業環境への対応」
② 1993年　経団連
　「新しい人間尊重の時代における構造変革と教育のあり方について」
③ 1994年　経団連
　「大衆時代の新しい大学像をもとめて─学ぶ意欲と能力に応える改革を」
④ 1994年　経済同友会
　「技術創造立国への転換─世界との調和と豊かさに向けて」
⑤ 1995年　経済同友会
　「学校から『合校』へ」
⑥ 2004年　日本経団連
　「21世紀を生き抜く次世代育成のための提言─『多様性』『競争』『評価』を基本にさらなる改革の推進を」
　　※教員評価，教員免許の更新制の導入を求めた。
⑦ 2005年　日本経団連
　「これからの教育の方向性に関する提言」
⑧ 2006年　日本経団連
　「義務教育改革についての提言」
　　※学校評価，教員評価の実施を求めた。また「学校教育法」の改正も求めた。

　このような教育要求の背景には雇用構造の改変戦略があった。たとえば1995年，日本経営者団体連盟（日経連）は「新時代に挑戦する『日本的経営』」

表 2.2　雇用の三類型

長期蓄積能力活用型グループ	協定廃止により，必要な人材を早く見つけ，選別 ・企業活動の核　・期間を決めない雇用契約 ・職能給　・月給制 or 年俸制　・昇給あり
高度専門能力活用型グループ	・期間を決めて雇用・業績給のみ・昇給なし
雇用柔軟型グループ	・アルバイト（パート，派遣）社員 ・職能給　・時給制　・昇給なし

出所：日経連「新時代の『日本的経営』」1995 年より

を発表し，日本社会の雇用構造の改変方針を打ち出しているが，それは①雇用・就業形態の多様化が進み，②職業・業績に基づく人事・賃金管理に変わっていったところに特徴的にあらわれている。日本独特の終身雇用制から成果主義に大きく傾斜し，雇用調整しやすい流動的労働力の供給のための「雇用の三類型」をつくりだし現在に至っている（表2.2）。

　たとえば，公立学校の「期限付き教諭」（期限付任用の非正規教員）の存在もこの類型にあてはまるものである。

2-3　教育課程編成をめぐる現代的課題

（1）学校経営におけるカリキュラム・マネジメント

　カリキュラム・マネジメントが強調されるようになったのは2003（平成15）年10月の中央教育審議会「初等中等教育における当面の教育課程及び指導の充実・改善方策について（答申）」であり，以下の記述がある。

　　「校長や教員等が学習指導要領や教育課程について理解を深め，教育課程の開発や経営（カリキュラム・マネジメント）に関する能力を養うことが極めて重要である。」

　カリキュラム・マネジメントとは，学校目標の実現に向けて，児童・生徒や地域の実態をふまえ，教育課程を編成・実施・評価し，改善を図る一連のサイクル（PDCA システム）を計画的，組織的に進めていくことであり，そのため

の条件づくり（たとえば人，施設設備，予算など）のことであり，導入のねらい
は，学校組織のあり方を問い直し，教員に意識改革を迫ることにある。しかし，
地域や子ども，教師にとって必要なカリキュラム・マネジメントとは，教育課
程を原点に学年・学級をつなぎ，教育活動全般にわたって教員の「協働性・協
同性」を実現し，学年経営，学級経営，教科指導などの質的転換を促すことを
めざすことである。

　学校改革の主たる担い手は教員であり，その際校長のリーダーシップは上意
下達のトップダウンではなく，全教職員の協働性・協同性を求め，学校と地域
との合意形成へ向けた確かなリーダーシップでなければならない。

（2）PDCA システムの危うさ

　「PDCA」という言葉は聞き慣れたものとなった。目標実現のために P
（Plan：計画）⇒ D（Do：実践）⇒ C（Check：点検，評価）⇒ A（Action：新た
な改善）を行うサイクルである。目標と評価による管理手法である PDCA は
もともと品質管理の概念であり，イギリスに起源をもつ経営手法の 1 つである。
一例を示そう。

　　①目標（Mission）は経営者・管理者から伝達され，社員の関与や批判は許さ
　　　れない。
　　②自己の活動計画（Plan）はあくまでも目標達成に向けての計画である。
　　③目標達成のための実践（Do）が求められる。
　　④結果は計画に照らして評価（Check）し，目標未達成は自己責任として反
　　　省（Reflection ではなく，あくまでも Check）を強く求められる。
　　⑤当初の計画目標を実現するための新たな改善（Action）が求められる。

　ここでは全プロセスが可視化され，膨大な報告書類の作成に追われることに
なる。このように PDCA サイクルにおいては，達成すべき目標と評価基準は
他律的に決定され，自主性，自律性はその目標達成に反しないかぎりにおいて
承認されるというものである。

　PDCA システムは作業効率を改善するうえで有効性が認められているが，

教育活動は企業の生産活動とは大きく異なる。学校教育では目標達成に向けての方法や成果の評価はきわめて多様であり，複雑性を有しており，教育の計画・実践のプロセスでは教師の自主性，自律性さらには一定の裁量性が保障されたうえで展開されるものでなければならないであろう。

　形式的にこのシステムを学校経営（学校づくり）に導入することは，校長の権限強化と教師への管理，統制強化につながりかねないという危うさもあり，PDCA システムの導入に懸念がでてくるのは当然である。

（3）教育の商品化意識とプライバタイゼーションの進行

　新自由主義的経済政策のキーワードとして，規制緩和，民間活力の導入，競争原理，市場原理などがあげられるが，これらは公教育にも大きな変化をもたらした。具体的には，2006 年の教育基本法の改正，学校選択制の広がり，全国いっせい学力テストの実施，教師への成果主義管理と PDCA システムの導入，教育振興基本計画と自治体首長主導の「教育改革」などがあげられる。

　新自由主義的な風潮を背景に 2005 年 12 月，「規制改革・民間開放推進会議」が教育に関する第一次答申を発表したが，その内容を要約すると以下のようのものである。

　　《教育はサービスである。受益者（ユーザー）は児童・生徒，保護者である。ユーザー本位の教育が必要である。》

　教育から個人的に利益を得ようとするこのような考え方，すなわち自己利益を得るために教育を受けるという考え方をする保護者，生徒，学生が多いように思えるが，教育における公共性（公共の利益）の視点も必要であろう。このような教育の商品化意識の進行のもとで，いかに学校，教師に対する信頼を回復し，保護者と協働して開かれた学校づくりを進めるのかが今日的な課題となっている。

　ここ 20 年間の日本の教育状況をみると，もう 1 つの大きな特徴は公教育の私営化（私事化：privatization，プライバタイゼーション）が進行しつつあるという点にある。「プライバタイゼーションの趨勢は，集団帰属や集団への貢献を

忌避する感覚をもち，集団生活になじまない多くの子どもたちを生み出し，学級崩壊の１つの原因ともなっている」（油布佐和子編著『転換期の教師』放送大学教育振興会，2007年）。

　しかもそれは子どもたちばかりでなく，教師の間にも浸透してきていることに，注目する必要がある。その１つが教師の協働性の弱まりである。

　日本の教師は欧米と比較して「指導」する領域がきわめて広く，その仕事は「やればやるほどきりがない」という無限性をもっており，まさに日本の教育は「教師の献身性」に支えられているといっても過言ではない。

　行政や父母，地域からのさまざまな教育要求はこの「教師の献身性」を前提にしている点に日本的な特徴と問題があるといえる（油布，2007）。

　文部科学省は10年ぶりに2016年度の公立小中学校教員の勤務実態調査を実施したが，前回と同様に「教員の長時間労働」（多忙化）が明らかになっている。とくに中学校では土日の部活動指導が大きな負担になっており，長時間労働の根本的な解決のためには時間外勤務に歯止めをかける法改正が急務であろう。

（4）教師の成長を支える「自覚的協働関係性」

　これまで学校で若い教師を支えてきたのは，まわりにいる先輩教師であった。授業の進め方，教材研究の方法，児童・生徒の理解，仕事の内容・手順などを先輩，同僚教師から多くを学んできた。しかし近年，この協働性が弱まってきている。多忙化とともに，職場を離れれば同僚との付き合いに距離をおくようになり，従前みられたような，時間が経つのもかまわずに教育論議を交わすという光景も職員室から急速に消えつつある。

　最近，学校内での「同僚性（collegiality）」を強調する風潮があるが，大切なことは，単に同じ職場に属して働いているということではなく，教育についてのビジョンを共有し，互いのアイデンティティを確立していくことであり，「職場の同僚性」をことさら強調して美化することは控えるべきである。

　なぜなら，学校内には「好ましくない同僚性」も存在するからである。職場

の教師関係がどこでも「いいことづくめ」ということは原理的にありえず，教師同士の対立や矛盾も存在しているのである（勝野正章「教師の協働と同僚性」『人間と教育』旬報社，2009年）。

　教師間の人間関係を「同一専門職の間の仲間関係」ととらえると，必ずしも同一の職場である必要はなく，別の職場の教師や自分が参加している研究会の教師同士でもよいわけで，開かれた協働的・協同的な人間関係を考えるのであれば，「学校の内部での協働性」と「学校の外部での協働性」とを区別して論じたほうがよいというのが筆者の考えである。

　筆者は「同僚性」一般を否定はしないが，教師としての力量形成や人間的成長に大きな影響を与える大切な人間関係は，「自覚的協働関係性（conscious collaborative　relationship）」ともいうべきものであると考えている。

　自覚的協働関係性とは，「行為の目的が明確であり，かつ利害関係のない相互自律的な人間関係が，一定の期間継続する関係」のことであり，一例として以下のようなことが想定できよう。

　①学校内の各種行事における教員，生徒，保護者，地域住民との協働的関係。
　②学校外部の研究会や研修会などでの協働的関係。

　このような自覚的協働関係性を学校内外にどのように構築していくべきかを実践的に解明していくこと大切であり，日々の教育実践に誇りと喜びをもてる協働性・協同性をどう築いていくべきか課題は多いといえる。

2-4　戦後日本の自主編成運動と授業づくりの展開

（1）学問の自由，教育の自由としての教師の自主的研究

　各都道府県には半官製的な教育研究団体がある。形式上任意団体となっているが，会長はじめ役員の多くが元校長，現校長，現教頭である（筆者が在住している北海道の一例では北海道算数数学教育会や北海道小学校理科研究会などがある）。

　いっぽう，自主的に教育研究を進めている民間教育研究団体も全国に多数存在している。戦後は教職員を中心に研究者，教育関係者，父母がいっさいの権

力機構から独立し，自主的にかつ自由に教育研究運動を進め，今日に至っている。

（2）自主編成運動の成果—算数・数学教育における「水道方式」

　この教育課程自主編成運動のなかで，遠山啓・銀林浩らは数学教育協議会（1951 年設立）としての研究・実践を通じ，計算指導体系である「水道方式」を提案した（1960 年）。遠山らは，量を体系的，系統的に指導することが重要であるとの認識から有理数の四則計算の指導方法に関する『四原則』」を示し，数学教育の科学化を前進させるうえで大きな成果をあげた（遠山・銀林『増補水道方式の計算体系』明治図書，1971 年／遠山『数学の学び方・教え方』岩波書店，1972 年）。

　日本の教育界で「現代化」を最初に主張したのは数学教育協議会（数教協）であったといえる。遠山，銀林らが提唱した「水道方式による計算指導の体系」では「分析と総合」「一般から特殊へ」という原則をもとに，従来の暗算重視を筆算重視の方式に改め，①複雑な計算過程を最も単純な素過程に分解する，②素過程を複合して最も典型的・一般的な複合過程をつくる，③典型的な複合過程から次第に非典型的で特殊な複合過程に進む，という新しい系統性を打ち立てたのである。

　筆算を中心に「量」の体系的指導を行い，一般から特殊へと計算規則を拡大させていく指導過程では数・量をイメージさせるために四角いタイルを使用するのも大きな特徴である。たとえば「232（にひゃくさんじゅうに）」という数はタイルを用いると次のようにあらわすことになる。

このようにタイルを用いて図示することで「量」が見えるようになってくる。

また，分数同士の割り算では「一あたり量」をもとめるということを理解させるためにタイルでのイメージづくりを重視した。

　さらに分数同士の掛け算ではタイルで「面積量」の考えも示しながら計算式の意味を理解させるように独自のテキストを作成した。

※面積量＝たて×横＝1/2 × 1/3 ＝ 1/6

　数教協の自主テキストによる実践は確実に成果をあげ，多くの小学校教師の実践的検証を経て，さらに内容を豊かにしていき，『わかるさんすう』シリーズ１〜６（むぎ書房，1965年）として刊行されたのである。

（３）科学教育の改革―教育内容と方法を統一した「仮説実験授業（授業書)」

　1963年，板倉聖宣は科学的認識形成論の研究から科学的概念や基本法則を子どもたちに楽しくわかりやすく教えることをとおして，科学的に考えることのすばらしさや楽しさを体験させるために，「授業書」による授業改革を提唱した。授業書とは一種の指導案・教科書・ノート兼用の印刷プリントであり，ベテランの教師でなくても，熱心な教師であれば誰がやっても同等の成果が期待できるように，教材の構造と授業過程を客観化したものである（板倉聖宣『科学と方法』季節社，1969年／板倉聖宣『仮説実験授業のABC』仮説社，1977年／板倉聖宣『未来の科学教育』仮説社，2010年）。

　授業書方式の授業「物質入門」の一部を紹介しよう。１枚目の授業書。

［問題１］　ここに１円玉があります。１円玉は電気を通すと思いますか。
［予　　想］　ア）通す　イ）通さない　ウ）はっきりわからない
　　　　　　どうしてそう思ったのか，理由があれば書いてください。

授業運営は，①問題を読む→②選択肢から予想をたてる→③子どもたちの予想分布を黒板に書く→④それぞれの予想について「どうしてそう思ったのか」を発表させ，討論をする，⑤討論を終えたあと，予想変更の有無を確認する→⑥実験をして仮説を検証する，という流れをとっている。

　実験によって問題１の答がア）であることが確かめられる。問題２以降では５円玉，10円玉，50円玉，100円玉，500円玉についてそれぞれ電気を通すか，通さないかを問う。さらに千円札，５千円札，１万円札，さらには折り紙の銀紙・金紙についても同様に問い，最終的には「自由電子をもっている物質は電気を通す。電気を通すものは金属である」という一般化を行うのである。このように「一般・普遍」を学ぶことは，子どもたちの認識活動を広げていく確かな契機になるのである。

　上記の授業書では子どもたちがよく知っている１円玉という「個別・具体物」から金属性の一般化，抽象化へ向かう構造になっており，授業書では第１問が「意外性の原理」で構成され，子どもたちの素朴な生活概念を揺さぶりながら科学的認識に導くように工夫されているのである。

（4）授業づくりの原則—「内容は少なく，教材は豊かに，そしてたのしく」

　授業とは教材を媒介とした教師の"教え"と生徒の"学び"の相互作用によって展開していくものであり，「たのしい授業」「知的インパクトのある授業」をつくろうとするとき，大切な要件がいくつかある。それは，①驚きや新しい発見がある授業であること，②知的好奇心がわき起こるような，謎のある授業であること，③既成概念をひっくり返し，認識の組み替えが起こるような授業であること，などである。

　また子どもたちの認識の深まりや広がりにつながる「よい授業」といわれるものには共通していることがある。それは「内容が少なく，教材が豊かであり，そしてたのしい授業である」ということである。授業づくりを始める前に，以下の５点については必ず検討しておくべきであると筆者は考えている。

①何のために教えるのか？　それはなぜか？　……… 教育目的
②何を教えるのか？　それはなぜか？　……… 教育内容
③何を用いて教えるのか？　それはなぜか？　……… 教　材
④どのように教えるのか？　それはなぜか？　……… 教育方法
⑤どのように評価するのか？　それはなぜか？　……… 教育評価

　とくに，「それはなぜか？」という問い直しが教師の実践力を確かなものにしていくことになる。

（5）認識形成を意識した「問い」と授業づくり

　子どもたちに教えるべき教育内容は，現代科学や文化・芸術の到達点をふまえたうえで内容構成されなければならない。また授業の導入部では「第1問」が授業の成否を決定するといっても過言ではなく，先にも述べたように「第1問」を「意外性の原理」で構成することが重要な要素といえる。

　では，よい問題（問い）の条件とはどのようなものであろうか。筆者は以下のように考えている。

①いきなり「本質」を問うのではなく，まず「現象」を問う問題群を構成し，具体的なイメージを通して「本質」に接近できるように工夫されていること。
②思考のプロセスを保障できるように「問い」と「答」の距離が長いこと。
③答（結論）が既成概念（常識的判断）を覆すような意外性のある事実を含んでいること。
④問題の要素が広く深く学習者（子ども）の経験と結びついていること。
⑤どの答（予想選択肢）が正しいかを具体的に検証できること。
⑥科学的な概念や知識の習得に結びつくこと。

　授業づくりでは同僚教師と協働・協同することで「たのしくわかる授業」をつくり出していけることがよくある。子どもたちの知りたい・わかりたいという要求に応えるためにも，教師は授業づくりを第一に考えていくことが大切であり，「先生，わかったよ」「先生，楽しかったよ」という子どもたちの声に教師はまた励まされるのである。協働・協同の授業研究では再現可能性・伝達可

能性・検証可能性の高い授業プランを多数つくり出し，交流しあい，成果を共
有することが大切なのである。

| 読者のための参考文献 |

・堀尾輝久『教育入門』岩波書店，1989 年
・田中耕治・水原克敏・三石初雄・西岡加名恵編著『第 3 版 新しい時代の教育課程』有
　斐閣，2011 年
・山﨑準二編著『第 2 版 教師という仕事・生き方』日本標準，2009 年

第 3 章

教育課程の自主編成
—公害教育カリキュラムづくりを事例として—

第二次世界大戦後の日本社会では，戦前の国家主義的で画一的な教育課程のあり方について反省が進められ，文部省自らが学習指導要領を「教科課程をどんなふうにして生かして行くのかを教師自身が自分で研究して行く手びき」として位置づけることから教育課程行政が再出発することになった。だが 1950 年代を通じて徐々に学習指導要領の位置づけが強化され「教育課程の基準」（1958 年）へと転じていくことによって，日本の教師たちは教員組合運動と民間教育研究運動とを土台として自ら主体的に教育課程を組織していく活動，すなわち「教育課程の自主編成」への取り組みを開始する。ちょうどそのとき，日本社会は高度経済成長期に突入し，全国各地で公害問題が噴出することになった。教師たちは，学習指導要領にも教科書にもまったく記述のない公害問題を教育課程として編成するために，公害教育カリキュラムの自主編成に取り組んでいった。本章では，全国各地で進められた取り組みのうち，四日市市と水俣市の 2 つの事例に注目し，何がなされ，そこにはどのような意義があったのかを考えてみることにしたい。

3-1 教育課程の自主編成

第 1 章でみたように，「教育課程」とは「各学校の教科・教科外をとおして，教育内容を中心に編成された教育計画」をさす。では，「教育内容を中心に教育計画」を「編成する」のはいったい誰なのだろうか。

1947 年に出された最初の学習指導要領には「（この要領は）新しく児童の要求と社会の要求とに応じて生まれた教科課程をどんなふうにして生かして行くのかを教師自身が自分で研究して行く手びきとして書かれたものである」とさ

れ，何よりも教師自身が主体的に教育課程を編成していくことの重要性が示されていた。1951 年に改訂された指導要領においても「学習指導要領は，どこまでも教師に対してよい示唆を与えようとするものであって，決してこれによって教育を画一的なものにしようとするものではない」と強調されていた。ところが 1958 年になると，「各学校においては，教育基本法，学校教育法，および同法施行規則，小学校学習指導要領，教育委員会規則等に示すところに従い，地域や学校の実態を考慮し，児童の発達段階や経験に即応して，適切な教育課程を編成するものとする」とされ，学習指導要領が「教育課程の基準」として位置づけられ拘束力が強められることになった。

　それに対する教師たちの反応は早かった。日本教職員組合は，すでに 1955 年には「教育課程，社会科改訂の動きにともなう指導要領の中央統制化に反対し，自主的な教育活動編成の方途を確立する」とする運動方針を決定していた（佐藤隆「国民教育論と日本教職員組合の教育研究活動」『東京都立大学人文学報・教育学』第 31 号，1996 年）。その結果，それ以後全国各地で「教育課程の自主編成」の取り組みが進められることになった。たとえば，北海道の教師たちはさっそく教育課程についての集団的な研究を進め，1960 年にはその報告書をまとめている。そこでは，「教育課程の自主的編成とは，単に『カリキュラム』と称する一種の表をつくりあげることではなく，自主的な教育をうちたてていく運動なのだ」（『教育課程の自主編成をめざして』北海道教職員組合，1960 年）として，教育全体を自主的なものとしていくための核となる取り組みとして教育課程の自主編成を位置づけている。同時に，それぞれの教科や領域ごとに自主編成の理論的・実践的研究を進めるために，民間教育研究団体と呼ばれる自主的な教育研究サークルが次々に設立されていった。こうして，1950 年代末から 1980 年代にかけて教職員組合運動と民間教育研究運動とを 2 本の柱として「教育課程の自主編成」が全国各地の小中高において進められたのである。

　本章では，こうした「教育課程の自主編成」にかかわる取り組みのうち，公害教育カリキュラムづくりの事例をみてみることにしたい。自主編成にかかわる多くの取り組みが国語や数学などの教科の内容について学習指導要領を相対

化しつつ探求されたのに対し，公害教育カリキュラムはそもそも学習指導要領に記述がないところで子どもたちにどう公害の現実を教えればいいのかという，教師たちの自問から出発した取り組みであった。すなわち公害教育カリキュラムづくりは，教科から出発するのではなく子どもたちの生活現実から出発しているところに特色がある。そもそも教師たちはなぜ公害を教えることが必要であると考えたのか，そして公害の何をどう教えることが重要であるととらえたのか。また公害教育のカリキュラムづくりのために，教師たちはどのような工夫をしたのか。こうした一連の問いについて，次節以下で検討してみることにしよう。

　なお，ここであらかじめ日本の公害問題について基本的なことがらをおさえておきたい。おそらく「公害」という言葉をきいて，多くの人は社会科で習った「四大公害」のことを思い出すだろう。イタイイタイ病，四日市ぜんそく，水俣病，新潟水俣病——これら4つの公害事件は1960年代末から1970年代初めてにかけて相次いで被害者救済のための裁判が提訴され，いずれも地方裁判所段階で原告（被害者）側が勝訴し，判決が確定，それによって大きく当時の日本社会を動かした（政野淳子『四大公害病』中央公論社，2013年）。だが，たとえば庄司光・宮本憲一『恐るべき公害』（岩波書店，1964年）などを一読すればわかるように，この時代公害問題は日本列島全体をまさにおおっていた。1950年代半ば以降の高度経済成長政策と企業の増産に次ぐ増産によって日本列島は開発一色に染まり，その結果各地で大気汚染，水質汚染，騒音，悪臭などの公害問題が発生したのである（宮本憲一『戦後日本公害史論』岩波書店，2013年）。本章ではそのうち，大規模な大気汚染事件で知られる三重県四日市市と工場廃液による海洋汚染がもとになった水俣病事件で知られる熊本県水俣市の事例を取り上げる。

3-2　四日市市における公害教育カリキュラムの自主編成

（1）「公害のなかで生きる子どもたち」という現実からの出発

　四日市市は，三重県北部に位置し，その西側が鈴鹿山系，東側が伊勢湾に面

する人口約 31 万人（2017 年 5 月現在）の都市である。大気汚染による健康被害「四日市ぜんそく」の発生地であり，水俣病（熊本県），新潟水俣病（新潟県），イタイイタイ病（富山県）と並んで「四大公害裁判」の起きた地域として，知っている人も多いだろう。以下では，四日市市における公害教育カリキュラムの自主編成の展開を追うこととしたい。

　四日市市では，1950 年代後半に，伊勢湾に面した旧海軍燃料廠の施設および土地が民間企業に貸与もしくは払い下げられ，そこに公害の主な発生源となった石油化学コンビナートが建設された。1960 年 3 月に策定された『四日市総合開発計画の構想』では，「石油と鉄の都市」がめざされ，そこには地盤沈下や工場を原因とする公害の発生への問題意識が垣間見られたが，そのころには通称「くさい魚」と呼ばれる異臭魚の問題がはやくも表面化しており，大気汚染や騒音などの問題も発生するようになっていた。

　1963 年には，この総合開発計画の下に「四日市市教育総合計画」が策定されたが，それは「高度でしかも適応性のある産業人」の育成を基調とした「産業や市民の教育要求」に基づく教育計画であった。しかし，そのころには「頭痛やのどの痛み，はき気などを訴える児童生徒のいる現実」があり，「肺換気機能等への影響ありとする専門家の研究結果がしだいに明らかにされつつあ」った。そのため，「人間尊重というきわめて厳粛なる見地」に立ち，「公害から児童生徒を守るため」に取り組まれたのが，四日市市立教育研究所（以下，教育研究所）による「公害の教育におよぼす影響とその対策に関する研究」（以下，影響研究）であった（四日市市立教育研究所『公害の教育におよぼす影響』四日市市立教育研究所，1965 年）。

　1964 年度から開始されたこの影響研究には，教育研究所のメンバー 7 人のほかに，学校薬剤師 1 名，学校医 1 名，さらには小学校教員が 5 名参加した。この小学校教員 5 人については，この調査で「公害の影響があると思われる地域」（公害地域）に分類された小学校（5 校）から 3 人，「公害の影響がないと思われる地域」（非公害地域）に分類された小学校（3 校）から 1 人，両者の中間にあたる「中間地域」に分類された小学校（2 校）から 1 人が，それぞれ選

出された。

　この影響研究では，児童・生徒の健康状態と学習状態への大気汚染の影響調査と，公害に対する意識調査が，それぞれ学校調査，教師調査，父母調査，児童・生徒調査というかたちで実施され，そこからは子どもたちをとりまく公害の実態が明らかになった。たとえば，子どもたちが記録した公害日誌の分析では，公害地域では，非公害地域に比べると，「晴れ」の日を「曇り」と観測したものが多く天気を正確に観測することすらもままならないほどに子どもたちの生活環境が汚染されていることがうかがえた。

　また，児童・生徒の意識調査では，目や呼吸器，心臓などの 10 項目に関して自覚症状の調査が行われたが，いずれの項目も，自覚症状を訴えている児童・生徒の割合は，公害地域が中間地域，非公害地域を大きく上回っていた。とくに「頭が重かったり，いたんだりすることがある」「息苦しくなることがある」「学校での学習を妨げられることがある」と答えた公害地域の児童・生徒の割合は 40％を超えており，公害が子どもたちの健康を蝕み，学習環境を破壊していることが明らかであった。

　「教育にたずさわるものにとって，もっとも心を痛めさせられたものは，公害の被害が，まず抵抗力の弱い子どもたちに現われるという事実であった。わが国における環境学習の出発点はここにある」（福島要一編『環境教育の理論と実践』あゆみ出版，1985 年）といわれている。四日市市における公害教育カリキュラムの自主編成においても，公害のなかで生きている子どもたちの生活や健康，生命が脅かされている現実を見つめることが出発点であった。

（2）子どもたちの生命と健康を公害からいかに守るか

　公害による子どもたちの健康被害が深刻化するなかで，子どもたちの生命や健康を公害からいかに守るのかということが課題となってくる。その課題解決のための取り組みの 1 つとしてあげられるのが，四日市市立塩浜小学校における「公害から児童の健康をどう守るのか」の研究であった。この研究は，教育研究所が影響研究を開始したのと同じ 1964 年に，四日市市教育委員会からの

研究指定を受けるかたちで開始され，その成果は 1965 年に報告書『公害から児童の健康をどう守るか』にまとめられたが，この研究のなかで，塩浜小学校は独自の保健学習カリキュラムを作成している。以下，本報告書をもとに塩浜小学校の取り組みをみてみたい。

　塩浜小学校は，石油化学コンビナートの立地地区である塩浜地区にあり，石油化学コンビナートのすぐ横に隣接している。そのため，「四日市汚染校（塩浜小学校を含んでいる―引用者）に於ては『のどの痛み』『せき』『頭痛』を訴える学童はそれぞれ 40％をこしており，発育途上にある健康集団において，これ程高率な自覚症状が訴えられているという事実は注目すべきことである」（厚生省環境衛生局公害課『昭和 40 年度 学童大気汚染影響調査報告の概要』）と指摘されるほどに，深刻な健康被害が発生している小学校の 1 つであった。

　この研究に取り組むにあたっての，塩浜小学校の教師たちの問題意識が次の文章から読み取れる（四日市市教育委員会・四日市市立塩浜小学校『公害から児童の健康をどう守るか』1965 年）。

> あくまでも公害を憎み，公害を否定する立場に立つ(ママ)ているのである。
> 　しかし，現実に立つ(ママ)て考えてみた時，今すぐに工場が移転していくことも考えられないし，又工場からの汚染ガスを今すぐ完全にゼロにすることも考えられない今日，この汚染された空気の中に住み且つ学ぶ一千数十名の児童をそのままにしておけるものだろうか。少しでも身体への影響を防ぎたい。その為には教育として学校がしてやれることがあるのではなかろうか。

　公害のある地域のなかで生活をせざるをえない以上，自分たちの生命と健康を守るすべを身につけなくてはならない。そうした問題意識の下，公害が児童に及ぼす影響についての「公害影響調査」，児童をとりまく環境を保健的に管理するための「保健管理」，児童が学習を通じて自分の生命や健康を保全する生活態度を獲得するための「保健教育」の 3 つの柱で，研究は構成された（表3.1）。

　保健教育は「学習」（保健の学習）と「指導」（保健の実践，給食の指導，体育の指導，情操の涵養）の 2 つの領域に分けられたが，「学習によつ(ママ)てより的確な

表 3.1 四日市市立塩浜小学校における「公害と教育」研究分野一覧

柱	領　域		内　容
保健教育	学習	保健の学習	保健カリキュラム，月別指導計画，学習指導，評価
	指導	保健の実践	基本的保健習慣（対公害）指導，家庭，子ども会，児童会活動として
		給食の指導	対公害上特に徹底させる給食指導，強化食品，家庭の食生活の改善
		体育の指導	対公害体育の強化，スポーツテスト，業間活動，遠足，林間学校
		情操の涵養	クラブ活動の組織と活動，成果の発表，愛樹愛鳥，家庭情操
保健管理	心身	健康の管理	健康観察の効果的方法，健康相談の実施，健康手帖
		安全の管理	安全点検の内容と方法，パトロール，安全日家庭安全，交通，避難，頻回受傷
	施設	防害施設の管理	環境衛生，清潔活動，清掃基準，教師の環境衛生，家庭環境
	環境	情操環境の経営	緑化栽培飼育の経営，防害植樹，校内美化，家庭美化，公害展示
		保健計画と組織活動	保健委員会（学級，児童，学校）の運営，保健行事計画と運営
公害影響調査（地理的・歴史的）		大気汚染調査	SO_2，ばいじん測定
		身体障害（体力）調査	P.F.（ピークフロー），Vit.測定（肺活量）
		公害症状意識調査	C.M.I（質問紙法）
		対公害保健習慣の調査	児童，保護者（質問紙法）
		一般的保健習慣の調査	同上
		身体発達（体格）と大気汚染との関係調査	身長，体重，胸囲，座高，Skelic-Index
		病気欠席率と大気汚染との関係調査	地区別，時代別，男女別，学年別

出所：四日市市教育委員会・四日市市立塩浜小学校『公害から児童の健康をどう守るか』
　　　（1965年）掲載の表をもとに加筆・簡略化した

認識を深めつつ，生活の中で，それを実践にまで高めていく指導が，もつとも重要」と記されているように，本研究の問題意識は，子どもたちが自らの生命と健康を守ることが実践できるようになるための「指導」の重視というかたちに現われた。とくにそれは「乾布まさつ」と「うがい」という2つの保健習慣の実践に具体化されており，「乾布まさつの歌」にあわせた全校一斉の乾布まさつと，「全校一斉うがい」や「学級ごとのうがい」など一日3回以上のうがいの習慣化として実践された。

　あわせて「学習」の領域においても，学級会の時間から毎月1時間を保健学習の時間として特設することとされた。保健学習では，「この環境の中で如何に自分の生命を保持増進していくかについて，各学年に応じ系統的に学習し，自覚化して実践する意欲を持たせること」がめざされ，具体的には，「くさいにおい」（1年），「よごれたくうき」（2年），「公害にまけないからだ」（3年），「公害と私たちのからだ」（4年），「公害につよくなるからだ」（5年），「公害と健康な町づくり」（6年），「公害にまけないからだ」（複式）の単元が設定された。

　このように，公害激甚の地である塩浜地区にあって，頭痛やせき，のどの痛みなどを訴えながら，公害のなかで生活していかざるをえない子どもたちを眼前にしたとき，教師たちは子どもたちが自らの生命と健康を守ることができるようになるためにはどうすればよいかを考え，新たなカリキュラムを生み出すことができたのであった。

（3）いかに公害に対する認識を深めるか
　前述の教育研究所の影響研究についての報告書は，次のような言葉で締めくくられていた（四日市市立教育研究所，前掲）。

以上要するに「公害の教育におよぽす影響」はもはや明らかである。応急的な対策を立てるにしても，さらに専門家による精密な研究を必要としようが，われわれは，このような応急的，予防医学的な問題とは別に，未来をになう青少年の教育をあずかる立場にあるものとして，いわば「恒久的な対策」ともいえるものを

考える必要があるのではなかろうか。すなわち，この公害を「生きた教材」として，積極的に，公害のない社会を築こうとする青少年を育成することが必要ではなかろうか（下線は引用者）。

　ここには，公害による健康被害への応急的な対応を超えて，公害のない社会を形成する主体を，公害という「生きた教材」によっていかに育てるのかという問題意識が表れている。この問題意識の下に，教育研究所によってまとめられたのが，『小・中学校における公害に関する学習　社会・保健指導計画試案』（1967年）であった（以下，『試案』）。

　『試案』では，公害教育は，公害のもとで暮らす人々のための教育として構想されておらず，むしろ「全国いたるところで公害問題を抱えているすべての国民に対する教育」として構想されていた。そこでとくに重視されたのは，子どもたちの「公害に対する認識」をいかに形成するかという点であり，それは「将来の社会像に深いかかわりをもっていると考えられる」からであった。この「公害に対する認識」を深める教育は，「市民の健康の維持増進」と「我が国の工業化と人間福祉」についての理解・認識に関する事項を内容とするものとされ，それは保健と社会科の指導計画に具体化された。

　社会科では，小学3年から中学3年まで，「スモッグの町」（小3），「工場公害」（小4），「工業の発展」（小5），「市民の保全」（小6），「工場立地」（中1），「工業都市の発達」（中2），「地域の開発」（中3）を主題とした指導計画が考えられ，「工業の理解」「地域開発の理解」「生活権の理解」の3つが基本的内容とされた。また保健では，小学5年から中学3年まで（中1は除く），「公害と健康生活」（小5），「公害病の予防」（小6），「大気汚染とその衛生的処理」（中2），「公害と市民の健康」（中3）が主題とされ，「市民保健の理解」が基本的内容とされた。

　たとえば，「市民保健の理解」では，「公害に対する保健上の習慣形成」について「緊要な問題」としつつも，一方では「市民保健に関して学習のうえからより重要なのは，大気汚染と，それがからだにおよぼす影響についての理解である」と説明されている。このように，同じ保健であっても，『試案』におい

ては「理解・認識」に重点がおかれ，習慣形成という実践的側面に力点のあった塩浜小学校の保健カリキュラムと比べると，非常に対照的であった。

（4）学校を飛び出し，地域と教育を結びつける

　『試案』は，本文と資料をあわせて165頁にもなるもので，1967年度からは，『試案』の指導計画に基づく公害教育が行われるはずであった。しかし，当時の市長による「偏向教育」発言が，教育委員会を動揺させ，教育委員会は資料に不適当なものがあるとして，教育研究所に再検討を指示し，最終的には資料部分が削除された82頁のみの『試案』が発行された（小野英二『原点・四日市公害10年の記録』勁草書房，1971年）。

　そうした『試案』をめぐる動きのなかで，公害教育カリキュラムの自主編成に新たに取り組んだのが，三重県教職員組合三泗支部（以下，三泗支部）に集う教師たちであった。「教師自らが，地域の公害反対住民運動に直接かかわりを持ちながら，公害と教育の問題の重要性を自覚し，自主的，しかも組織的な公害教育の研究にとりくむことによって，教育内容の自主編成をすすめていくことが，教師に与えられた教育権行使の確立につながるものである」（三重県教職員組合三泗支部編『四日市の公害と教育―教育実践と地域実践―』1971年）と記されていることからわかるように，三泗支部の教師たちの1つの特徴は，公害教育を学校や教室のなかだけで完結させるのではなく，公害の解決をめざす地域の取り組みと結びつきながら，公害教育カリキュラムを編成しようと志向したことにあった。それは，社会科が中心であり，「具体的事実を通して『資本の論理，住民運動の意義，基本的人権の尊重』を教え社会的認識・思考力の育成を重視」したものであった。

（5）四日市の公害教育カリキュラムの自主編成からみえてきたもの

　以上，四日市市における公害教育カリキュラムの自主編成の展開を追ってきた。ここからは，次のようなことが明らかになってくる。

　第一に，公害教育カリキュラムの自主編成が，教師たちの目の前にいる子ど

もたちを出発点としていることである。しかも，そこにいる子どもたちは「子どもとはこういうものである」と教師の頭のなかで空想された抽象的な存在としての子どもではない。公害という自らの生命と健康を脅かすもののなかで生活し，そうした生活を背負って教室へとやってくる，いたって具体的な子どもたちの姿が出発点となっているのである。

　第二に，四日市における公害教育カリキュラム自主編成の展開は，子どもたちの生命や健康の危機に対する実践的なカリキュラムをくぐって，子どもたちを社会の形成者として育むことをめざすカリキュラムへと，その内容の発展を遂げていることである。もちろん，生命や健康を守るための実践的なカリキュラムは，公害のただなかで生きている子どもたちにとっては，必要不可欠なものであり，蔑ろにされてよいものではない。しかし，子どもたちの生命や健康を守るためにも，公害のない社会を展望しようとしたとき，子どもたち自身が社会のあり方を問い，自らつくっていく社会の形成者であることが求められるのであり，四日市の公害教育カリキュラムは，教師たちが公害と向き合うなかで，そうしたカリキュラムへと発展を遂げ，それは教育目標の深化でもあった。

　第三に，公害教育カリキュラムを自主編成しようとするとき，それは教室や学校のなかにとどまることなく，教師たちが地域へと目を向け，地域とかかわりながら，カリキュラムを編成するようになったことである。一見すると，相反していることのように思えるかもしれないが，教室のなかでの教育実践を豊かなものにしようとするために，教室を離れ，地域と結びついている。これは，教育における地域の価値の自覚化だといえよう。

3-3　水俣市における公害教育カリキュラムの自主編成

（1）水俣病の発生と教師たち

　水俣病の「公式確認」は 1956 年 5 月 1 日とされている。市内の病院に「小児奇病」の子どもがかつぎこまれていたことがこの日をもって水俣保健所に報告されたためである。5 月 4 日付で水俣保健所から熊本県衛生部に送付された報告書「水俣市月浦附近に発生せる小児奇病について」には，以下のように記

されている（『資料から学ぶ水俣病』水俣病センター相思社，2016年）。

> 5月1日，水俣日窒附属病院小児科医師よりの通知により月浦附近に発生せる小児奇病について調査す。
> 1．田○静○6歳
> 本年3月末日頃感冒様症状にて軽度の発熱あり，4月14日前後より手及び足の強直性麻痺症状現はれ，毎夜不眠となり泣き続け，殆ど食餌をとらずヤクルト1日1本位を摂取し，漸次すい弱す。4月23日日窒附属病院小児科に入院す。症状は手及び足の強直性また言語発音不明瞭であり，入院以来食餌をとらざるに依り鼻腔より栄養を摂取せしめあり。入院以来殆ど平熱，無欲状態。（下略）

　実際には少なくとも1953年ごろから同じような症状が漁民たちの間で発生していたことが今日では知られている（高峰武『水俣病を知っていますか』岩波書店，2016年）。戦後間もなくしてすでに水俣病は発生していたのである。とりわけ不知火海沿岸の漁村に暮らす子どもたちの間での発生は多かった。だが，この問題が学校の授業で取り上げられるまでには，公式確認から15年近い歳月を経なければならなかったのである。

　のちに水俣市における公害教育のリーダーとなる広瀬武は，自らの新任時代（1955〜63年）を振り返って次のように語っている。

> 　私の青春時代というのは水俣一小での8年です。この8年間というのは水俣病については，やっぱり無関心だったと言った方がいいでしょうね。あっさり無関心だったと。学校の中でも，水俣病のことが教師集団の中で話題になるということはなかったです。というのは，当時は水俣一小のPTAの役員はほとんどチッソ関係の人がしていたんですね。陣内社宅の奥さん達がPTAの役員だったんです。それでもうその頃は，チッソは最初から疑われていたんですけども，そういう陣内社宅あたりに対する配慮と言いましょうか，学校の中で水俣病のことを取り上げて教師集団の中で論議することはなかったし，もちろん私自身も水俣病患者の子どもを受け持っていたわけです。それは後になってわかるんですけど。
> （執筆者らによる聞き取り：2011年11月19日）

　学習指導要領にも教科書にも書かれていない水俣病。まして，勤務校は原因企業であることが疑われていたチッソの幹部が暮らす社宅を校区にかかえてい

る。水俣病は，教育課程はおろか水俣の教師たちの日常的な会話のなかにさえ登場することはなかった。そして，それは単に教師たちに固有な状況ではなく，ほとんど顧みられることのなかった水俣病事件をめぐる水俣市内の状況の縮図だったのである。

（2）「患者さんに学べ」—地域に出る教師たち

　水俣市における水俣病事件をめぐる状況が変化することになるのは，公式確認から12年後の1968年に入ってからである。同年1月，新潟水俣病の患者や支援者が水俣市を訪問するのを機会に，水俣市では「水俣病市民対策会議」が発足する。この地元水俣における初の水俣病患者支援市民組織に先の広瀬武をはじめ数名の教師たちが参加し，徐々に教師たちの間で水俣病が話題になることになった。

　1968年9月には政府が水俣病を公害病として正式に認定。これを機に水俣病事件は一気に全国の注目を浴びることになる。同年11月には，熊本市竜南中学校の社会科教諭・田中裕一が「日本の公害：水俣病」の授業を公開研究会の場で実施し，賛否をめぐって轟々たる論争を巻き起こした（田中裕一『石の叫ぶとき』未来を創る会出版局，1991年）。田中は，以前から水俣病に注目し，その授業化の必要性を考えていた。実施された授業は丹念な資料収集と明快な論理に裏づけられた「教育課程の自主編成」の実践そのものであった（安藤聡彦「田中裕一『水俣病の授業』はどうつくられたか」『教育』3月号，かもがわ出版，2015年）。この授業は熊本県内外における水俣病事件の授業化のみならず，前節でみた四日市の取り組みとともに，日本における公害教育カリキュラムの自主編成を励ます大きな力となった。水俣でも，翌1969年6月には市の教職員組合が水俣病事件に取り組むことを決定し，胎児性水俣病患者の子どもが暮らすリハビリテーションセンターや患者家族の訪問などが始められている。そして1970年からは授業のなかで水俣病を取り扱う試みが市内の小中学校で開始された。広瀬武は，当時のことを次のように振り返っている。

> 　私たちは水俣で生まれて水俣で教師をして水俣で骨を埋める。そういう水俣の人間として，特に教育の中で教師は何をなすべきかということですね，それが市民会議に参加をした私たちのグループの中でいつも論議をしたんです。そして，やっぱり（患者の）浜元二徳さんだったと思うんだけど，「先生達の仕事は教えるのが仕事だろう」と言われる。「きちんと水俣病を教えてくれ。あなたたちが教育の中でそれを取り組んでこなかったために，水俣病の被害を受けた自分たちは非常に苦しんできた」と。「教育の中でそれを一番考えていかなければならないんじゃないか」というようなことをね。患者さんとかかわっていく中で直接言葉で聞いたこともあります。そして患者さんたちと時には飲むんですね。そういう中でいつも出てくるのはね，「本当に子どもたちに水俣病を教えてくれ」と，「それが先生たちの仕事じゃないのか」ということなんですよ。
> 　　　　　　　　　　　（執筆者らによる聞き取り：2011 年 11 月 19 日）

　以後現在に至るまで，水俣の教師たちにとって「患者さんに学べ」は「教育課程の自主編成」を貫くモットーとなっている。そのことの意味は本節の最後に検討することにしたい。

（3）「水俣・芦北公害研究サークル」による公害教育カリキュラムの自主編成

　1976 年 8 月，水俣市および隣接する芦北町において水俣病の授業化に取り組んできた教師たちは，①小中学校における公害に関する実態の把握とその研究，②「公害と教育」推進のための会員の研修，③授業研究と学習教材の作成，④その他，を目的として「水俣・芦北公害研究サークル」（以下，サークル）を結成する。学校や教科の種別を超え，公害研究という 1 点でつながる教師の地域サークルである。

　サークルは 1977 年 10 月に以下のような「基本的視点」を確認している。やや長いが重要な文章なので，全文を引用しておくことにしよう（『水俣病・授業実践のために：教材・資料集』水俣芦北公害研究サークル，1979 年）。

> 私たちは公害学習の視点として
> 　①公害の現実を具体的な事実をもとづいて正しく把握させ，自然と社会のメカニズムに対する科学的認識をやしなう。

②生命・健康・生活を守ることの尊さを徹底して教え，健康・自然・環境への
　　　権利にもとづいた人間尊重の態度をやしなう。
　　③環境問題が現代の人間にたいして持つ重要な意味を理解させ，環境破壊の真
　　　の原因を，歴史と事実に即して明らかにさせ，生存権・環境権の思想史的意
　　　義を理解させる。
　　④環境の保護，住みよい地域社会建設への努力をまなばせ，住民としての権利
　　　を自覚させ，主権者としての態度をやしなう。(「公害と教育」研究会綱領)
　を確認している。無論のこと，公害なるものが公私を問わず企業のもたらした人
　為災害であり，そこには加害者と被害者があり，万一たりとも加害者の論理を正
　当化するものではない。更に，水俣芦北に生活する私たちには，より厳しい視点
　が求められる。
　『生命に係わる水俣病の問題を避けて，何を我々は教えているのか。』
　『水俣病をとらえきれずに，何が安全・保健教育，何が差別・同和だ。』
　　　水俣芦北の現実は，過酷で，むなしく，切ない反面，人間を浮き彫りにする。
　『人間らしいふるまい方，生き方とは…。』
　『人間の豊かさ，豊かなくらしとは…。』
　私達は，金銭であがなうことのできない人間の生存と，差別の問題を深く内包す
　る水俣病の実情を教えることで，疎外された人間関係の復権・価値判断の変革を
　自ら志向できる子ども達を育てるために授業実践にとりくむものである。

　ここで「『公害と教育』研究会綱領」とは，全国各地で公害問題に取り組ん
でいる教師たちが集まって 1971 年 8 月に結成した民間教育研究団体「公害と
教育」研究会の綱領をさしている。すなわち，自分たちは公害教育についての
全国的な課題をふまえたうえで，「より厳しい視点」を自分たち自身に求める，
というのがここでの趣旨である。「水俣芦北に生活する私たち」という市民性
＝当事者性の自覚が「過酷で，むなしく，切ない」「水俣の現実」に生きる子
どもたちに共感し，「疎外された人間関係の復権・価値判断の変革を自ら志向
できる子ども」という新たな教育目標の提起に至っているのである。
　こうした基本的視点を確認したサークルは，1979 年 10 月に『水俣病・授業
実践のために；教材・資料集』を編集発行した。そこには，水俣病についての
基本資料と解説，さらに小中学校の年間指導計画，各学年の指導案例，基礎的
な教材が B4 判 67 頁の冊子にまとめられている。表紙が青いために「青本」
と呼ばれるこの教材・資料集は，1981 年に第 1 回改訂版，1995 年に第 2 回改

訂版，2007 年に第 3 回改訂版，そしてサークル設立 40 周年にあたる 2016 年には第 4 回改訂版が出されている。ちなみに現行の第 4 回改訂版は 88 頁立てにまでなっている。1 つのローカルな教育サークルがこうした資料・教材集を 40 年近くにわたって改訂発行しつづけているというのはまことに希有なことであり，それ自体きわめて貴重である。

　5 冊に及ぶ青本の改訂の歩みを検討することは，サークルにおける「教育課程の自主編成」の歴史そのものをたどり直す作業であり，たいへん興味深い。ここでは紙幅の関係で，小中学校の年間指導計画の変遷だけを概観することにしよう。

　年間指導計画は，小学校も中学校も全学年ですべての学期において水俣病にかかわる学習を行うことが前提となっている。初版では小学校の計画はどの学年も 1 学期が「水俣病の苦しみと怒り」，2 学期が「水俣病の歴史」，3 学期が「私たちと水俣病」という構成であり，中学校はそれぞれ「生命・健康・自然破壊を考える」「水俣病の歴史と，発生背景を明らかにする」「『私と水俣病』の立場から，課題と展望を探る」という構成になっている。とりわけ小学校でも中学校でも 3 学期に「私（たち）と水俣病」という課題を立て，それぞれの学年において自分自身の問題として水俣病を考えるように促しているところにこの指導計画の最大の特徴があるだろう。「疎外された人間関係の復権・価値判断の変革を自ら志向できる子ども達を育てる」という目的意識がこの課題設定に集約的に現れている。だが，この指導計画の構造は，公式確認から半世紀を経た第 3 回改訂（2007 年）において修正が行われている。小学校中学校ともに 1 学期は「水俣病の苦しみと怒り」，2 学期は「水俣病の構造と歴史」となったうえで，3 学期は「わたしたちと環境」に変更されている。「私（たち）と水俣病」から「わたしたちと環境」への変化は一見すると大きいが，小学校高学年における目標は「環境破壊の現状を見つめさせ，自然や人権を守り，環境保全に努めながら，よりよい社会をつくっていこうとする態度を育てる」で，中学校の目標は「『水俣病の教訓とは何か』を学び，『水俣病の教訓』を生かし行動する大切さを知り，地域の自然保全から地球環境問題解決に至るまで，主

体的に関わる主権者としての意識を高める」とされており，ここでも水俣病の経験をふまえたうえでローカル／グローバルな環境や社会とかかわっていく主体性を育成することに主眼がおかれている。

　サークルの結成当時，会員は 20 名を超えていた。今日ではその多くは引退し，現役会員は数えるほどになっている。若い世代にこの取り組みをどのように継承していくのか，いまそれがサークルの最大の課題となっている。

（4）「患者さんに学ぶ」教育課程の意味

　サークルの教師たちは「患者さんに学べ」をモットーに 40 年にわたって「教育課程の自主編成」に取り組んできた。では，「患者さんに学」んで教育課程を編成するという営みには，いかなる意味があるのだろうか。

　第一に，患者に学ぶとは自分自身を問い直すということである。患者と向かい合うとき，向かい合った彼／彼女は，「いったい〈私〉は教師である以前に何者であるのか」と自問自答することになるだろう。それは水俣病事件を他人事としてとらえていた自分自身を問い直す営みであり，患者と同じ社会を生きる一人の市民としての責任への自覚のプロセスである。換言すれば，それは水俣病事件をとらえる立場の教師による自己形成プロセスである。

　第二に，患者に学ぶとはほかならぬ水俣病被害の実像を知ることである。教師たちは学習指導要領や教科書，さらには既存の文献やデータをいったん脇におき，自分自身の五官と頭で被害を理解することを求められる。それはステレオタイプ化されたイメージを打ち砕き，教師自身がオリジナルな水俣病事件像を構築する方法的基盤を与えてくれる。

　第三に，患者に学ぶとは患者自身の生き方と向き合うということである。教師たちは患者の生き方を通して生を支える価値観や社会の未来を考える機会を与えられる。そこから，「水俣病を教えることを通して子どもたちに何を育むのか」「どんな子どもを育てたいのか」という目標が徐々にみえてくるのである。

　第一の点は教育課程を編成する教師の立場性の問題であり，第二の点は編成される教育課程の内容にかかわる問題であり，第三の点は教育課程を貫く教育

目標の問題である。

　このように「患者さんに学ぶ」という営みは教育課程を自主的に編成しよう
とする教師に対して，編成の立場性，内容，目標を吟味し，教育課程全体を構
想する機会を絶えず与えつづけてきたのである。

　40年にわたって改訂されつづけてきた『水俣病・授業実践のために：教材・
資料集』は，一貫して「患者さんに学ぶ」を「教育課程の自主編成」にあたっ
ての指導原理とされてきたのである。

3-4　教育課程の自主編成の意義

　あらかじめ決められた学習指導要領や教科書に記された内容と，子どもたち
が日々過ごしている地域や生活の現実とが乖離している場合がある。教育の出
発点が，教師の目の前にいる子どもたちであるとき，学習指導要領や教科書に
よって制度化された内容と目の前にいる子どもたちがかかえる現実とが乖離し，
ときには矛盾するなかで，教師たちは子どもたちに何を教えるべきかを改めて
問い，これまでにはない新たな教育実践をつくり出す必要が出てくる。その1
つのかたちが教育課程の自主編成であり，それは教師たちが子どもたちと真摯
に向き合うなかで積み重ねられてきた教育実践上の集団的営為であり，遺産で
ある。

　日本の教師たちは，教室のなかで子どもたちに向き合い，ときには教室の壁
を越えて，地域のなかを歩きまわりながら，さまざまなかたちで教育実践をつ
くりだしてきた。そうした1つひとつの営みの重なり合いが，「教育課程の自
主編成」という教師たちの1つのムーブメントを生み出してきた。そして，
「教育課程の自主編成」の展開期に，公害問題の勃発という社会問題が発生し，
全国各地で子どもたちが公害のなかで生活せざるをえなくなるという現実と教
師たちが直面するなかで，公害教育カリキュラムの自主編成が行われてきたの
であり，その事例が四日市であり，水俣であった。

　子どもたちを出発点とし，制度化された教育課程を問い直し，教師自身を問
い直す。これらが重なったときに，教育課程の自主編成は生まれてくるのであ

り，そのことが，それまでとはちがった新たな教育実践を生み出していくのである。

　公害教育カリキュラムの自主編成に注目した教育学者の中内敏夫は，その編成の過程にみられる教師の仕事を「参加し，記録し，発明する」という3つのステップによって構成されているということを明らかにした（中内敏夫「教育課程研究と住民運動（上・下）」『教育』11-12月号，1977年）。すなわち教師自身が住民運動に参加し，そこで問題となっていることがらを調査し記録することによって「既成科学の解きえない公害のなぞを解きうる新しい科学の創造」を担い，そこから新しい教育課程と教材とを「発明」していくというのである。問題を他人事とせずそれをいわば「自分事」として担おうとする＝参加するところに教師自身の自己の問い直しがあり，そこでの「記録」に基づく「発明」の過程に専門家としての教師による「教育課程の問い直し」がある。以上のことは言い換えれば，公害教育カリキュラムの自主編成とは教師の市民性と専門性との双方に深く根ざした取り組みだったということになる。公害問題が過去の出来事でなく現在進行形の問題であることは福島原発事故ひとつをとってみても明瞭である（畑明郎編『公害・環境問題と東電福島原発事故』本の泉社，2016年）。教師の市民性と専門性とに支えられた新しいかたちでの公害教育カリキュラムの自主編成がいま改めて求められている。

　　【 読者のための参考文献 】
・中内敏夫『教材と教具の理論』有斐閣，1978年
・国民教育研究所環境と教育研究会編『地域開発と教育の理論』大明堂，1985年
・田中裕一『石の叫ぶとき　環境，人間，教育，その原点からの問い』，未来を創る会出版局，1991年
・大森享『小学校環境教育実践試論—子どもを行動主体に育てるために』創風社，2001年
・向井嘉之編著『イタイイタイ病と教育　公害教育再構築のために』能登印刷出版部，2017年
・岸本清明『希望の教育実践　子どもが育ち，地域を変える環境学習』同時代社，2017年

第4章
ESD 時代のカリキュラム改革と方法論

　私たちは，大多数が高等学校で各教科の授業を受け，卒業式や文化祭，修学旅行などの行事を経験して大学に入学してきた。人によって思い出はさまざまあるだろうが，ほぼ全員が共通の教育経験をしてきたことは，よく考えてみれば不思議なことである。

　それは，全国の学校が学習指導要領（国の教育大綱）に基づいて教育課程（カリキュラム）を編成しているからである。授業が１日６時間あることも，国語で文学作品を読み，数学で証明問題を解くことも，３月に卒業式を行うことも，各学校が教育課程（カリキュラム）によって決めているのである。

　その意味で，学校の教育課程（カリキュラム）は，私たちの「ものの見方・考え方」に大きな影響を与えてきたはずだが，21世紀の未来社会においても，従来どおりの「ものの見方・考え方」をもつ子どもを育成していけばいいわけではないだろう。だとしたら，どのような子どもを育成していけば，子ども自身と社会にとって望ましいのか。この問いを考える際に，学校での教育課程（カリキュラム）のあり方と，教師のかかわり方を考えることが不可欠であろう。

4-1 「持続可能な社会の創り手」を育てる教育への転換

　2017年版の中学校学習指導要領（中学校）の前文では，これからの学校には「一人一人の生徒が，自分のよさや可能性を認識するとともに，あらゆる他者を価値のある存在として尊重し，多様な人々と協働しながら様々な社会的変化を乗り越え，豊かな人生を切り拓き，持続可能な社会の創り手となることができるようにすること」が重要であるとし，「このために必要な教育の在り方を

具体化するのが，各学校において教育の内容等を組織的かつ計画的に組み立て
た教育課程である」と記述されている。

　「前文」とは，学習指導要領を貫く基本的な考え方が表明された非常に重要
な箇所である。ここでは，子どもが「持続可能な社会の創り手となる」（傍点
筆者）ことと，そうなるために各学校・教師が「組織的かつ計画的に組み立て
た教育課程」を編成することが強調されていることを，まず確認しておこう。
というのは，2008 年版学習指導要領では，新しい知識・情報・技術が政治・
経済・文化のあらゆる領域に影響を与える「知識基盤社会」に対応する「生き
る力」を育むことが目的とされていたが（文部科学省，2016 年），2017 年版学
習指導要領では ESD の理念と結びついた「持続可能な社会」をめざすことが
重視され，なおかつ「創り手となる」という表現によって学びの主体が子ども
であることを明確にしたからである。このような大きな転換のなかにあって，
教師だけが過去の教育経験に基づく前例踏襲の授業を続けていってよいはずが
ない。やはり，教師が教える主体となることを自覚し，子どもと地域の現実を
しっかりと見極めたうえで，よりよい教育課程（カリキュラム）を創り出して
いかなければならないだろう。その意味で，教師が教育課程（カリキュラム）
を編成することは，国民に一定の教育水準と内容を保障するという意味だけで
はなく，どのような未来社会を創っていくために，何をどのように伝えたいの
かを構想するための創造的な営為なのである。

　さて，この転換は序章でも説明されている国連「持続可能な開発のための教
育（ESD）の 10 年」（2005〜2014 年）と，国連「持続可能な開発目標（SDGs）」
（2015〜2030 年）という国際的な取り組みに合わせて行われたものである。現
在，世界には環境，貧困，人権，平和，開発といった多様な課題がある。ESD
とは，これらを子ども自身の課題としてとらえ直し，身近な地域から取り組み
を始めることにより，この解決につながる新たな価値観や行動を生み出すこと，
そして多様な主体と協働しながら持続可能な社会を創り出していくことをめざ
す学習や活動である。20 世紀の学校教育がそれらの問題を引き起こす遠因と
なっていたとしたら，21 世紀の学校教育には，それを大胆に転換し変革でき

表 4.1　21 世紀の価値観

	20 世紀（Ego の世紀／ Brown の社会）	21 世紀（Eco の世紀／ Green の社会）
環　境	化石燃料エネルギー 自然破壊・開発，種の減少と絶滅 公害，気候変動の発生と深刻化	再生可能エネルギー 自然保護・保全，生物多様性の確保 アメニティ，気候変動への適応と抑制
経　済	大量生産・大量消費 高度経済成長 不均衡貿易，貧困（GDP）	資源循環型生産・倫理的な消費 定常経済・低成長 公正な貿易，ゆたかさ（GNH）
社　会	男女差別，戦争・対立 ピラミッド型組織，パターナリズム 国家，トップダウン	ジェンダー平等，平和・対話 ネットワーク型組織，パートナーシップ，地域，ボトムアップ

るような子どもを育成することが求められているのである。

　では，「持続可能な社会の創り手」とは何だろう。それは，端的に言えば，21 世紀型の新たな価値観（表 4.1）を生み出し，グローバルに考え地域から行動できる人（Think globally, Act locally）のことである。

　2017 年版学習指導要領のもとでつくられる教科書（国語・社会・理科・英語・家庭科など）では，表 4.1 の価値観を直接・間接に含む教育内容が増加していくことはまちがいない。また，総合的な学習の時間（高等学校は「総合的な探求の時間」）は，2008 年版から「持続可能な社会の構築」がうたわれてきたことから，それが教育課程（カリキュラム）にいっそう強く反映されるようになっていくだろう。つまり，子どもたちに教授する「内容」は，多くの課題をかかえつつも今後大きく変化していくのである。

　しかし，子どもたちが「持続可能な社会の創り手になる」ためには，その価値観や内容を従来どおりのやり方で教えるだけでは身につくはずがない。やはり，「学びの主体となるための方法論」が求められるはずであり，教育内容だけを重視した従来の教育課程ではなく，それを意図的・計画的に組み込んだ 21 世紀型の教育課程（カリキュラム）が編成されなければならない。

（1）学校教育における教育課程編成の法的位置づけ

　そもそも，学校教育に関する法体系のなかで，教育課程（カリキュラム）はどのように位置づけられているのだろうか。それは，学校教育法に従って文部科学大臣が定めることになっており（学校教育法第 33 条），各教科・領域の構成，授業時数，教育課程の基準（学習指導要領），課程の修了・卒業の認定などを具体的に規定している（学校教育法施行規則第 50〜57 条）。これをふまえて都道府県の教育委員会は，学級の編制，教育課程，学習指導，生徒指導，職業指導に関することを管理・執行する（地方教育行政の組織及び運営に関する法律第21 条）。これらの法令と規則のもとで，各学校は「生徒の人間としての調和のとれた育成をめざし，地域や学校の実態及び生徒の心身の発達の段階や特性を十分考慮して，適切な教育課程を編成」（中学校学習指導要領総則）できるのである。そして，この法令と規則は，日本国憲法第 26 条にある「教育を受ける権利」をすべての国民に保障するために存在することはいうまでもない。

　このように，日本の学校教育および教育課程（カリキュラム）は，確固とした法体系のもとで制度的な安定性と内容上の水準を維持してきたといえる。たとえば，北海道に住む子どもが沖縄県に転校したとしても，同じ時期に同じ内容を確実に履修し，学修上の問題が起こらずに卒業できるのは，子どもの教育を受ける権利を保障する法令と規則が整備されているからこそである。しかし，このことは成熟した近代教育をもつ先進諸国ではすでに自明の前提であり，逆に日本の学校教育の「画一性」の象徴として批判をされることや，各学校が創造的な教育課程を編成する障害になるとの疑問が出されることもあるだろう。たとえば，小学校 3 年生の理科の教科書では，春に見られる身近な草花として，オオイヌノフグリやホトケノザなどの挿絵が掲載されているが，それは東京郊外の学校では多く見られても，沖縄県の小学校では生態系が異なるためにあまり見られない。ならば，デイゴやハイビスカスを素材にして理科の授業をすることも考えられるが，それには相当の準備と時間がかかるのが現状であろう。

たしかに，各学校は法令と規則のもとで教育課程を編成しなければならないことは当然だが，それを遵守しているだけでは魅力ある授業を創り出せないばかりか，子どもと地域の実態に合わない教育活動を継続していくことにもなりかねない。その意味で，教師の努力と工夫は，その学校ならではの特色ある教育課程（カリキュラム）を編成していくうえで，法令や規則以上に重要なのである。

（2）「学校が教育課程を編成する」とはどういうことか

　各学校は，法体系の枠組みのなかで教育課程（カリキュラム）を編成している。具体的には，法令・規則（教育基本法・学校教育法・学校教育法施行規則など）に基づき，①各学校が地域や学校の実態に即して「教育目標」を設定する，②各教科・各領域（道徳・特別活動・総合的な学習の時間）の授業時間数を設定する，③「教育課程の基準」（学校教育法施行規則第52条）である学習指導要領の内容（教科・道徳・総合的な学習の時間・特別活動）をふまえて，教育課程を編成する。公立学校であれば全国どこでも，およそ以上のような手順をふまえて編成されており，学校によって教科を改廃したり授業時間数を大幅に変更することはできない。とりわけ，各学校にとって学習指導要領の比重はきわめて大きく，それに準拠した検定教科書しか使用することができないだけでなく，使用する教材や副読本も教育委員会に届ける義務を負っている。

　このことから，教育課程は，確固とした法体系のもとで，国（文部科学省）→（都道府県・市町村教育委員会）→学校というトップダウンの流れで編成されていること，それによって学習指導要領の内容を全国の学校にくまなく浸透させていること，そして学校による教育課程の編成とは学習指導要領の枠組みのなかでしか特色と独自性を発揮できないことがわかる。また，学校には教科書採択権がなく，教科教育（主要5教科）の教育課程は教科書会社作成の資料をそのまま利用する事例が多数あり，独自の教育課程を編成できるのは総合的な学習の時間と特別活動くらいであるともいっても過言ではない。当然のことながら，これまで教師が教育課程を編成する力量は十分に育成されてこなかった。

> 1．各学校は，子どもの実態（知・徳・体）をふまえて，教師間で発達上の課題
>   と展望を議論して，めざすべき学校像と子ども像を共有しつつ，教育課程案
>   を作成する。
> 2．各学校は，保護者や地域の人々と，地域の実態（人・もの・こと）や価値，
>   課題について協議しつつ，よりよい教育課程案に修正する。
> 3．教師は，国の教育政策（学習指導要領）をふまえて，子どもの発達課題と地
>   域からの教育要請と調整しつつ，学校の教育課程を編成する。
> 4．都道府県・市町村教育委員会は，各学校の教育活動に対する指導と支援を適
>   宜行う。

図 4.1　未来の学校の教育課程の編成像

　この〈国―都道府県―市町村―学校〉のヒエラルキーと上意下達の構造は，まさに 20 世紀型教育の典型であり，学校教育の硬直化と画一化を招く原因をつくってきたともいえる。これを，表 4.1 のような 21 世紀型教育に転換するには，「教育を受ける権利」に基づく法体系を維持しつつも，各学校と地域を起点としたボトムアップの構造に関係性を逆転しなければならないだろう。たとえば，図 4.1 のような教育課程の編成ができないだろうか。

　図 4.1 の 1．～ 4．は，各学校が教育課程（カリキュラム）の編成にあたって行うべきことを順不同で列挙している。ここで強調したいのは，各学校と教師が第一に見つめるべき対象は，学習指導要領ではなく子どもと地域であるということだ。そのまなざしを基盤にすえたうえで，地域の人々や関係機関・団体と協議を行いつつ，国の教育政策（学習指導要領）の内容を理解するという基本的な姿勢を貫くことができれば，編成された教育課程はその学校と教師，子ども，保護者，地域のなかにしっかりと根付いていくにちがいない。

　表 4.1 の「ネットワーク型組織」「パートナーシップ」「ボトムアップ」という視点を具現化するなら，教育課程（カリキュラム）の編成は，地域の実態と要請・国の政策方針と法的義務を視野におさめた関係者間の絶えざる対話と合意形成の営みであり，その地域の価値と課題を議論するダイナミックな作業でなければならないだろう。また，それは一部の教師の考えで進めるものではなく，学年・教科・年齢などの壁を超えて集団的に議論することはもちろん，学

校と地域および多様な主体が連携しつつ共同的に編成することによって，21世紀型の教育に転換していく第一歩を踏み出せるのである。

（3）ESD の教育課程（カリキュラム）編成の方法

ESD は，表 4.1 の価値観を組み込んだ教育課程（カリキュラム）の共同的編成を志向する。では，そこにどのような教育内容と方法を構想していけばよいのだろうか。2014 年に国立教育政策研究所は，図 4.2 のような枠組みを提案した。これは，2008 年版の学習指導要領の内容をふまえつつも，ユネスコやOECD，諸外国の学校教育に関する議論や研究を整理して作成されたもので，とりわけ 2. の構成概念や 3.①②③は，従来の日本の学校教育にはみられなかった内容である。各学校は，現行の学習指導要領をふまえて通常の授業を進めるが，ESD の場合は，図 4.2 の枠組みを参照しながら授業を実践するのである。

このような ESD を推進していくために，文部科学省および日本ユネスコ国内委員会は全国の学校にユネスコスクールへの加盟をうながしている。ユネスコスクールとは，1953 年，ASPnet（Associated Schools Project Network）として，ユネスコ憲章に示された理念を学校現場で実践するため，国際理解教育の

1．ESD の視点に立った学習指導の目標
  ・「持続可能な社会づくりに関わる課題を見いだし，それらを解決するために必要な能力や態度を身につける」ことを通して，持続可能な社会の形成者としてふさわしい資質や価値観を養う。
2．持続可能な社会づくりの構成概念（例）
  ・人を取り巻く環境に関する概念（Ⅰ．多様性，　Ⅱ．相互性，　Ⅲ．有限性）
  ・人の意思・行動に関する概念（Ⅳ．公平性　Ⅴ．連携性，　Ⅵ．責任性）
3．重視する能力・態度（例）
  ①批判的に考える力　②未来を予測して計画を立てる力　③多面的・総合的に考える力　④コミュニケーションを行う力　⑤他者と協力する態度　⑥つながりを尊重する態度　⑦進んで参加する態度

図 4.2　ESD の学習指導過程を構想し展開するために必要な枠組み

出所：国立教育政策研究所，2014 年

実験的な試みを比較研究し，その調整をはかる共同体として発足した。世界182 カ国で約 1 万校が ASPnet に加盟して活動し，日本国内では，2017 年 4 月現在，1034 校の幼稚園，小学校・中学校・高等学校および教員養成系大学がこのネットワークに参加している。ユネスコスクールは，そのグローバルなネットワークを活用し，世界中の学校と交流し，生徒間・教師間で情報や体験を分かち合い，地球規模の諸問題に若者が対処できるような新しい教育内容や手法の開発，発展をめざしている。もちろん，加盟しなくとも自由に ESD を実践できるが，多くの学校では図 4.2 を ESD 推進の指針として活用している。

　たとえば，これに加盟する岡崎市立新香山中学校では，地域や子どもの実態に合わせて ESD 新香山プランの確立し，MDT（ミニ・ディスカッション・タイム）や GWT（グループ・ワーク・トレーニング）を朝の会や特別活動，道徳，総合的な学習の時間において実施し，聞く姿勢と積極的に話し合いに参加する姿勢を鍛える「生徒主体の学びを確立する授業づくり」の視点で実践的な研究を進めてきた。

　1 年生は「生態系で考える共生社会」と題し「獣害」をテーマに，生き物と人間との共生を考える授業を行った。サルやイノシシが田畑を荒らしたり，学校で保護活動を進めているササユリの花や根を食べる害がある。この問題をバイオリージョン・マップ（地理的特徴によって植物や動物が活動する生態系域）の製作活動を導入して焦点化し，共生社会を考える学習を実践した。2 年生は「エコで考える共生社会」と題し，地球温暖化防止をテーマにしてエネルギーと人間との共生を考える。温暖化の原因として CO_2 の排出量に着目し，環境家計簿をつける家庭でのエコ活動を行い，企業に出向いてのエネルギーや環境対策の調査学習を実践した。3 年生は「未来の地球を守るために私たちができること」と題し，低炭素社会実現に向けて発信できる取り組みを考える。「原発停止の中で，この夏を乗り切れるのか？」をテーマに討論会をし，節電や CSR（企業が社会に貢献するための活動）学習会などを行った。この授業を通して，①生徒たちは地球環境に対して危機感と切実感を抱きつつ，自らの問題としてとらえ行動意欲を高めたこと，②地域を愛し国際社会を考える生徒や，新

聞を読む生徒，文章が長くかける生徒，息の長い発言をできる生徒が増加したこと，③世代を超えた倫理観を高めるために，立場を明確にした討論を取り入れた結果，特別活動や行事で「未来を意識する」「つながりを意識する」場面が増えたことなどの成果が報告されている（文部科学省「ユネスコ

写真 4.1　新香山中学校 1 年生の ESD の授業

スクール ESD 優良実践事例集」pp. 116-117，2014 年）。

　この学校は，3 年間にわたる独自の教育課程を創り，地域の実態に根ざしつつも世界の諸課題と密接に結びつく学習活動を行ってきた ESD 実践のグッドプラクティスであるといえよう。

（4）ESD カリキュラムの様式

　新香山中学校は，数年間の教職員間の検討を経て教育課程を創り上げ，日々の実践を通して少しずつ修正しながらよりよい教育課程に改善していったようだ。そこには，教員の研究意欲，同僚性に基づいた集団的な検討，生徒に向き合う真摯な姿勢があったのだろう。では ESD は，このような特別な学校でしかできないのかというと，そうではない。以下の表 4.2 のような教育課程（カリキュラム）様式を手がかりにすれば，段階的に編成していくことができる。

　Ⅰの単独教科型は，従来の教科学習に ESD の枠組み（図 4.2）を組み込んだカリキュラムである。これは，教師一人で通常の授業を少し改善するだけで実践することができる。Ⅱの教科横断型は，教科の特質をふまえながら，社会－理科－家庭科などのように，教育内容上の関連指導を行うカリキュラムである。中学校・高等学校であれば，複数の教科担当者間の話し合いを行ったうえで実施しなければならない。Ⅲは，文字どおり総合的な学習の時間のカリキュラム編成である。地域における持続可能性に関する課題について，協働的な学習過

表 4.2　ESD カリキュラムの型式

	様　式	内　容
Ⅰ	単独教科型	1 つの教科に ESD の枠組みを導入したカリキュラム
Ⅱ	教科横断型	ESD の枠組みで，複数の教科を関連づけたカリキュラム
Ⅲ	総合的学習型	持続可能性に関する課題解決／探求型のカリキュラム
Ⅳ	学校編成型	ESD の枠組みで，学校全体の教育活動を再編し体系化したカリキュラム

程を経験させつつ課題解決／探求のために参加・行動ができる授業に発展させたい。Ⅳは，ESD の理念と方法を学校全体の教育活動の基軸にしたカリキュラムであり，近年では「ホールスクール・アプローチ」ともいわれている（永田佳之「ESD 実践へと導く四つのアプローチ」『国際理解教育』Vol.18，明石書店，2012 年）。これは，学校長のリーダーシップのもとで，地域・行政・民間団体などの緊密な連携体制を構築していくことで長期的な ESD を展開することができる。ユネスコスクールは，ⅠⅡⅢのすべてを包括した学校編成型に該当する事例が多く，各教科と各領域（道徳・特別活動・総合的な学習の時間）の緊密な連携を図る「ESD カレンダー」（多田孝志・手島利夫・石田好広，2008）という様式を採用する学校も増加している。

4-3　「社会に開かれた教育課程（カリキュラム）」の模索

（1）アクティブ・ラーニングの背景と役割

　新学習指導要領について，中央教育審議会の「学習指導要領等の改善及び必要な方策等について（答申）」（2016 年 12 月 21 日／第 197 号）は，アクティブ・ラーニングの視点を「主体的・対話的で深い学び」と言い換えて，「主体的な学び」「対話的な学び」「深い学び」をそれぞれ解説している。いずれの視点も子どもたちの教育において重要なものであり，そこに大きな違和感を感じる人は少ないであろう。

　しかし，こうした視点が登場する文脈を戦後教育課程政策および学習指導要

領の改訂を進めてきた政策的意図や，OECD の PISA 調査に代表される「資質・能力」（コンピテンシー）論に即して読み解くことで，そこに主体性を強調しつつも「自発的隷従」（エティエンヌ・ド・ラ・ボエシ『自発的隷従論』筑摩書房，2013 年）へと誘導する意図がみえるとの批判もある。この自発的隷徒こそ，「人を支配し，人が支配される仕組み」が教育に内在していることを指摘するものである。たとえば八木英二は，政府と OECD の「政策対話」（OECD/Education2030）をもとに，「主体的・協働的な学習」のめざすものが「産業競争力」の強化であり，「対話的」関係が「社会関係資本」（Social Capital）や「アイデンティティ資本」などに代表されるイデオロギー的な擬制概念の「資本投資」としての歪みを伴うものであると強く警告している（八木英二「学習指導要領改訂のめざす『主体的・対話的で深い学び』とは」『人間と教育』2017 年）。

　2020 年版学習指導要領における「主体的・対話的で深い学び」は，教育課程を構成する要素のうち，学習の主体（子ども）・時間（授業）・場所（学校）を所与のものとしつつ内容（学習指導要領と検定教科書）と方法（アクティブ・ラーニング）に新たなつながりを提起しようとしている。むしろ，これまで以上に内容と方法を一体的に踏み込んで提起した「戦後教育課程政策の重大な転換」であるといえる。なぜこのような「学び」が必要とされるのか，その背景にある教育課程政策や学習指導要領の改訂の政策的意図が問われなければならない。つまり，一連の教育政策が全国学力テストに象徴される新たな学校管理制度や学力評価・処遇制度を生み出し，アクティブ・ラーニングが「育成すべき資質・能力」論やカリキュラム・マネジメントとセットになって学校現場に導入されることの意味を問う必要があるのである。

　教育課程とは「一般に，子ども・青年にのぞましい発達を保障するために，学校で行う教育的働きかけの計画である」との定義がある（日教組中央教育課程検討委員会，1976）。これに続いて，「教育課程は，具体的には，個々の学校において，その教職員によって，生徒を対象に，一定の教育的諸条件のもとで編成される。したがって，教育課程を最終的に決定するものは，なによりも教職員の教育的力量であり，学校内外の子どもの生活であり，学校における諸条

件である」と述べられている。ここには教育の編成主体が教師（教職員）であると明示されており，国家（政府）が定める教育課程の基本的な枠組みとしての学習指導要領に基づいて検定教科書を使用して教えるだけの教師像は存在しない。これは当初の学習指導要領（「学習指導要領　一般編（試案）」1947年）が「本来，教育課程とは，学校の指導のもとに，実際に児童・生徒がもつところの教育的な経験，または諸活動の前提を意味している」と規定し，「手びき書」としての性格をもっていたことに対応している。

　問題は，教育課程の編成主体が唯一国家だけであってよいのかということであろう。そこには，教師や父母，子ども自身が編成主体として位置づけられるべきであり，そのことを抜きに「主体的・対話的で深い学び」が実現できるのかということである。

　そこで，この答申（中教審第197号）が「『次世代の学校・地域』創生プラン」（馳プラン／2016～2020年）との連携を前提にしていることに注目したい。そのめざす方向は，「学校と地域が相互にかかわり合い，学校を核として地域社会が活性化していくことが必要不可欠であるとの考えの下，（略）学校・地域それぞれの視点に立ち，『次世代の学校・地域』両者一体となった体系的な取組を進めていく」ものであり，「学校にかかる観点からは，『社会に開かれた教育課程』の実現や学校の指導体制の質・量両面での充実，『地域とともにある学校』への転換という方向を，地域にかかる観点からは，次代の郷土をつくる人材の育成，学校を核としたまちづくり，地域で家庭を支援し子育てできる環境づくり，学び合いを通じた社会的包摂という方向を目指して取組を進める」とされている（馳プラン）。

（2）「地域とともにある学校」をめざす教育実践：長野県飯田市

　「社会に開かれた教育課程」を実現するためには，学校の枠を越えた自治体の教育政策そのものがESDを強く志向するものでなければならない。長野県飯田市は，私たちがESDと呼ぶ地域教育のあり方を積極的に模索してきたまちである。飯田市教育委員会が策定した地育力向上連携システム推進計画「ふ

るさと意識 地域貢献意識の醸成 『帰ってきたい』と考える人づくり」（2007〜2016年度【改定版】，2015年）は，長期的な人材のサイクルを構築し持続可能な地域を創り出そうとする。そのなかで，「地育力」を「飯田の資源を活かして，飯田の価値と独自性に自信と誇りを持つ人を育む力」と定義し，「将来飯田に住みたい」あるいは「飯田に帰ってきたい」と考える人を育む『人づくりの力』をキーワードとした。この地育力を活用した「ふるさと学習」「体験」「キャリア教育」，地育力を支える人材を育成する「研究機関ネットワーク」の4つを重点に据えている。さらに，中学校区ごとに「小中連携・一貫教育推進計画」が作成され，「飯田市社会教育方針と取り組みの体系」（2015年度）でも〈社会教育分野の重点取組〉として「地育力向上連携システムの推進」「地育力を活用した学習交流活動の推進」などが位置づけられている。

こうした「地育力」教育の1つの典型が，長野県飯田OIDE長姫高等学校の「地域人教育」である。これは，商業科プログラムとして松本大学，飯田市，長姫高校の三者によるパートナーシップ協定に基づいて，2012年度から取り組まれている。授業のカリキュラムは，①1年生の「ビジネス基礎」（3単位・105時間），②2年生の「広告と販売促進」（2単位・70時間），③3年生の「課題研究」（2単位・70時間）の一部で構成される。

①では，松本大学での講義や松本市内でのフィールドスタディ（10時間）と飯田市内でのフィールドスタディを通して，地域で活動するための基礎的な知識を身につける。②では，地域でのイベント運営のサポートとしてりんご並木まちづくりネットワークのイベント（年6回程度）の運営にたずさわることで，地域のネットワークづくりの方法やプレゼンテーション技術・広告づくりの技術を学ぶ（地域インターンシップ）。③では，これまでの学習をふまえて生徒自らが地域の課題を発見し，解決するためのアイデアを出して実践に取り組む。

その成果は，地域住民に向けた課題研究発表会で発表される。このように地域人教育のカリキュラムは，「1年生は市内のフィールドスタディ，2年生は地域のイベントへの参加・協力，3年生は地域の課題解決に向けた実践」と地域に継続的にかかわることで学習を積み上げるものとなっている（図4.3）。

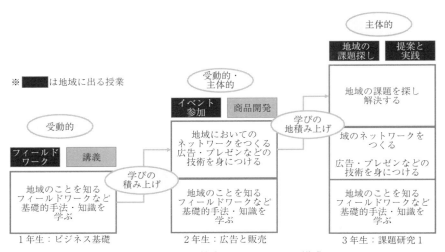

図4.3　地域人教育のカリキュラム構成

出所：草郷亜実作成

（3）学校外教育としての ESD 塾の試み：東京都府中市

　ESD の視点から地域の教育のあり方をとらえ直そうとする試みは，飯田 OIDE 長姫高等学校と松本大学の連携ように学校のカリキュラムそのものを組み換えるという方法だけでなく，学校外での補習教育というかたちでも展開する可能性がある。そうした事例を，東京都府中市立第五中学校と東京農工大学農学部環境教育学研究室との共同研究「不登校の生徒を含む中学生の学習支援プログラム・ESD 塾（実験学級）の実践に関する研究」にみることができる。

　この共同研究は不登校の生徒を含む中学生の学習支援プログラムの開発にあたって，認知スキルとともに非認知スキルの重要性に注目する。ジェームズ・J・ヘックマンは『幼児教育の経済学』（2016 年）において，「生まれが運命を決める社会」とならないために社会政策策定のための大きな教訓があるとしている。その 1 つとして，「人生で成功するかどうかは，認知スキルだけでは決まらない。非認知的な要素，すなわち肉体的・精神的健康さや，根気強さ，注意深さ，意欲，自信といった社会的・情動的性質もまた欠かせない。…認知的

スキルばかりが注目されがちだが，実は非認知的な性質もまた社会的成功に貢献しており，それどころか，認知的な到達度を測定するために使われる学力テストの成績にも影響する」と指摘している。こうした指摘をふまえて，この研究は「不登校の生徒を含む中学生の学習支援プログラム」をESDの視点から認知スキル習得の支援として言語系科目（国語・英語・数学）の学習支援（補習活動）とともに，非認知スキル習得の支援（体験活動）として環境教育・自然体験などの学習支援を行うことで，中学生の学習支援の手法を開発することを目的としている（図4.4）。

図4.4　ESD塾

具体的には，以下のような実践として進められている。

①第五中学校の生徒を対象に「ESD塾」への参加者を募る。これに校長が参加の必要があると考える生徒（不登校の生徒など）を加えることができる。参加する生徒は，非認知スキル学習支援（体験活動）と認知スキル学習支援（補習活動）の両方に参加することを原則とする。

②認知スキル学習支援者（大学生）は一定の研修を行いながら大学の研究室および教室において学習支援（補習活動／毎週水曜日）を行う。

③大学生による非認知スキル学習支援（体験活動／毎月第2日曜日午後）を行う。支援者（大学生）は東京農工大学ネイチャーゲーム研究会（ね組：指導員有資格者）の学生を中心に組織する。教職課程専任教員などが担当する「おもしろ実験」も加える。

④研究の進捗管理と成果および研究方法の検証は，研究代表者および分担者
　と中学校の関係者とで随時行う。不登校の生徒が認知スキル学習支援（補
　習活動）に参加した場合には，学校関係者による面談を行う。

　こうした中学校と大学との連携には多くの課題が残されているものの，ESD
の視点による教育課程の見直しが必ずしも学校内部でのカリキュラムの組み替
えから始まるものではなく，学校と地域との連携の積み上げによって実現する
可能性をもつものであることを示している。

4-4　「主体的・対話的で深い学び」を実現するために

　いまから 470 年ほど前，エティエンヌ・ド・ラ・ボエシという青年が「人間
においては，教育と習慣によって身につくあらゆる事柄が自然と化すのであっ
て，生来のものといえば，もとのままの本性が命じるわずかなことしかないの
だ」「したがって，自発的隷従の第一の原因は，習慣である」と述べた。この
前節の「たしかに人間の自然は，自由であること，あるいは自由を望むことに
ある。しかし同時に，教育によって与えられる性癖を自然に身につけてしまう
ということもまた，人間の自然なのである」と合わせて理解すれば，本来自由
であるはずの人間が教育と習慣によって「自発的隷従」へと導かれてしまうこ
とを警告しているのである。

　「主体的・対話的で深い学び」が「自発的隷従」とならないためには，教育
課程の編成主体を国家から教員・父母，子ども，さらには地域社会にまで広げ
ることが不可欠である。そのためにも，いま一度，学校と地域との関係を見直
す必要がある。新学習指導要領の前提となる「馳プラン」や 2015 年度末の中
教審の 3 つの答申こそ，学校が直面している課題を解決するために，地域社会
の協力が不可欠となりつつあることを明らかにしたものといえる。その意味で
は，学校教育も子ども―教師という「閉じた学校」の枠組みのなかでのみ位置
づけられるものではなく，地域社会に「開かれた学校」という構造のなかで新
たな役割を果たすべきであるといえる。

　ところで，学習者（子ども）に「自発的隷従」を促さない学習や教育の方法

は，教師や父母・子ども，地域社会による教育課程の自主的な編成がなされるまで実現できないものであろうか。たとえば，「口伝」と呼ばれる教育方法に注目したい。口伝とは口頭伝承・所作伝承・心意伝承など，文字や数字では伝えることのむずかしい〈知〉を伝えるために，古くからある教育方法である。近代化やグローバリゼーションのもとで数字や概念に置き換えられてしまうことなく，一人ひとりの〈生〉の個別性に〈向き合う〉ための教育方法として，暗黙知と口伝的な世界が注目される。教師はひとりの人（あるいは師）として子どもたちに日々〈向き合う〉ことで，文字や数字に書かれたもの以上のもの，さらに言葉として発せられる以上のことを伝えることができると考えるのである。今でもこうした教育方法は，古典芸能や武道，職人的な技能の世界などで，「コツ」や「ワザ」の伝授方法として広く残されている。たとえ教師が同じ子どもたちに同じことを教えたとしても，決して同じように「伝える」ことはできないのである。それは，教師も生徒も日々の生活を送り，二度と同じ自分であることができないからである。形式知（学校知）と暗黙知（生活知）を往還する口伝的世界の広がりを意識することは，近代化を支えてきた教育（教授的世界）の限界を乗り越える可能性をもつものである。

　つまり，「主体的・対話的で深い学び」を実現するものは，教師の専門性や父母と子どもの生活をふまえて教育の内容と方法を自由に組み立てることができる条件であり，それとともに教師が子ども一人ひとりと丁寧に〈向き合う〉ことである。

読者のための参考文献
・国際理解教育学会編『国際理解教育』Vol. 18，明石書店，2012 年
・多田孝志・手島利夫・石田好広『未来をつくる教育 ESD のすすめ』日本標準，2008 年
・ジェームズ・J・ヘックマン『幼児教育の経済学』東洋経済新報社，2016 年
・日本社会教育学会編『社会教育としての ESD』東洋館出版，2015 年

補 章 I

「わたしの教育課程」を創る
―道徳『健一の悩み』・総合学習『東北の 12 歳は今』の授業事例を通して―

　2011 年 3 月 11 日，東日本大震災によって福島第 1 原子力発電所が水素爆発を起こし，大量の放射線が東北地方を中心に広範囲に降り注いだ。

　当時，筆者が勤務していた埼玉県の公立小学校では，恒例の茶摘みが中止され，日光方面への修学旅行も再検討され，外国人の保護者がわが子を連れて帰国するなどの影響があった。また，東北の被災地では家族や友人を亡くして途方に暮れる子どもたちの悲しい表情や，津波によって学校が流されて正常な教育活動ができないとのニュースが伝えられ，この状況のなかで「1人の教師として何ができるか」ということを真剣に考えはじめていた。

　本章では，この自問自答に応えるために実施した道徳『健一の悩み』の授業と総合学習『東北の 12 歳は今』の授業を例にして，教師が教育課程を創造する具体的な過程を紹介し，その意義について考えてみたい。

Ⅰ-1　道徳授業『健一の悩み』の概要

　2011 年 10 月に実施した 6 年生の道徳の授業は，教科・総合的な学習の時間を統合した『東北の 12 歳は今』（計 28 時間）という実践の一部である[1]。この授業は，勤務校の正式な教育課程には位置づけられておらず，教科書会社の副読本にはない自作の資料を活用して行ったものである。教師は，各学校が決めた教育課程に従って授業を行うことが一般的であり，このような教育課程を臨時で編成するのは特別なことである。また，同僚の教員や保護者への影響も考慮するために，それを準備し実践する教師には大きな負担が伴う。それでも，あえて「わたしの教育課程」を編成し実践したのは，先の「一人の教師として何ができるか」という問いに，自分なりの答えを出したかったからである。

まず，自作の読み物資料（資料１）を紹介する。これは，原発事故によって福島県から埼玉県に避難してきた少年が，受け入れ校の同級生からいわれのない差別を受けて不登校になる話で，当時関東近県で報道された実話をもとに創作している。

資料１　健一の悩み

　１学期の始業式の日に，健一は福島県から埼玉県の小学校に転校してきた。初めて見る校舎，見慣れない友達や先生にとまどいながら，ドキドキしながら６年２組の教室に入った。先生から「自己紹介してくれないかな。」と言われ，高鳴る胸をおさえながらクラスメートの前で初めて話をした。

　「福島の小学校から来た，吉田健一です。サッカーが大好きです。これから仲良くしてください。」

　まだ方言が混じっていたが，初めてにしてはうまく言えたようだ。しかし，健一の表情は暗かった。転校する直前の３月にお父さんが亡くなり，お母さんと二人で埼玉県に引っ越さなければならなかったのだ。

　次の日から，健一は積極的に友達に声をかけた。早く友達をつくって，埼玉県の小学校に慣れたかったからだ。

　「ね，次の休み時間，サッカーやらない？」

　「うん，いいよ！」

　隣の席の信次が，少し照れながらも明るく返事をしてくれた。健一は，とてもうれしかった。そして，少し安心した。（こうやって一人ずつ友達を増やしていこう）

　同じことを毎日繰り返して，健一はクラスの友達を１週間で７人に増やすことができた。最初に返事をしてくれた信次は大の親友になり，他の友達といっしょに，昼休みのたびにサッカーをして遊んだ。

　「健ちゃん，すごくドリブルうまいね。」

　「あっちでレギュラーだったの？」

　たくさんの友達に，そんな声をかけられて，健一は（前の学校が一番いいけれど，今度の学校も楽しくなりそうだぞ）と少しずつ思い始めていた。また，クラスの友達も，活発な健一をあたたかく受け入れるようになった。

　そんなある日のこと。健一がろうかを歩いていると，３組の由美が，おかしな仕草をしたのに気がついた。すれ違った時に，由美がさっと自分を避けたように思えたのだ。その時は，あまりなんとも思わなかったが，次の日も由美は，明らかに自分の体を避けて通ったのだ。次の日も，また次の日も，由美は同じことを繰り返した。

1週間が過ぎ，信次たちと校庭に出る時に，またあの由美に会った。今度は，数人の女子とかたまって，小さな声でひそひそ話をしていた。

　(あの子よ，転校生は。いつも同じ服を着てて変よね。言葉もなまってるしさ。)

　(そうそう，なんか時々暗いんだよね……。)

　健一の耳には，そんな言葉がかすかに届いた。健一は，校庭に行きかけた足をとめて，しばらくその場に立ちすくんでしまった。

　その日が来たのは，5月のある晴れた日だった。サッカーをやった後，水道で信次と水を飲んでいた時のことだった。向こうの木陰で健一たちを見ていたのは，由美と数人の女子たちだった。何か，こちらを指差しながら会話をしているようだった。

　「あの子さ，福島から来たでしょ？　だから，わかる？」

　「え，何のこと？」

　「ほら，あれ。ホー・シャ・ノ・ー……。」

　「え，由美，なんて言ったの？」

　「それって，うつるかもよ。気をつけて！」

　「…………。」

　健一には，はっきりとその言葉が聞き取れた。

　「由美が言ったのは，『放射能』のことなんだ……。『うつる』って，いったいどういうことなんだよ？」

　健一は，その場に座り込み動けなくなってしまった。なぜ，由美がろうかで自分を避けようとしたか，なぜひそひそ話をしていたか，すべて理解できたような気がしたからだ。

　「おい，健一！　どうしたんだよ？　もう授業だぞ。早く教室へ行こうよ！」

　そばにいた信次が，何回体をゆすっても，健一はうずくまって動こうとはしなかった。

　そして，翌日から健一は学校に来なくなった。

　10日たっても，健一はまだ学校に登校できなかった。心配になった信次は，先生と相談して，朝の会で健一の欠席のことを話題にすることにした。息をすうっと吸い込んで，信次はこう言った。

　「健一君は，転校してからすぐにみんなと友達になれたと思います。ついこの間までは，楽しくサッカーをやっていたのに，突然学校に来なくなりました。なぜ，学校を休んでいるのか先生も僕も原因がわかりません。みんなに心当たりはありませんか？　健一君の悩みが晴れて，早く学校に来れるように，一人一人ができることはないでしょうか？」

　信次の声が，学級に深く静かに響いていた。

2016年に横浜市の学校で「原発避難いじめ」事件が発生し，それ以後全国各地で同様の事件が報道されたことは記憶に新しい。『健一の悩み』は，不幸なことに5年後にも活用可能な資料になってしまったのである。

　教師は，教科・領域の授業を行う場合に，学習指導案というものを作成する。この道徳の授業は，学校内での研修会も兼ねていたために，参観者が授業の目的や内容をよく理解できるようにそれを作成し配布した。もちろん，資料自体が自作であるわけだから，作成する際に参考にできるような資料はほとんどなかった。

　資料2は，当日配布した学習指導案である。学習指導要領にある「公正・公平」という徳目に合わせて一般化を試みた。この授業の目標は，「公正・公平な態度で接する心情を養う」ことにあったが，偏見によって被災者を差別するのでなく，「放射線はうつらない」という正確な知識を伝えることで被災者の心情に寄り添うことも理解させたかった。それまで原発や放射線に関して無知だった筆者は，「放射線はうつりません。洗い落とすことができ，福島から避難してきた人からうつることはありません。まちがった情報でつらい思いをさせるのは，『差別』です」と子どもたちに明言したのだが，その言葉に自信がなかったために声を震わせながら話したことを昨日のことのように思い出す。

　この授業のあと，Kさんは「私もニュースで知るまで放射線はうつるかもしれないと思っていたので，もしかしたら転校生を避けてしまったかもしれません。差別しないためにも放射線について学ぶ授業をほかの学校でもしてほしい」と話し，Sさんは「広島の原爆をテーマにしたドキュメンタリー番組で放射線は人から人にうつらないということを知っていたので，新聞でいじめがあると知ったときはかわいそうだと思いました。埼玉は福島からの避難者をたくさん受け入れているので，放射線の授業は絶対にやったほうがいい」と話していた[2]。

　わずか45分の授業だが，教材研究として，いじめ事件や放射線について調べ，専門家に話を聞き，関連資料を紐解いた。また，自作の読み物資料を作成するために，同学年の同僚と相談したり，学校長に助言を求め最終的な了解を

6年○組　道徳　学習指導案

（1）**主題名**　公正・公平　4 −(2)

（2）**資料名**　「健一の悩み」

（3）**主題設定の理由**

　福島第一原子力発電所による放射線の拡散・被曝問題は，東北地方一帯に甚大な被害をもたらした。とくに被災地の福島県では，生活再建の困難，被曝による健康への不安，土壌汚染等の問題を抱えつつ，周辺地域や首都圏に避難せざるを得ない家庭が現在でも数多くある。これらの家庭の子どもへの支援が強く求められる状況の中で，逆に深刻な問題が発生している。それは，受け入れ地域の子どもが，被災地から避難してきた子どもに対して偏見を抱いたり差別的な言動をとるという問題である。

　この授業は，受け入れ先の子どもが，被災した子どもに対して，放射能汚染に関する冷静な判断に基づいた公正・公平な態度をとれるように支援し指導するものである。これは，学習指導要領の「内容項目の指導の観点」4 −(2)にある「だれに対しても差別をすることや偏見をもつことなく公正・公平にし，正義の実現に努める」との目標に関連するものであり，被災した子どもの問題を考えることによって，民主主義社会の基本的な価値を認識させることにもつながる授業である。

　この授業の特徴の一つは，健一という被災地の子どもを典型化した人物を設定したことである。健一が体験した震災（津波）による親との死別，緊急避難による生活の困窮，方言や被曝による差別という問題に感情移入させることによって，その気持ちを十分に想像させることができるだろう。もう一つは，差別的な言動を改めるためには科学的な知識に基づいた判断を強調している点である。被曝線量は規準以下の微量であること，放射線は一切感染しないこと，学校の周辺地域も放射線の問題で悩んでいる（食料品，茶業農家等）点で福島県と同じ状況にあることを伝えたい。ここは，教師が信頼性のあるデータを基に話したいが，その事実をしっかりと授業で伝えること自体が緊急に要請されている。

　なお，本時の授業は，授業者とって今後の授業の「序章」として考えている。被曝した福島の子どもの健康や未来をどのように考えるか，首都圏と東北の子ども達が互いの状況を共有し学習／活動によってどのように学び合えるのか，或いは3.11以後の未来の社会を子どもたちにどう構想させていくかという点については，私たちに残された重要な課題として今後とも考え続けていかなければならない。

（4）**本時の学習指導**

　1）本時のねらい

　　・避難してきた転校生の心情を理解し，公正・公平な態度で接する心情を養う。

2）本時の展開

段階	学習活動と主な発問	予想される児童の反応	指導上の留意点
導入	1．身近な友達関係上の悩みを想起する	・心ない言葉を言われた ・無視された	
展開	2．資料の内容を知る ・人物の紹介 ・教師の範読を聞く 3．健一の心情を考える 【第1段落】 ①「転校してきた日の健一は,どんな様子でしたか」 ②「『福島からの転校』『3月に父が亡くなった』から,どんなことが推測できますか」 【第2段落】 ①「転校後の1週間,健一はどんなことに努力しましたか」 ②「クラスの友達は,どんな雰囲気でしたか」 【第3段落】 ①「ある日,健一にとても残念なことが起きました。どんなことですか」 ②「この仕草と言葉に,健一はどんな気持ちになったのでしょう」 【第4段落】 ①「5月に,健一にはショックなことが起きました。どんなことでしたか」 ②「健一のショックの大きさを表す言葉はどれで	 ・ドキドキ ・少し暗い表情 ・とまどい ・放射線を浴びた ・地震や津波で父親が死んだ ・友達づくり ・クラスに慣れること ・温かく受け入れた ・友達になってあげた ・体を避けた ・心ない言葉（同じ服,言葉の訛,暗い） ・なぜこんなことを言うのか ・由美は嫌な子だ ・避けるなんてひどい ・「放射線がうつる」と言われた ・座り込み動けなくなった	・「悩み」の内容と解決方法に関心を持って聞かせる ・健一の埼玉避難の背景を確認する ・大変な状況で避難したが,学級は温かく受容したことを確認する ・由美への批判に,意見が集中しないように配慮する

		・うずくまって動こうと しなかった	・ワークシートに書かせる
	すか」	・翌日から学校に来なく なった	・机間支援しながら， 書いたものを評価する
	③「健一は，福島での被 災と由美たちの仕草や言 葉で，どんな悩みをもつ ようになったと思いますか」 4．考えを発表する／聞く	・なぜ自分がこんな目に 遭わないといけないんだ ・僕は何も悪いことをし ていないのに ・うつると思っていたけ ど，大丈夫なんだ ・自分も被曝していたな んて知らなかった	・健一の心情に感情移 入させながら聞かせる ・健一の悩みの内容が 理解できたことを確認する
	5．放射線に関する教師 の説明を聞く		・絶対に感染しない ・不確定な情報による 言動は差別につながり やすい ・学校周辺も微量の放 射線が推定されること から同じ状況にある。 基準以下で安全である。
終末	6．健一の悩みは，どう すれば晴れるか考える ①第5段落の信次の発言 を全員で音読する ②「どうすれば健一の悩 みが晴れるのでしょうか。 あなたの考えを書いてく ださい」 7．教師のまとめの話	・家に行って，遊びに 誘ってあげる ・3組の人に，差別はだ めと言ってあげる	・音読によって信次に 同化させる ・時間があれば，1～ 2人に発表させる ・これは千葉県で実際 にあった話です。東北 地方の子どもに会う機 会があったら思いやり を持って接してくださ い。身近な友達に対す る差別もしてはいけま せん。

取り付けたりした。そして
1週間以上かけて，子ども
に，何を，どのように伝え
ればよいのか考えぬいて1
枚の学習指導案に仕上げな
ければならなかった。繰り
返すが，わずか45分の授
業を成立させるために，こ
のような膨大なエネルギー
をかけたのである。それは，
扱った事例が特別だったこ

写真Ⅰ.1　『健一の悩み』授業風景（提供：朝日新聞社）

ともあるが，教科書に掲載された教材で授業を行うときも，ここぞというとき
に同じようなエネルギーを注ぐことが一般的である。教師は，子どもたちの変
容し成長する姿をみることを何よりの喜びと感じる職業だからこそ，このよう
な情熱を傾けられるのだ。

Ⅰ-2　総合学習『東北の12歳は今』の概要

　前節の冒頭で説明したように，道徳『健一君の悩み』は，総合学習『東北
12歳は今』（全28時間）のうちの1時間の授業である。この大単元は，2011
年の東北大震災と原発事故に触発されて独自に編成した総合的な学習の時間の
カリキュラムであり，先の道徳の授業はここに位置づけられて初めて価値を発
揮するものであった。

　『東北の12歳は今』の授業は，2011年9〜12月にかけて行った。授業を構
想する段階で，東日本大震災・原発事故を教材化することに大きな困難をとも
なうと考えていた。なぜなら，その事態から抽出できるテーマとしては，「生
命」「防災」「環境」「健康」「放射線」など広範囲かつ深刻なものが想定され，
授業と同時進行で被災状況や政治的な情勢，世論，各種データも変化したため
に，学習内容が絞り切れなかったからである。そこで，3つの基本方針を立て

て授業をつくることにした。それは，①東日本大震災・原発事故を〈12歳の視点〉から考える，②教科（国語，社会）・領域（特別活動，道徳）と関連づけながら授業を進める，③関係者のリソースを有効に活用しながら学習活動を広げる，である。この〈12歳の視点〉というのは，被災者，首都圏避難者の12歳に焦点を当てて，同世代の子どもが巻き込まれた事態を共感的に理解させるために設定した視点である。その視点に同化させることによって，彼らに事態がどう影響し，相互にどのような困難をかかえていたのかを，ともに未来を担う同世代として考えさせたかったのである。しかし，それだけでは広がりのある学習活動に発展しない。自分の思いを文章で表現する技能（国語），日本国憲法に関する理解（社会），合意形成と意思決定のための技能（特別活動），人間行動の基本的モラル（道徳）に関する学習活動と有機的に関連づけることによって，子どもの認識を豊かに広げたいと考えた。その教科横断的な試みを補完し促進するのが，学校外のゲストがもつリソースである。被災地に関わってきた人の貴重な体験談は，子どもの感性や情動を激しく揺さぶることになると確信していた。以下，表Ⅰ.1に基づいて，授業の概要を説明していく。

（1）第1次『世界の12歳は今』の授業

　「世界の12歳は，どのような生活をしているのだろうか」という問題設定で学習を開始した。まず，子どもたちが関心の低いアジア・アフリカ諸国を地図で取り上げ，日本と開発途上国の12歳の生活について比較させた。使用したVTRでは，同じ12歳が，エイズ，児童労働，ジェンダー，戦争などの問題で悩んでいる様子が紹介され，自分たちとの境遇の差に驚いていた。これを視聴したあと，世界の12歳をめぐる問題を調べ，子ども兵士，地雷，貧困などのさまざまな問題に見舞われていることを知った。彼らは「なぜ，子どもが犠牲になっているの？」とつぶやきながら，とくに関心のある問題を選んでレポートにまとめていったが，その内面には〈開発途上国＝かわいそうな国〉という意識があることが見てとれた。本次の最後の時間，「2011年9月時点で，国際被援助額第1位の国はどこですか？」というクイズを出した。答えは「日本」

表 I.1　授業の概要

次	学習内容・活動（時）	指導上の留意点	関連指導
1	『世界の 12 歳は今』（6） ・「開発途上国」って何？ ・「世界の 12 歳」の生活は？ ・世界の 12 歳が困っている問題は？ ・関心のある問題を調べよう ・新聞を作ろう ・作った新聞を読み合おう	・VTR『世界の 12 歳は，今』視聴 ・資料『ユニセフと世界の友達』を活用	国語：12 歳ノート（1 年間継続）
2	『東北の 12 歳は今』（6） ・私たちの 3 月 11 日体験 ・家族の 3 月 11 日体験 ・最近の気になるニュースは？ ・東北の 12 歳の生活を想像しよう ・被災地に行った人の話を聞こう ・福島の 12 歳の生活を知ろう	・事前に家族に聞き取りさせるフォトランゲージの手法 ・学年保護者 2 名の講演 ・NHK『21 人の輪』視聴	社会：憲法学習 国語『平和の砦を築く』 道徳『健一君の悩み』
3	『被災地を支援しよう』（5） ・被災地のためにできることを考えよう ・募金活動のための準備をしよう ・募金活動をしよう ・まとめ（感想の交流）	・募金活動は，特別活動の一環として実施	道徳『うちら震災ボランティア』
4	『自分の生き方を見つめよう』（11） ・ボランティアって何？ ・学生ボランティアとの交流会 ・学生さんに手紙を書こう ・交流会のふりかえり ・「学んできたこと」は何？ ・発表会の準備を使用 ・学習発表会 ・学習全体のふりかえり	・立教大学学生の協力 ・2 時間扱いの設定 ・3 時間扱いの設定 ・ポスターセッション形式で実施	道徳『伝説のスピーチ』 （DVD 視聴）

である。「なぜ先進国の日本が？」と問うと，はっとしたように「大地震の影響で，東北地方の人たちが援助されたんだ」と言える子が何人もいた。つまり，この年に限れば，東北の子どもたちは開発途上国の子どもたちと同じような境遇になっていたのである。

（2）第2次『東北地方の12歳は今』

　大地震からわずか半年だったが，子どもたちは，すでに東北の被災状況に対する関心が薄らいでいるようにみえた。そこで，この問題を第三者的にみるのではなく，自分の経験を土台に見つめ直す活動から入ることにした。第1時は，「私の3.11は？」というアクティビティを行い地震の恐怖や家族を心配する気持ちを出しあった。これを受けて第2時は「家族の3.11」を保護者に聞き取らせておいて，学級で共有しあった。彼らが，そのときのことを十分に回想できた段階で，第3時に「最近気になるニュースは？」というワークショップを実施した。そのニュースを次々に付箋に書いて学級全体の傾向を確かめあった。そこでは，「学校近辺での放射線の影響」を不安に思う意見が多く，あとは食物の安全性，被災者への賠償，原発事故の処理などが続いた。その学習をふまえて第4時からは，いよいよ東北の12歳への関心を高める段階に入った。ここでは，1グループ8種類の被災状況に関する写真を配布して，「何の写真か？」「なぜそうしているか？」などの問いを投げかけつつ被災地に感情移入させていった。フォト・ランゲージの手法である。土壌汚染によって体育館内で行う運動会，卒業式で友だちの死を悼み涙する女子，体育館内の狭い避難所生活など，胸を締め付けるような写真の数々に，はじめは私語が多かった学級も次第に静まり返っていった（写真1.2）。

　この時間までは，間接的な資料を活用して被災地の様子を想像させてきたが，ぜひ生の体験を聞かせたいと考えていた。その折，学年の保護者に被災した親戚の支援に岩手県まで行った人（Yさん）と南三陸町支援の会を組織し支援活動を行っていた人（PTA会長Mさん）がいることがわかり，さっそく授業に招いて語ってもらった。当日の2人は，ときに熱く，ときに涙しながら語って

くれた。Yさんの「あの
津波の後の光景は忘れられ
ません。涙が止まらなかっ
た」という言葉，Mさん
の「南三陸の子はつらい体
験をした。でも，笑ってい
るんだ」という言葉は，子
どもたちの胸に強く響いて
いたようだ。とくにMさ
んが最後に言った「俺もが
んばっている。みんなも一

写真 I.2　フォト・ランゲージの授業

緒に何かやらないか？」との誘いは，子どもたちの「何かしたい」という気持
ちに火をつけた。

（3）第3次『被災地を支援しよう』

　そこで，学習活動は次の段階に進んだ。「できることは何か？」という問い
に，子どもたちは自ら答えを模索するようになった。2学級で話し合って，必
要な物資や手紙，ビデオレターを送ろうとのアイデアが出されたが，最終的に
は募金で集めたお金を送ることに決めた。本来ならすべてのアイデアを実現し
たかったが，当時の被災地の学校は，他地域からの支援物資であふれかえって
いるという情報を子どもが突きとめ，相手の状況を考慮して募金のみに絞った
のである。

　募金は，ファミリー・フェスティバルというPTA主催の行事で集めること
にした。この日までに，各学級で必要な段取りを話し合い，ものを製作し，仕
事を分担し，協力して準備作業に取り組んでいった。フェスティバル当日は，
子どもたちは初めての募金活動に張り切って臨んだ。下級生や大人に声をかけ
る子，手づくりの募金箱を見せながら趣旨を説明する子，お金を入れた人にお
礼を言う子など，普段とはちがった姿を見せていた。結果的には，2学級で約

３万円の義援金を集めることができ一様に満足していた。そして，これは
PTA会長を通じて南三陸町の小学校に寄付することに決まった。

（4）第4次『自分の生き方を見つめよう』

　地域の人々と積極的にかかわった子どもたちには，大きな達成感が生まれて
いた。この募金活動の直後に，自分たちがやったことは「ボランティア」とい
う社会的に価値ある体験であることを伝え，募金が南三陸町の12歳のくらし
に役立つ喜びを互いに共有することができた。

　本次は，この「ボランティア」をキーワードに授業を進めていった。被災地
の様子と支援活動の実態をもっとリアルにイメージさせるにはどうしたらよい
か。そのような課題意識を，縁のあった立教大学ボランティア・センターに説
明したら，被災地を支援する５人の大学生を紹介してくれた。陸前高田で瓦礫
撤去の経験があるYさん（写真Ｉ.３），ハイチ地震の被災地支援に取り組む
NPOに所属するOさん，幼い頃阪神淡路大震災を経験し物品仕分けの仕事を
したTさん，首都圏に避難してきた子どもの心のケアをしてきたIさん，そ
して福島県出身で被災地の学校で学習補助をしてきたKさん。まさに，今回
の授業にぴったりの学生たちであった。この５名のゲストを迎えて，ポスター
セッション形式で関心の高
い人の話を３人選んで聞か
せた。学生たちは，支援活
動の際に着用していた服装
で説明したり，瓦礫を持ち
込んだり，毛布のたたみ方
を実演したり，被災地支援
の様子をスライドで説明し
たり，各々の活動に即した
質の高いプレゼンを行った。
したがって，この日の子ど

写真Ｉ.３　大学生をゲストに迎えた授業

もたちの感想は，内容に深みがあった。年齢が近い大学生の話は，被災地の臨場感をリアルに伝えただけでなく，「大きくなったら自分たちもあんなことができるかもしれない」という希望と憧れを抱かせることができた。本次のまとめとして，子どもたちはこれまで学んできたことを表現する発表会を開いた。その際，大学生の方法に学んで，劇，紙芝居，模造紙などの多様な形式で発表できた。

（5）そのほかの関連指導

　この総合学習の授業は，時宜に応じて，他教科・領域の授業と内容的な関連を図りながら指導した。1つ目は，国語の『12歳ノート』の取り組みである。これは，1年間継続した作文の交流である。「ニュースを読んで」「詩を作る」「最近気になる言葉」「読書日記」という4つのテーマから1つ選んで，家庭学習として1週間に1回書いてくることになっていた。個人差はあったものの，東日本大震災関連の話題に言及する子も目立ち，価値ある文章は印刷して読み合わせることで，友だちのもののとらえ方・考え方をじっくりと聞き合うことができた。2つ目は，道徳の時間に『21人の輪』（NHK制作）を計2回視聴したことである。この番組は，福島県南相馬市の小学校6年生の学級のドキュメンタリーで，被災した12歳の現状や心の揺れをリアルタイムで伝えてくれた。これを視聴した影響は非常に大きく，「番組を見ているこの瞬間を，被災した福島の12歳と今ここで共有している」という感覚，「あの子たちの気持ちが，すごくよくわかる」という共感，「悲しみに耐える子もいれば，悲しみを隠して笑っている子もいる」という気づきなど，視聴後には深みのある感想がたくさん出てきた。

　道徳『健一の悩み』の授業は，このNHKの番組を視聴したあとで実施したものである。

Ｉ-３　「わたしの教育課程」をどのように実現するか

　読者は，このような授業にふれてどのような感想をもつのだろうか。生徒の

立場であれば，「このような授業は大切である」とか「自分も受けてみたかった」と思うのかもしれない。しかし，教師になろうという立場であれば，「自分にはとてもできない」「教科書を使いこなすので精一杯だ」と思う人が大半なのではないだろうか。それは，当然の感想であることを認めつつ，あえて教師が「わたしの教育課程」を創る意義について考えてみたい。

　まず1つ目は，教育課程を創ることは「楽しい」ということである。一般的な授業とは，教室のなかで教科書を使いながら教師が子どもに教える場面を思い浮かべることだろう（第1節の道徳の授業）。これに対して「教育課程を創る」とは，全28時間の教科・領域（特別活動・総合的な学習の時間・道徳）を，子どもの主体性を尊重しつつ教師・同僚・保護者などと共同的に編みあげる営為の全体をさす（第2節の総合学習）。一見すると，複数の分野の授業に一貫した主題を設定し，異なる内容を関連づける作業は大きな労力をともなうように思うだろう。確かにそのとおりだが，もし教師が料理人（シェフ）だとしたら，その「楽しさ」の理由がわかると思う。たとえば，1時間ごとの授業をよくしようと努力することが，単品の料理の味の精度を高めることと同じだとしたら，教育課程を創ることはコース料理をつくることと似ているかもしれない。それは，市場で素材を買うことから始まって，前菜は何にするか，どのようなお酒が合うか，主菜は肉か魚か，デザートは何を出すかなどなど，材料を吟味し，盛り付けの色彩を考え，味わいの変化を予想しつつ，トータルに構想されているにちがいない。扱う材料が教科書だとしたら，それをいつどのように子どもに提示すればよいのか，発見した素材が映像・写真や保護者の体験談だとしたら，そのどの部分を子どもに見せ，聞かせ，考えさせるのか。そして，食事の時間が教育課程の実施時間だとすれば，何を丁寧に教え，子ども主体の話し合いや活動をどれくらいの時間をかけるかなど，教師の裁量と力量を発揮する余地はきわめて大きく，1時間の授業を考える楽しさよりも，さまざまな人々の協力を得ながら複雑な問いを解く楽しさが味わえるのである。

　2つ目は，「わたし」のオリジナルな授業ができるということである。教科書の教材研究やそれを活用した授業研究は教師にとって非常に重要であり，教

職生活の生涯にわたって探求していかなければならない課題である。これとは別に，読者は「教科書を離れて，自分が教えたいことを自由に教えてみたい」と望んだことはないだろうか。この素朴な望みこそが，教育課程づくりの第一歩になると思う。たとえば，人工知能，生命操作，気候変動，安全保障，高齢化社会など，学生時代に関心を強くもったテーマと，自身がもつ生活感覚や過去の経験に裏打ちされた問題意識が結びつくときに，それらはりっぱな教育内容になると思うのだ。今の現場の教師は，多忙な実務に追いまくられ，学力テストの点数に一喜一憂し，教育政策に振り回されて，自分自身を見失っている人がとても多いようにみえる。教師を志望するという理由のなかには，子どもが好きだということのほかにも，子どもに何かを教えたい，伝えたいという切実な思いがあるはずである。「わたし」にこだわるということは，その原点に立ち返ることであり，「わたし」が心の底から本当に教えたい／伝えたいことは，教師という鎧を着たときの型どおりの授業よりも，子どもたちの心と体にはるかに深く響くのである。その意味で，「教育課程を創る」ことは，わたしだからこそ創造できるものがあるということを再発見し，突き詰めれば「何のために教師になるのか」「わたしとはいったい誰なのか」という根源的な問いに実践的に答えていくことではないだろうか。

　教科担任制をしく中学校と高等学校では，教科（専門性）の壁が教師間のコミュニケーションを阻んできたために，教育課程の編成に関して意識が相対的に低い傾向があったと思う。したがって，本章で紹介した事例は「小学校でしかできない」と受け取られかねないが，新しい学習指導要領では「社会に開かれた教育課程」「カリキュラム・マネジメント」という考え方が強調され，中学校・高等学校の教師もその学校の特色を生かした教育課程を編成せざるをえない時代に入っていく。同じ学年の英語と国語の先生が交互に登場しプレゼンテーションの方法を学ぶ授業，数学で学んだ統計の知識を体育のハードル走に生かす授業，源氏物語の世界を古文と日本史の先生が講義する授業など，想像しただけでもワクワクしてこないだろうか。そもそも学問とは超領域的であり，多様なものの見方・考え方を交流しあうことによって数々の成果を生み出して

きた歴史があったはずである。

　このように，「教育課程を創る」ことには，教職ならではの「楽しさ」があり，「わたし」という存在を問いつつ，他者と共同して「教えたい」「学ばせたい」ことを具現化していく過程でもあることを述べた。そして何より，その授業に参加した子どもたちが驚くほど成長し変容していく姿を目の当たりにできることが，次の教育課程を創るときの原動力になっていく。学校教育の現場には，数多くの課題があるが，若い感性を信じて旧世代では実現できなかったユニークな教育課程をぜひ創り上げていってもらいたい。

注
1 ）小玉敏也「東日本大震災・水俣病の経験から首都圏の子どもは何を学べるか？：総合的学習『東北の12歳は今』『夢は奪われたか』の実践」『環境教育』第22巻2号，2013年，pp.90-98。
2 ）『朝日小学生新聞』（2011年10月20日発行）第1面より引用。

第5章
韓国の「もうひとつの学校」代案学校
―代案教育における新しい学びへの転換―

　本章では，隣国である韓国の「もうひとつの学校」代案学校（Alternative School）で展開されている代案教育（alternative education）での多様な学びの実践に注目し，子どもの経験や姿から紡ぎ出される教育課程づくりをみていきたい。今日，日韓両国において既存の学校教育を拒否する子どもたちの問題が「不登校」（日本）や「無重力」（韓国）というかたちで現れ，貧困・社会的排除問題も深刻化している。日本では主にフリースクールなどがこうした課題に取り組んできた。いっぽう，韓国では学校制度そのものを改正し，従来の学びの内容と異なる方法を用いながら柔軟な新しい学校づくりに挑戦している。

　韓国の「もうひとつの学校」の事例は，学校が閉じた世界ではなく，開かれた世界であることを示唆している。皆さんが受けてきた教育とは異なる隣国の韓国における「もうひとつの学校」の子ども，親，地域の学び合いの実践は，教師としての可能性を大きく広げてくれることになるだろう。「こんな学校があるんだ！」「こういう実践ができるんだ！」という驚きとともに未来の教育を創造する手がかりを示していく。

5-1　「競争教育」から「共同・協同」による学びへの転換運動

　韓国では，近年，年間約6万人から7万人の子ども（そのうち，約2万人の子どもはソウル市の子ども）が学業を中断する，あるいは学業を中断しようとしている（教育部・韓国教育開発院「教育統計年報」2013年資料）。子どもたちが学校で学ぶことに意味を喪失し，学ぶ意味を学校外（代案学校）に求める傾向が年々増えている。学ぶ意味を喪失し生き方を探している子どもたちの状態を韓

表5.1　代案教育運動の歴史的流れとその特徴

時　期	実践内容と具体的な取り組み	
1970 年代〜 代案教育胎動期	ゴンプ・バン（勉強部屋）運動の展開 ①貧困・低所得層の子どもたちの学習支援 ②学業中断する子どもの「居場所」 ③小学生の放課後の学校としての役割	・経済的・文化的に排除されがちな子どもたちの学習支援・学業継続支援・居場所支援の役割を担う。
1980 年代〜 代案教育萌芽期	「もうひとつの文化」運動の展開 ①生態的な体験の取り組み 　＝放課後のキャンプ，週末学校，季節学校 ②学校成績による「差別廃止」運動 ③代案教育実践の具体化 ④共同育児運動の展開	・代案教育の実践化と「もうひとつの文化」という新しい学びの文化を創る。 ・代案教育実践の小さなムーブメントから全国規模による運動として拡張 ・代案学校づくりの意識化
1990 年代〜 代案教育拡張期 代案学校誕生期	「新しい学校づくり」運動の展開 ①新しい学校づくり＝代案学校づくり運動 ②代案教育連帯の組織結成 ③代案教育に特化した雑誌及び出版社結成 ④代案学校を制度内の特性化学校へ	・代案教育の拡張と共に，代案学校づくりの具体的な意識と制度内の学校の成立。 ガンジー青少年学校（1997）の誕生＝韓国の代案教育の歴史のなかでも最も重要な出来事→ガンジー学校の設立を契機に，政府は特性化学校の政策に踏み切る→「代案教育特性化学校」（1998）という制度圏内代案学校の誕生。
2000 年代現在 多様な代案学校誕生期	代案学校づくり運動と誕生	学歴認可校と学歴非認可校の誕生

国では「無重力」と呼んでいる（李・チュンハン，2014）。学びの意味や生き方に対する問いは，両国共通しているといえる。初等中等教育段階での学業を継続できない状況は両国の喫緊の課題となっている。

　初等中等教育段階のこうした問題は，その後の子ども・若者の学びの困難を内包し，さまざまな課題と複合的にかかわっている。このような問題を解決するためには従来とは異なる新しい包容的な学びのあり方の構築が求められるだろう。では，「もうひとつの学校」である代案学校はどのようにして生まれたの

だろうか。

（1）代案教育の胎動期—1970 年代の主な取り組み

　1970 年代は，代案教育胎動期であった。この時期の韓国は，農村地域でも都市部においても貧困・低所得層の子どものみならず多くの子どもが学校や勉強についていけない問題が深刻であった。貧困や学校の勉強についていけないという理由により，学校をやめてしまう子どもたちが多く存在していた。学校を中断する子どもを予防するための教育は社会的な課題であった。こうしたなか，地域の大学生たちが主体となって，子どもの勉強を支援する「コンブ・バン（勉強部屋）」という教育運動が展開された。「コンブ・バン運動」の主たる目的は，いわゆる①経済的・文化的に排除されがちな子どもたちのための学習支援，②貧困のゆえに学校を途中でやめてしまうような子どもたちのための学業継続支援，さらに，③共働き家庭の子どものための放課後の「居場所」支援といった，いわば，学校と家庭の中間的支援の役割と教育的支援の機能を担っていた。

（2）代案教育の萌芽期—1980 年代「もうひとつの文化」運動としての新しい学び

　1980 年代は，代案教育が具体的に実践・展開される代案教育萌芽期であった。この時期はとくに，学校の成績がその人の人格として評価されてしまうような成績至上主義が蔓延していた。そうしたなか，成績至上主義に対する批判の声が上がり，意識のある教師，親，大学生などが主体となって，子どもを成績によって評価づける非人格的な教育を真っ向から否定し，それらに対抗する新しい教育づくりの挑戦が始まる。この時期に多様な取り組みが展開された。それは，子どもたちに生態的な生活や生き方を体験させる取り組みとして，放課後のキャンプや週末学校をつくり，自然体験の学習を通して学ぶ教育実践や，さらには 1980 年代半ばからは学校の夏休みや冬休みを利用した季節学校をつくりながら，もう 1 つの新しい学びを創り上げる実験が始まったのである。

　また，こうしたさまざまな実験的な取り組みがさらに発展し，1984 年には

「もうひとつの文化」という新しい学びの文化運動が生まれた。この「もうひとつの文化」は，海外留学経験をもつ知識人女性10人が中心となって，盲目的な受験中心の教育がもつ弊害や教育の不平等の問題などを批判する内容であった。

（3）代案教育拡張期と代案学校の制度化へ——1990年代「制度上の代案学校」の誕生

　1990年代は，代案教育拡張期であり，非制度の学校が制度上の学校へと変貌する画期的な時期でもある。この時期はとくに教育の根本的なあり方が問い直されるようになり，競争中心の公教育のあり方を真っ向から批判する時期であった。そのいっぽうで，進歩主義的な学者や現場の教師，親，生徒などが新しい教育や新しい学校づくりを模索する動きがますます活発に広がっていく。

　1990年代後半には，韓国の代案教育の歴史のなかでも最も重要な出来事が起こる。それは，1997年に設立されたサンチョン（山清）ガンジー青少年学校の誕生である。ちょうど，この時期に，政府は，学校不適応の子どもを最小化するための方案と学校教育の多様性の推進などを軸とした教育改革を構想していた。その連動策としてガンジー学校設立を契機に「特性化学校」の政策に踏み切る。1998年，ガンジー学校は，この「代案教育特性化学校」の第1号となる。「代案教育特性化学校」という制度圏内の学校の扉が初めて開かれたのである。

　韓国の代案学校の運動は進歩的な教師，親・研究者などによる，公教育に対抗する新しい教育・学校づくりの必然性について意識され，そうした意識の土台の上に，本来の教育のあるべき姿を取り戻す真の代案教育実践運動であったといえよう。

（4）「もうひとつの学校」代案学校とは

　「代案教育」や「代案学校」といったときの「代案」とは何か。簡単に定義しておこう。

　それは，①「競争」より「共同・協同」によって創造される学びの「共同

体」，②画一的な教育ではない，一人ひとりの生き方を重視する教育，③自然と人間が共存し，それを教育目標として最重要視する生態的な価値に基づく教育のあり方と教育志向などである。こうした教育的価値と理念を志向する教育のあり様を「代案」教育の概念は含んでいる。また，既存の教育とはちがう教育内容や方法を用いて実践し，既存の教育の「補完」の意味も含まれている。現在，韓国では制度上・非制度上において多様な学校が存在する。そのために「代案」という言葉の概念を一言で明確に整理することは非常に困難であるが，ひとまず，既存の教育や学校に対する代替的な教育をめざす教育のあり方，本来の教育を取り戻す実践的で実際的な意味である。

5-2　韓国の代案学校の法制度的位置づけと類型

　代案学校の法制度的位置づけと類型は，後掲の表5.2にまとめることができる。
　韓国の代案学校は，法制度上の区分では「学歴認可型代案学校」と「学歴非認可型代案学校」に大きく分類される。また，学校類型別では学歴認可型でも学歴非認可型でも多様な学校が存在する。地域の類型別に分けると大きく，「農村型代案学校」と「都市型代案学校」に区分される。また，学歴認可型には，特性化代案学校の高校と中学校が存在する。代案学校の核となる教育目標は，学歴認可型学校も学歴非認可型学校においても，全人格教育や人性教育，共同体的教育，自己主導教育，労作教育などを教育目標に置きながら，各学校・地域，生徒の実情にあった教育を志向している。

5-3　競争・社会的排除から「包容」と「寛容」への多様な学びと教育実践事例

　本章で取り上げる代案学校の位置づけとその特徴および概要は後掲の表5.3のとおりである。事例で取り上げる学校は，①学歴認可・農村型の「サンチョン（山清）ガンジー学校（以下，サンチョン学校）」，②学歴非認可・農村型の「クムサン（錦山）ガンジー学校（以下，クムサン学校）」，③学歴非認可・都市型「アルムダウン代案学校（以下，アルムダウン学校）」，④学歴認可・都市型「ナウ委託型代案学校（以下，ナウ学校）」である。

表 5.2　韓国の代案学校の法制度的位置づけと類型

	学歴認可型		学歴非認可型	
法制度上の位置づけとその特徴	■特性化代案学校（中学校・高等学校）： 　学校多様化政策の一環として導入。カリキュラムは，小学校1年生から高等学校1年生まで「国民共通基本教育課程」35％履修，残り65％は，学校の裁量・選択中心教育課程で構成。 ■委託型代案学校： 　学校中途脱落の予防政策の一環として導入。原籍校へ戻す役割。2015年3月現在，13の市・道で81カ所の教育機関で運営。 ■各種学校としての代案学校： 　宗教，多文化，国際教育，脱北者の子ども・若者，外国など多様な種類の学校が存在。		■制度外代案学校： 　現行の教育法では学歴が認められない。制度圏外で多様な学びや国のカリキュラム制限がなく，自由な教育実践ができる。また，競争教育に対抗する新しい教育や学びを具現するための学校として，子どもの実情に即して学びが展開されることが特徴である。 ■ホームスクーリング： 　学校に通わずに主に親が家庭のなかで勉強を教え，学歴認定試験を受け，学歴を獲得する。ホームスクーリングは年々増えている。	
地域類型	都市型代案学校	農村型代案学校	都市型代案学校	農村型代案学校
教育目標	全人格教育・人性教育・共同体的教育・自己主導教育・労作教育など			
財政・運営	国及び自治体支援・授業料		自治体支援・授業料・企業などによるドネーション（寄付）など	

（1）農村型代案学校―「サンチョン学校」と「クムサン学校」

　農村型代案学校の特徴は，生態教育・平和教育・共同体意識などとかかわる教育内容を編成・運営している点で，両校ともに全寮制の学校である。とくに，農事や奉仕活動など体で感じ表現する，感性教育を重視することも農村型代案学校の共通項の1つである。また，学校を核にした地域づくり実践を展開し，「教育再生」と「地域再生」を多様な地域的活動によって結びつける実践をしていることも特色である。

表5.3　事例概要

	農村型		都市型	
	サンチョン学校 （学歴認可型）	クムサン学校 （学歴非認可型）	アルムダウン学校 （学歴非認可型）	ナウ学校 （学歴認可委託型）
学校および地域の特徴	■慶尚南道の山清（サンチョン）に位置する。制度上の代案学校第一号（1998年）。もともとはオルタナティブな教育を農場で行っていた。ドキュメンタリー番組で取り上げられたこともあり，現在の倍率はおよそ3倍。	■忠清南道の錦山（クムサン）に位置する。エネルギーや農事の転換教育を行っている。きっかけは福島の原発事故。現在，地域で循環的な生き方をめざす卒業生が新たに青年自立共同体を組織している。	■ソウル市クァンジン区に位置しており，地域人口は約38万人。中小・零細企業がこの地域の経済基盤を支えている。また，密集住宅街が広く分布。建物の老巧化した共同住宅が多い。経済格差の大きい地域でもある。	■ソウル市ノウォン区に位置しており，地域人口は約60万人。住宅密集地。市内で低所得層が最も多い貧困地域。非行，無気力等，危機青少年が多い。また，十分に教育を受ける機会を得られなかった保護者・地域住民が少なくない。
学校概要 ─ 学校現況	■生徒現況：高等学校1学年2クラス（各20人） ■教員，スタッフ現況：常勤教師22名，外部講師および事務職員など。	■生徒現況：中学校65名，高校65名 ■教員，スタッフ現況：常勤教師24名，地域講師，事務職員など。	■生徒現況：中等課程20名，高等課程10名 ■スタッフ現況： ▶中等部：常勤教師4名▶高等部：常勤教師6名，非常勤20名	■生徒現況：中等課程20名，高等課程20名 ■教員，スタッフ現況：常勤教師7名，パートタイム15名
学校概要 ─ 教育目標	■愛と自発性の教育によって「幸せな人」を育てる ■目指す人間像：全人的，共同体的，自然と調和のとれた人，健康な人を目指す	■愛と自発性，幸せな学校づくり，「代案文化」の創造者づくり ■教育理念と哲学：健康，愛，自由，知恵	■中等部の目標"自立"，"疎通"，"共存"，"知性" ■高等部の基本理念：進学と就業ではない"第3の道"，代案的な生き方と進路探索	■学校，学父母，地域の連携統合教育 ■代案学校への親密感を形成 ■学業中断予防基礎学力向上 ■創意力啓発及び進路探索 ■生活訓練及び労働教育

ここで紹介するサンチョン学校とクムサン学校は，ヤン・ヒギュという創始者によって設立された。ここで，ヤン氏の学校設立に対する思いを簡単にふれておこう。

　ヤン氏は，最初にサンチョン学校を設立したのち，入学を希望する子どもが増えたことによって，それに応答するかたちで，サンチョン学校と同様な教育理念と実践をめざす，非認可型クムサン学校を設立する。

　ヤン氏は，自分の高校生活を「自分が通っていた高校を『学校』ではなく『収容所』と呼んだ。収容所というのは，文字通りに，自由が抑圧され，全くの愛のない場所」だと回顧し，「自分が経験したそうした教育は次の世代には再生産」しないように，「子どもが幸せと喜びでもって通える新しい学校を創りたい」と，高校卒業する当時に考えたという。その後，高校卒業してから20年がたち，自分の子どもを小学校に入学させたところ，韓国の教育現場は，当時の自分が通っていたときとあまり変わっていない現実を目の当たりにし，「子どもが幸せを感じる学校を一日も早く創ろう」と決心した。

　さらに，ヤン氏は自らの教育観として，「教育は人生の幸せを妨げる諸要素を除去するものであると考える」と述べながら，「（人より）卓越していることが必ずしも'幸せ'の条件ではない」，「アメリカにいた頃（博士課程の在学中）に，当時CNNニュースで入試競争にさらされている韓国の子どもたちが，年に数百人も自殺をするという内容が流れていて，非常にショックを受けた」，「（競争教育にさらされている）子どもたちを一日も早く救いたい」と思い，アメリカの留学を終え，イギリス行きの計画を断念し，韓国への帰国の道を選ぶ。

　さらに，ヤン氏は，地域と学校がともに創り上げる学校像を描いていた。ヤン氏は，「地域とともに学校を創りあげることが大事だ」と述べ，「地域とともに子どもを育てること，人性教育（人格教育）を含めて…することによって，既存の公教育の可能性を（学校周縁や外側で）実験的にやっていくこと」，こうしたことを通して，公教育の新しい「再生」をめざす構想を持っていた。

①サンチョン学校の理念とカリキュラム～「知識教科」「感性教科」「自立教
　　科」の３層構造のカリキュラム

　サンチョン学校は，全人的・共同体的，自然と調和のとれた健康な人づくり
の教育目標を掲げ，愛の力を養い，自由のなかで賢く生きる人間，また，生命
と平和の価値を実現する人間をめざしている。こうした理念に基づき，①知
識教科，②感性教科，③自立教科の３つを軸としたカリキュラムの構造になっ
ている。

　サンチョン学校の校長は，「教師と生徒の間で愛と信頼の関係の構築，学ぶ
ことと教えることが自発性の基盤にたつときに初めて本当の教育が可能」であ
ると述べている。さらには「小さな学校をめざし，生徒と教師が家族のような，
愛と信頼を回復する学校を創り上げたい」という学校づくりの抱負を語ってい
る。

　本校は既存の制度圏の教育とはちがって，生徒の「知性」「感性」「人格」教育
を重視し，これらの３つの要素がバランスよく発達するように，実際的な教科と
教育課程を運営している。また，生徒全員が寄宿舎生活をしながら家族のような
愛と信頼を築いていく。授業のほかに"遊び文化"も学んでいる。自然のなかに
育つ山イチゴなどの実を狩りに行き，食べたり，山や野原を自由に散策しながら
自然と親しくなる時間を非常に大事にしている。

　学校のカリキュラムは，一般高校の基準180単位のうちその約４割の77単
位を履修する。2015年の教育課程をみると，合計219単位のうち118単位は
一般的な科目で，101単位が学校独自の科目の教養科目や体験活動がその内容
であった。

　2015年度の入学生の教育課程をみると，①基礎科目の国語，数学，英語が
必須28単位，②探求科目の社会，科学は必須15単位，③体育・芸術や音楽が
必須19単位になっている。そして，教養科目として，学校の哲学（32単位），
特技適正（18単位），自立（18単位），進路（２単位），第２外国語，自己主導で，
合計70単位が必須になっている。④創造的な体験活動の科目もあり，必須科
目として31単位で設けている。

感性教科や自立教科も非常に重要視している。感性教科では，音楽，美術，伝統音楽，表現芸術，工芸などを用いて，「表現」することを学び，仲間と分かち合いながら共有する。こうした学びを通して豊かな感性をもつ人間を育てている。そして，自立教科では，農作や料理，家や服づくり，生命農業，生態建築などを学び，自立する力を身につけさせることが教育の狙いであるという。

　②クムサン学校の理念とカリキュラム～自分・他者・自然・世界・地域との
　　出会いを通して紡ぎだす学び

　クムサン学校の学習構造は大きく3つの軸が中心となって教育実践が展開されている。その学習概念図は図5.1のとおりである。

　まず，1つ目は，「全人的人間を育てる」，2つ目は，「共同体的な人間を育てる」，そして，3つ目は，「生態的な人間を育てる」ことである。では，それぞれの学習内容を詳しくみることにしよう。

　■全人的な人間を育てる学習内容と取り組み

　全人的な人間を育てるための学習内容は，「3つの領域の選択教科」「自己主導学習」「卒業作品」などがある。

・3つの領域の選択教科…3つの領域の選択教科は，「知識教科」「自立教科」「感性教科」がある。知識教科では，歴史，国語，数学，英語，社会，科学，

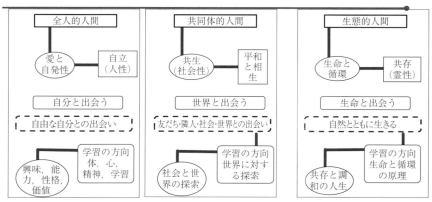

図5.1　クムサンガンジー学校の学習構造・概念図

道徳の教科があり，知識を学び探求することを通して，世界と疎通すること
を学ぶ。つぎに，自立教科では，自立する生き方を促すために，自給技術を
学び，頭と手の均衡力を学ぶ。自給技術の具体的な学びの内容は，生活料理，
製菓製パン，裁縫と手縫い，木工，農事，石鹸・シャンプーづくりなどがあ
る。教育目標は，日常生活用品づくりを通して，自立する力を身につけさせ
ることが狙いである。最後に，感性教科では，芸術活動を通して自分を表現
する道具を発見し，芸術の楽しさを味わう。具体的な取り組みは，陶芸，美
術，パーマカルチャー，小さな楽器，韓紙工芸などがあり，感性教科では，
豊かな感性を育てることが教育目標である。

・自己主導学習…自己主導学習は，10週間かけて，メンターの先生のアドバ
イスを受けながら「自分」について知る機会を設ける取り組みである。「自
分自身」についてテーマを設定し，探求する。こうした時間と経験を通して
自己肯定感と自分自身の共感，すなわち，"自分はどんな人間であるか" 自
己発見型授業である。この学習は4段階分けられており，10週間をかけて
行われる。まず，1段階目（1週目）は，自分自身についての〈テーマ設
定〉をし，2段階目は，自分を知るための〈計画〉づくりに着手する。2週
目の3段階目は〈探求する〉3～9週目，4段階目の〈発表，評価〉は10
週目に行われる。自己主導学習での学びは，その後の「卒業作品」にもつな
がる。

・卒業作品…卒業作品では，①自己省察型，②自己発見型，③プロジェクト型
の3つのタイプがある。①自己省察型には，自己内面を率直に綴っているの
か，3年間のその時々の癒し（回復）の経験とその克服の成長プロセスが綴
られているのか，自己省察の結果，1つの作品に表現されているのか，をみ
るタイプである。②自己発見型は，学校の教育課程や学校生活とつながる内
容が含まれているのか，作品の完成度ついてはどれくらいなのか，そして，
自分の進路と繋がっているのか，をみるタイプである。③プロジェクト型は，
資料収集と裏付けで説得力のあるものなのか，代案的で創意・実際的である
のかをみるタイプの類である。

■共同体的な人間を育てる学習内容と取り組み

　共同体的な人間を育てる学習内容は，「学年プロジェクト」「海外移動学習」「テーマ別旅行プロジェクト」「生徒自治活動」「生徒会とサークル活動」「寄宿舎生活」などがある。ここでは，「学年プロジェクト」と「海外移動学習」について紹介することにしよう。

・学年プロジェクト…学年プロジェクトでは，生徒の発達段階に応じて，段階別プロジェクトが行われる。1年生のときは，自分の限界を試す，韓国の高い山の1つである，チリ山（1915mの高い山）縦走プロジェクトがある。このプロジェクトを通して，生徒は自分と仲間と向き合うことになる。高い山を縦走することによって，子どもは自分の限界を知ると同時に「弱い自分」「強い自分」「できる自分」といったさまざまな自分と向き合うことになる。また，仲間と深い友情を交わすことになり掛け替えのない時間になる。2年生では，フィリピンに海外移動授業が行われる。海外のボランティア活動の一環として取り組まれている。3年生では，他者を経験する仲間と疎通するミュージカルづくりを通して仲間を経験し，疎通する時間をもつ。

・海外移動授業…フィリピンで行っている海外移動授業。ねらいは，異文化体験を通して，「違い」や「異なる」ことについて理解することである。この授業の教育目的は大きく，①一人ひとりが世界の市民である，世界市民意識を育てる，②韓国とちがうフィリピンの文化を経験することを通して文化の多様性について学ぶ，③仲間と同じ空間でともに生活をすることを通して，“私”と“あなた”で生きる，共生意識を学ぶことである，④同時に，分かち合うことと助け合うことを学ぶ，⑤外国語の習得，の5つある。つまり，世界市民として生きるための素養と意志疎通の手段として外国語を学ぶ重要性を学ぶことである。またそのほかに，フィリピンの現地では，現地の教師による英語のクラスやフィリピンの文化や伝統，歴史，社会経済，楽器，フィリピンダンスなども学ぶという。

■生態的な人間を育てる学習内容と取り組み

　生態的な人間を育てる学習内容は，生命と循環の転換教育を通して，人間も

生態系の一部であることを学ぶ。ここでは、「持続可能なエネルギー転換」「自然と『世界』との連結と『共感』と『回復』」がある。

・持続可能なエネルギー転換…持続可能な、自然エネルギーを再生すること通して生き方の転換をめざしている。具体的には、石油や核エネルギーから脱却し、再生可能なエネルギーへの転換をめざし、それに対応するための、教育内容として、適正技術や生活技術を学ぶという。この学習過程を通して、従来の生き方を変え、未来への生き方を準備する、いわゆる転換教育の核となる教育内容になっている。さらに、忠清南道にある「小さな手」という協同組合と提携し、専門家と連帯・連携している。子どもたち自ら代案的なエネルギーを設計し創るエネルギープロジェクトの一環として行っている。たとえば、次の事例があげられる。

【事例1】 まず、ピザづくりの生産過程である。子どもたちは最初に、ピザ焼き窯づくりを始める→その後、ピザに必要な材料を農業で栽培をする→そして、つくったピザを販売する。こうした取り組みはピザをつくる過程を通して、労働生産過程を学ぶ。

【事例2】 鶏の飼育を通して、自然の循環を学ぶ。鶏の飼育→（糞尿を畑の堆肥として使う＝学ぶ過程）卵ができる→卵焼きができる。こうした取り組みを通して、子ども自らが「生き方の転換」を習得し、「持続可能な文化」を創ることができるようにする。また、有機農業・生命・環境を重視しながら、未来に必要な環境づくりをめざしている。ここでのキーワードは、エネルギー転換、生き方の転換である。

・自然と「世界」との連結と「共感」と「回復」…自分が住まう地域、自分が生きる世界と異なる世界という視点で課題をとらえ、その問題解決を探求する学びの内容であり、単なる知識の詰め込みではなく、多様な人々との関係性、人間以外にも自然、社会、世界とのかかわりなど、多様な客体との関係性のなかで学習し、学ぶ（図5.2）。

「世界」というのは、大きく自然と人間である。自然に出会い、人との出会いを通して「関係」を結ぶ。また、関係の大切さや結ばれた関係を大切につな

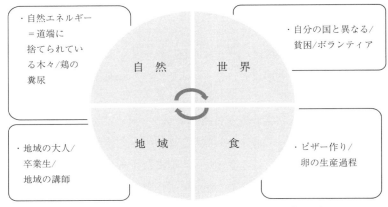

・自然エネルギー
　＝道端に
　捨てられてい
　る木々/鶏の
　糞尿

・自分の国と異なる/
　貧困/ボランティア

自　然　　　世　界

地　域　　　食

・地域の大人/
　卒業生/
　地域の講師

・ピザー作り/
　卵の生産過程

図5.2　自然と世界と他者との「連結」と「共感」

げ，広めることをも学ぶ。

　さらに，仲間との「共感」づくりを非常に大切にしている。たとえば，自ら学んだ経験を仲間とほかの人と共有することも大切にしている。仲間の経験談を歓迎し，傾聴するといった，直接経験を間接経験へとつなぎ，経験をさらに豊かに共有する。そうした実践ができるように空間創りも大事にしている。このことを通して生まれてくるのは「共感」であり，この学校で最も重要視している目標の１つとして「共感」力を育てることである。

　この授業では，世界との「出会い」と「経験」そして「共有」がキーワードである。

　クムサン学校の教育実践を特徴づけるのは，①全人格的人間，②共同体的人間，③生態的な人間づくりを核としながら学習内容と取り組みが展開されている。すなわちそれは，生活にある，もの，わざ，生き方，社会と世界・自然とかかわる課題に取り組み，子ども自らの体験を通じて，個々の知識を獲得してゆくことを重視した教育実践が特徴であろう。

（２）都市型代案学校—「アルムダウン学校」と「ナウ学校」

　都市型代案学校は，都市部特有の課題とりわけ，学びの意味を喪失している

子ども，非行，貧困などの課題をかかえている子どものために，排除ではない徹底した「包容」と「共生」の教育を展開している。非認可都市型代案学校の設立背景には，農村の全寮制の代案学校に入学できない経済状況におかれている脱学校の子どもたちのためと，都市の教育実践家らが都市の子どもの課題を都市のなかで解決・展開していこうというねらいがあった。制度上の学校から外れた子どもたちに対し代案的な学びと教育を積極的に保障していこうということがめざされたのである。

①アルムダウン学校の理念とカリキュラム〜「進学」「就職」ではない"第3の道"をめざして

「アルムダウン学校」は，2009年に「韓国の入試競争の背景から生まれる学校の弊害を越え，それに対抗する新しい価値教育を志向」して設立された。学校不適応の子ども，非行青少年，いじめの被害経験者，軽度発達障害の子どもなどを受け入れながら運営されている。独自の教育課程づくりを重視しており，あえて学歴非認可の道を選択している。学校が位置する地区は，住民の経済格差が大きい地域である。地域経済は，中小零細企業が支え，社会的企業や協同組合，地域に根差したマウル（町・村）企業が多く生まれているという特徴もある。こうした地域特性を生かしながら，教育が行われている。自己を見つめ，仲間とともに生きることを学ぶ教育課程は中等課程，高等課程，青年課程をひとつづきの線路に見立てて構成されている（図5.3）。

まず中等部と高等部の教育課程と方法からみていこう。「アルムダウン学校」中等部の教育の柱は，表5.4に示した4つの概念で構成されている。

①【自立】では，体の健康の維持と基本的な生活技術を習得し，将来の職業的探索や体験を重視。

②【疎通】では，自分を表現し，他人と文化的な疎通ができる力を育てる。

③【知性】では，他人の考えを理解し，自分の考えを論理的に表現する。さらに社会に対する理解と芸術的感受性を養う。

④【共存】では，旅行，ボランティア，生命などの学習と体験を通してともに生きる社会を築き，そのなかで自分の位置づけや役割を省察するこ

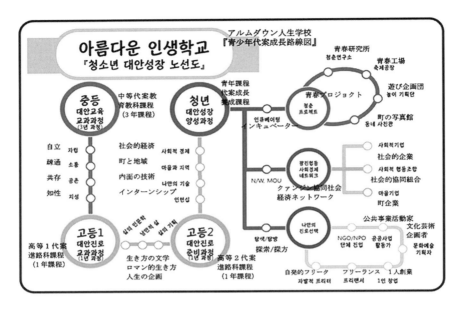

図 5.3　青少年代案成長路線図
出所：「アルムダウンン学校」案内（2016 年 3 月現在）原本より翻訳作成

表 5.4　中等部の教育内容

	自 立	疎 通	知 性		共 存
			共 通	選 択	
1 年生	・生活の知恵 ・健康Ⅰ	・型破り ・対話の技術	・言葉と綴りⅠ ・言葉と綴りⅡ ・言葉と綴りⅢ ・体育Ⅰ ・体育Ⅱ	・楽器Ⅰ ・楽器Ⅱ ・楽器Ⅲ ・現象的人文学 ・哲学的人文学 ・科　学 ・数　学	・ソウル紀行 プロジェクト ・旅行プロジェ クト
2 年生	・DIY プロジェクト ・健康Ⅱ	・自己表現Ⅰ ・性文化			・生命プロジェ クト ・旅行プロジェ クト
3 年生	・労作プロジェクト ・自分だけの課題	・自己表現			・ボランティア プロジェクト ・旅行プロジェ クト

出所：「アルムダウン学校」学校教育課程より訳者作成

とがめざされている。

　いっぽう，高等部の特色は，進学や就職だけではない，"第3の道"をめざす代案的な生き方，進路探索ができるような構造になっている点である。

　学習構造は，①【思考の拡張】，②【代案的な生き方】，③【自立と共存】の3つの柱から成り立っている（図5.4）。カリキュラムの実施形態や内容にも特徴があり，たとえば，自分探しのために自ら企画し実行する「旅行」の時間が設定されている。さらに，旅行を媒介とするだけではなく，一人で過ごす時間を確保し，自分を見つめる時間を通して，「自分を知る」ことも授業の一環として展開している。「グループ授業」では，生徒自ら事業テーマを選定し，企画書を作成，審査を経て採択されたプロジェクトは1件ごとに上限50万ウォン（日本円でおよそ5万円）の支援を受け実施している。この授業では，地域に若者が集い遊ぶ場が少ないことに問題意識をもった生徒たちが支援金を使っ

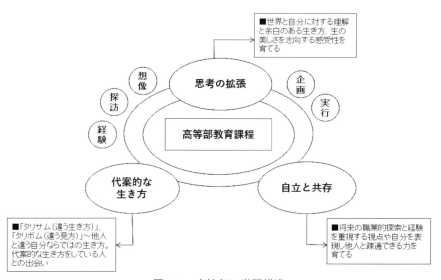

図5.4　高等部の学習構造

て空間を借りテーマ性をもったパーティーを開催したり，ミニスポーツの企画をしたり，自らが台本をつくり演劇の上演に取り組んだり，写真を学び自己表現をしたり，人との関係をつくるためにタロットカードを学ぶなど多様なかたちで企画を実際のものとしている。仲間とともに生きることやその後の進路としての第3の道を切り開くための重要な授業として位置づけられている。

■ "第3の大人" との出会いで育まれる「人と競争しない生き方」

つぎに，アルムダウン学校に通っている子どもたちの声から学校や学びに対する変化をみていこう。ここでは中等課程のKさん（15歳女子：一般の学校の勉強が小学4年ごろからわからなくなり小学校5年から代案学校に入学）と高等課程のJさん（16歳男子：一般学校の勉強についていけなくなり，体を動かす機会も乏しくつまらなく感じたため代案学校に移る），青年課程のOさん（17歳女子：一般学校での友人関係の悪化から芸術療法を受け，その後代案学校に入学）の声を紹介する。

3人の生徒に好きな授業を聞くと共通して「アゴラ」という答えが返ってきた。「アゴラ」では社会問題について自分たちで調べて事実確認をし，それに基づいて討論をする。近年ではセウォル号の事件をテーマに行われたという。Kさんは「（アゴラは）考えを共有することができるし，対話をするときに相手の意見もわかる。自分の意見も整理できる。考えを共有することで，解決に向けての議論ができることがわかり，すごく好きになった」と語る。Oさんも「社会問題への関心をもつようになった。他者の意見に耳を傾けることが，自分の意見を整理したり，問題の解決のために役立つということも学んだ」という。Jさんは「一般学校ではマニュアルどおりでやらなければならない。ここでは日常のものを通して学ぶので，体得されるものとおもしろさがちがう。それだけでなく学んでいる内容は生涯生きていくのに役立つと感じている」と授業全体を評価している。

また，仲間や教師との関係づくりや進路に関しても，以下のように共通して高く評価する。

> K さん：一般学校では教師は従うべき権威のある存在でしかなかったが，代案学校ではその前に対等な一人の人間として存在してくれる。
>
> J さん：はじめは自分とちがう人がたくさんいて距離をもっていたが，学校に通うなかで認めるようになった。自分と相手はちがうだけであって，自分が無視するという相手は一人もいないということを学んだ。
>
> O さん：一般学校では友人とトラブルになっても解決できずに終わったことがあった。ここではトラブルがあってもお互い傷つけないで解決できる方法を考えたりするので，友だちとも深く関係性をもつことができる。自分の成長にとって他者が大事だと感じられる空間がある。
>
> J さん：「自分は何が好きなのかを探すため」が目標で，この学校に入った。タリボム（ちがう見方）という教科で（代案学校を運営している人であるとか，青年団体の活動で食べている人に出会い）競争しない生き方もあるんだとわかり，自分もこういう生き方をできるんだという自信につながった。
>
> O さん：代案学校の学びのなかで自分が食べ物に興味をもっていることに気づいた。加工して売るという職業も魅力的だと感じ，挑戦している。

　このように進路に向けてのさまざまなプレチャレンジをサポートしてくれる教科が充実している。

　■子どもたちの生き方を支える "人生学校" をめざして

　中学校，高等学校に相当する学年で学んだ生徒たちは，「青少年代案成長路線図」（図 5.3）にある青年課程へと進んでいく。地域に根付いている写真館やマウル（町・村）企業（おかずをつくって販売する店，自転車のリサイクルなど），社会的協同組合，NPO，一人創業を行っている住民のもとへ子どもたちが出向き，交流をもちながら社会でどのように生きるかについての学習を積み上げていくことになる。子どもたちが進学や既存の職業だけでない生き方をイメージするとき，目の前の教師や地域で働く大人たちが「第3の道」の手本となる教育実践が展開していた。学校不適応や軽度発達障害の子どもなどに対して一般の学校や社会で生きていくことに困難がある子どもという認識ではなく，生き方そのものをみて感じて体験することで子どもたちを支える教育があった。

②ナウ学校の理念とカリキュラム～貧困・非行問題への挑戦と親たちの学び合い～

　ソウル市ノウォン区の「ナウ学校」は，市内でも最も貧困層の多い地域に位置している。非行などの危機青少年といわれる子どもや学校になじめない子どもなど，学校とのつながりが希薄な彼らの実態に即した学びを創造していることで注目されている。一般の学校の中途脱落を未然に防ぐための委託型教育機関として制度上位置づけられている。図5.5は，ナウ学校の教育目標および教育方針の全体像を示したものである。

■自尊心の回復と教師への親密感の形成をめざす「準備適応教育課程」

　まず，「ナウ学校」の教育課程全体構造（表5.5）に位置づいている「準備適応教育課程」に注目したい。委託後の教育課程に入る前段階として，自尊心の回復や学校や教師への認識を改善するための学びが必要であると考えられている。この課程では，大きく3つの目標と複数の細部目標が設けられている（表5.6）。

表5.5　教育課程全体構造

課　程	準備適応教育課程	委託後の教育課程	
項目／志向	適応及びラポール（rapport）形成　→　省察及び自己主導学習→代案教育及び進路選択		
個人領域	自尊心回復	可能性拡充	創意性と達成感経験
関係形成	学校に対する認識改善 担任との親密感を形成	同年代との関係形成と 意思疎通訓練	共に生きる生き方を 学ぶ
価値発見	癒しとケアー	ポジティブな力	変化の可能性を探す
実　践	潜在的力量発見	体験と実習課程	進路設計及び開拓

ヴィジョン	一人の子どもも諦めない教育を地域とともに子どもをケアーし、愛と分かち合いの精神で、"今日"が幸せな青少年づくりを目指す。

価　　値	青少年中心 青少年参与	肯定的な力 自らの学習	共に生きる 生き方	共感と配慮

教育原則	統合・統摂教育の原則	非暴力・平和教育の原則	自ら学ぶケアの原則

教育方針

○「明日」のために「今日」が犠牲にならない、「今日に充実する教育」
○問題行動に対する解決方案を考えるよりは長所と潜在能力を把握する教育
○頭より手と足を重要視する教育
○分かち合える事を通して成長し、他人を配慮する人性を育む
○個別オーダー型教育及びプロジェクト型授業の適用

教育目標

学校、学父母、地域連携統合教育	代案学校生活に馴染むよう親密感を形成	学業中断予防及び基礎学力向上

創意力啓発及び進路探索	生活訓練及び労働教育

教育内容

【代案学校の子ども】
○子どもの一人ひとりを把握
○オーダー型個別化教育及び基礎学力向上
○人性教育及び成長プロジェクト教育
○代案的・統合的教科開発及び適応教育
○代案学校特化教育及び創意的体験活動
○日常生活教育及び進路連携教育

【教師、学父母、地域社会】
○学父母相談及び学父母教育
○学校、地域機関、代案学校間ネットワーク
　構築及び共同教育
○代案学校教師アカデミー及び力量強化教育
○メンター及びボランティア教育
○進路探索及び職人連携徒弟教育

期待効果

"ひとりの子どもを育てるために町全体が動く地域"
○学業中断予防に対して地域全体が関心を呼び起こす
○代案学校を通して自ら進学・進路を開拓していける子どもたち
○新しい学びと人性教育の涵養の道を発見する子どもたち
○代案的教育方法の創出と危機青少年に出会える代案の教師の養成
○学校、学父母、地域社会機関が共にする統合教育システム構築

地域基盤委託型代案学校の定着

図5.5　ナウ学校の教育目標および方針

表 5.6　準備適応教育課程の 3 つの目標と細部目標

目標		1 自己肯定観を高める 2 学んだことを生活につなぐ 3 学校生活に対する適応力向上
細部目標	①	「肯定的自我形成」… a . 自己紹介，b . 自分を振り返る，c . 自分を変える 10 日間プロジェクト，d . 自分について綴る，e . 非暴力対話の教育。
	②	「学びに対する自己省察」… a . 基本生活習慣形成（朝会＆終礼，昼食，掃除），b . 人性および学力検査，c . 自分と学び，d . 成長日誌記録。
	③	「学校に対する肯定的認識」… a . ナウ学校哲学，文化などの案内，b . 学父母教育，c . 入学式 「学校生活に対する理解」… a . 学校生活案内，b . 教科課程案内，c . 授業参与 「共同体意識涵養」… a . 学級活動，b . 共同体活動，c . 私と私たちの町

　この準備適応教育課程を毎月，第 1 週，第 2 週の 10 日間運営している。これらを通して学校に対する認識の改善と教師との親密感を形成し，そのうえで委託後の教育課程へと進むことが必要不可欠なプロセスとなっている。

　■危機青少年とナウ学校をつなぐ「ノウォン青少年支援センター」

　つぎに，ナウ学校と一体的に運営されているノウォン青少年支援センター（以下，支援センター）をみていこう。ナウ学校，行政，地域住民と子どもたちをつなぎ，彼らの生き方を支える新しい学びづくりに欠かせない機能を支援センターはもっている。

　地区内では，諸問題で学校を辞める子どもが年間 500 人程度存在している。支援センターを利用している子どもの半数は，一人親もしくは祖父母に養育されている。こうした状況から官と民が連携してソウル市内の区としては初めて「青少年福祉及び福祉に関する条例」をノウォン区がつくり，貧困問題対応と不適応，家出，無気力，犯罪などの危機青少年とつながるための子ども支援活動を行っている。

　支援センターの事業内容は，①青少年相談（学校不適応，欠席，家出，非行，家庭内暴力など），②学校を中退した子どもたちの支援としてセンターでの諸活

動を実施，③青少年が集えるカフェの運営の3点となっている。

　支援センターを利用した子どもの数は，2014年の1年間でおよそ1万7000人と，ほかの同様施設に比べ利用者数は多い。子どもたちには，相談学や社会福祉の領域の専門家（パートタイム勤務）である相談役11名が対応している。支援センターとつながった子どもたちのニーズを聞き取り，クリスマスパーティー，ウクレレクラス，遠足，チョコレートづくりなどを子どもたちとスタッフが一緒に行っている。彼らの教育ニーズに応えるものとして「職業場学校」というプログラムも行っている。6カ月のプログラムで（期間：夏休みを抜いた5〜12月に実施），放課後の学校というイメージで運営しているという。このプログラムは，職業につながる学びが意識されており，「バリスタ」「菓子・パンづくり」「木工」の3コースから選択できる。

　ここで注目すべき点は，子ども（危機青少年）と支援センターをつなぐ方策である。まず，いわゆる公務員である区役所の職員が支援センター常駐職員として派遣されている。区で把握している家庭状況と連携させながら危機青少年の支援につなげているのだ。また支援センターでは地域住民らボランティアの協力を得ながらカフェを運営している。運営をボランティアらに支えてもらうことで，飲み物の料金を低く抑え（日本円で100円程度），子どもでも利用しやすいようにしている。そのため，最初にカフェを利用して，その後支援センター，ナウ学校につながるケースが少なくないという。建物は区によって無償で提供されている。こうした安定的な運営を支える条件整備も見逃せない点であろう。

■子たちを支える親・地域住民の学習組織

　ナウ学校校長であり支援センター長であるキム・ジソン氏は，20年以上にわたりノウォン地域に暮らし，危機青少年といわれる子どもたちに寄り添い，支えてきたという。また，ナウ学校のヴィジョンである「一人の子どもも諦めない教育を地域とともに子どもをケアし，愛と分かち合いの精神で，"今日"が幸せな青少年づくりをめざす」ことを実践するためには，子どもを支えることと同時に，地域住民の貧困問題にも取り組む必要があったと語る。その取り

組みの1つがナウ学校を拠点に始まった親・地域住民の学習組織「ノウォン市民人文学堂」である。教育機会に恵まれなかった母親たちに哲学や文学を学ぶ機会をつくることで，彼女らの生き方，わが子への子育て意識に大きな変化が現れるという。そして，こうした地道な取り組みは，地域全体の子育て環境を変革する機運の醸成にもつながっている。現在，母親たちは自らの学びを契機に「青少年向け人文学プログラム」や「児童向け人文学プログラム」を立ち上げ，地域の子どもへ働きかける教育主体となっている。

5-4 「もうひとつの学校」代案学校の成果

　韓国の「もうひとつの学校」代案学校は，競争的な学びを助長する学力至上主義に基づく制度上の学校教育への批判的視座を提起している。それは，従来の学校がかかえる教育的課題に対して多くの示唆を与えるものであるといえる。韓国の「もうひとつの学校」代案学校の成立過程には，このような学力至上主義による公立学校への批判からそれとは異なる価値観に基づく「新しい学校づくり」，すなわち，代案教育運動がその背景にある。公教育に対抗する，「下からの教育改革」運動は，知識偏重教育ではない，まさしく子どもの現実に根ざした多様で豊かな学びの保障であり，持続可能な「包容」の教育の証といえるであろう。オルタナティブな教育に果敢に挑戦する韓国の諸実践は日本の教育を相対化するうえでたいへん示唆に富むといえる。子どもの貧困や社会的排除といった共通の課題をかかえる両国の比較研究はもちろん，両国の教師たちによる教育実践交流を一層進めていくことが必要だろう。

　読者のための参考文献
・洪淳明・尾花清『共に生きる平民を育てるプルム学校—学校共同体と地域づくりへの挑戦』キリスト教図書出版，2001年
・有田伸『韓国の教育と社会階層—「学歴社会」への実証的アプローチ』東京大学出版会，2006年。

第6章
幼稚園の教育の課程と方法

　近年，幼稚園はその社会的機能や役割について，問い直される状況にある。伝統的な幼児教育の実践哲学を掲げる幼稚園が，定員割れという現実に直面している。いっぽうで，待機児童が社会問題化するなかで，保育所のニーズが高まっている。

　こうした現実において本章では，幼稚園教育の教育課程に何が求められ，方法論とどのようなつながりによって論じられるのか，その展望を示す。また，子どもの発達に応じた遊びと学びのつながりや，子どもたちをとりまく教育環境の充実が，結果としてどのような創造的，さらに協働的な教育課程と教育方法のデザインにつながるのか，具体的な事例を通して論じる。さらには，幼稚園と園をとりまく地域との関係づくりについても論じることで，子どもたちや保護者，地域の人たちがつながるコミュニティスペースとしての可能性や，幼稚園を修了したあとの幼小連携，そして家庭や日常の暮らしとの連続性についても論じる。

6-1　幼稚園から認定子ども園への潮流

　幼児期は，その後の人格形成の礎を培う点において，とても重要な時期であることに異議を唱える人はいないだろう。いっぽうで，幼稚園という教育施設の存在意義が，問い直される現状にある。文部科学省の『文部科学統計要覧（平成28年版）』によれば，1985年に1万5220あった幼稚園は，持続的な減少傾向をたどり，直近の2015年には1万1674とピーク時の約75％程度となっている。また幼稚園への入園者数は，1975年に約131万人であったが，2015年には約48万人と，ピーク時の約36％まで落ち込んでいる。幼稚園によって

は，定員割れが深刻な問題になっているところも少なくない。

こうした現状は，単に少子化の影響だけはない。厚生労働省の「保育所等関連状況取りまとめ（平成 28 年 4 月 1 日）」版によれば，2009～2014 年まで「認可保育所等」の数は，約 2 万 2000 から 2 万 4000 へとゆるやかな増加をたどり，その後 2015 年に 2 万 8783，2016 年には 3 万 859 と，飛躍的にその数を増やしている。さらに無認可の保育所を含めると，その増加率は近年著しく高い。

この 2015 年からの「保育所等」の急激な増加にはからくりがある。2015 年のこの数値には，従来型の認可保育所に加えて，いわゆる「認定こども園」と「特定地域型保育事業所」の数が含められている。「認定こども園」には，幼稚園的機能と保育所的機能の両方の機能をあわせもつ単一の施設としての機能を果たす「幼保連携型」，認可幼稚園に保育所的な機能を加えて子どものための保育時間を確保する機能を果たす「幼稚園型」がある。加えて，特定の市町村が認可事業として設置する「特定地域型保育事業所」が数値に含められているのである。

ここで「幼稚園」「保育所」を改めて確認する。幼稚園は，学校教育法第 1 条が規定する，3 歳から小学校入学前の子どもたちが通う教育施設，すなわち「学校」である。その設置認可と所轄省庁は文部科学省と各都道府県・市町村教育委員会であり，全国どこでも共通の教育課程が受けられるように，小中高等学校の学習指導要領に相当する『幼稚園教育要領』が存在する。いっぽうで保育所は，児童福祉法第 39 条の規定に基づき，0 歳から小学校入学前の乳児または幼児を保育する児童福祉施設である。保育所の所轄省庁は厚生労働省と各都道府県・市町村の児童福祉課などであり，『保育所保育指針』にてどこでも共通の保育内容・サービスが受けられるようになっている。すなわち「保育園」は，子どもを預ける大人のための福祉施設である。保育所に子どもを預けるためには，原則的に親が共稼ぎであることを証明する「就労証明書」を就労先で発行してもらい，住民票のある地方自治体にこの証明書を提出することが必須となる。自治体は，こうした手続きを受理した結果，同時に親から出された希望する園の空き状況を勘案して預け先保育所を決定し，子どもを振り分け

る。幼稚園への通園は，子どもや保護者の意思で決定できるのに対して，保育所への通所は，一応希望は出せるものの，とくに大都市圏ではほとんどの場合希望どおりにはいかず自治体が決めた保育所のサービスを受けることになる。立地場所や環境，子ども間の友だち関係や保育者との人間関係は，決められた保育所で構築せざるをえない。保育所や保育者の理念やどのような保育内容なのかは，後回しになっている現実がある。

　このように，幼稚園と保育所は，本来その社会的役割や機能が異なる施設である。異なる性格の施設が，国の少子化対策を背景に近年「幼保一元化」の名のもとに一体的に運用される方向に移行しつつある。祖父母世代との別居のため日常的に子どもの相手をする大人がいない核家族化だけでなく，低所得世帯や一人親の貧困など，子どもをとりまく大人社会がぎりぎりの状態になっている。そのため，長い目で見た子どもたちの将来への教育を考える余裕がなく，今この時代を生き抜くことで精一杯なため，当座の保育という福祉サービスが緊急的に必要とされている。さらに待機児童問題が厳しい地域では，認可保育所に通所できず，やむを得ずに民間が運営する無認可保育所に通わせるために，高額な通所費を負担することになり，その負担が日々の暮らしを圧迫する，という現状もある。親世代からは，「これでは何のために働いているのか」というため息まじりの不満を聞くこともまれではない。

　保育所は，「社会を映す鏡である」と論じられることもある。保育所に入れない待機児童の問題も含めると，幼児期の子どもたちにとって穏やかで健やかに成長する時間と場所が不足しているといえる。保育所を通して，現代社会が持続不可能で包容的な未来が保証されていない状況に直面していると考えることができる。

　ある自治体では，待機児童対策の一環として，近年公立幼稚園をすべて認定こども園に変えたところもある。いっぽうで，私立幼稚園においては，幼児教育の教育課程に大きな影響を与えてきたフレーベルやモンテッソーリなどの教育哲学を貫き，あくまで純粋な幼児教育に徹するところもある。しかしながら，そんな私立幼稚園にも，少子化による定員割れという現実的な経営状況や地元

自治体の強い要請によって，認定こども園に移行していくところも少なくない。

　ここまで説明すると，まったく異なる施設が一体的に運用されるなかで，教育課程や方法をどのように考えればよいか，混乱するかもしれない。こうした潮流には，以前から賛否両論あり，さまざまな議論が深められてきた。そうした流れを裏づけるように，じつは教育課程と方法の観点では，幼稚園における指導計画づくりを規定する『幼稚園教育要領』の「ねらい及び内容」と，保育所における保育計画づくりの指針となる『保育所保育指針』の「教育に関わるねらい及び内容」はすでに同一のものとなっている。さらに『保育所保育指針』には，保育における「教育」について「子どもが健やかに成長し，その活動がより豊かに展開されるための発達の援助」であると明示されている。現状では，保育所も広い意味での子どもたちのための教育機関としての機能が求められ，実際に役割を果たしている。

6-2　幼稚園教育の教育課程

　国の教育政策を規定する『学習指導要領』は，小学校から高等学校までの教育内容について検定教科書を通して画一化し，中央集権的に統制する機能をもつため，こうした仕組みも含めて批判の対象になることがある。しかしながら，幼稚園教育の教育課程を規定する『幼稚園教育要領』は，実際には保育所と同様に「指針」的な役割として機能している。幼稚園には検定教科書のように公的な教材が存在しないため，教育要領に書かれた指針に沿って，それぞれの園に即した指導計画の作成は，現場教員の裁量に委ねられている部分が大きい。次期教育要領改訂においても，こうした基本的な骨格は維持される。そこで本節では，その内容を確認したい。

　『幼稚園教育要領』では，「ねらい及び内容」について「示すねらいは，幼稚園修了までに育つことが期待される生きる力の基礎となる心情，意欲，態度などであり，内容は，ねらいを達成するために指導する事項」とされている。小学校以上の「教科」にあたる「内容」は，幼児の発達の側面から心身の健康に関する領域「健康」，人とのかかわりに関する領域「人間関係」，身近な環境と

のかかわりに関する領域「環境」，言葉の獲得に関する領域「言葉」，感性と表現に関する領域「表現」，という5領域によって成り立っている。図6.1は，「5領域のねらい及び内容」についての記述を抜き出して，列挙したものである。このねらいは，幼稚園における生活の全体を通じ，幼児がさまざまな体験を積み重ねるなかで相互に関連をもちながら次第に達成に向かうものであること，内容は，幼児が環境にかかわって展開する具体的な活動を通して総合的に指導されるものであることに留意しなければならないとされている。さらに，とくに必要な場合には，各領域に示すねらいの趣旨に基づいて適切な，具体的な内容を工夫し，それを加えても差し支えないが，その場合には，それが幼稚園教育の基本，すなわち「生涯にわたる人格形成の基礎を培う重要なものであり，幼稚園教育は，学校教育法第22条に規定する目的を達成するため，幼児期の特性を踏まえ，環境を通して行うものであること」を逸脱しないよう慎重に配慮する必要がある，とも記されている。なお，5領域にはさらに「内容の取扱い」も示されている。ここでは，幼稚園教育の基本でも明示されている領域「環境」を取り上げ，ほかの4領域との関連性や総合的な視点による教育課程のデザインと実際の指導計画づくりが必要であることを論じる。

　たとえば，「遊びの中で周囲の環境とかかわり，次第に周囲の世界に好奇心を抱き，その意味や操作の仕方に関心をもち，物事の法則性に気付き，自分なりに考えることができるようになる過程を大切にすること。特に，他の幼児の考えなどに触れ，新しい考えを生み出す喜びや楽しさを味わい，自ら考えようとする気持ちが育つようにすること」とある。この場合，ほかの幼児の考えにふれるため「人間関係」とのかかわりによってねらいを達成することが重要である。また，領域「健康」の内容に示されているように，先生や友だちと触れ合い，安定感をもって行動することも求められる。こうした観点は，以下示されている「自然とのかかわり」「身近な事象や動植物に対する感動を伝え合い，共感し合うこと」においても，同様のことがいえる。

　このように，幼稚園教育における教育課程は，必然的に相互の領域に密接なつながりがあり，小学校以上の「教科」とは明らかに性質が異なっている。と

〈健康〉
　健康な心と体を育て，自ら健康で安全な生活をつくり出す力を養う。
1　ねらい
　（1）明るく伸び伸びと行動し，充実感を味わう。
　（2）自分の体を十分に動かし，進んで運動しようとする。
　（3）健康，安全な生活に必要な習慣や態度を身に付ける。
2　内　容
　（1）先生や友達と触れ合い，安定感をもって行動する。
　（2）いろいろな遊びの中で十分に体を動かす。
　（3）進んで戸外で遊ぶ。
　（4）様々な活動に親しみ，楽しんで取り組む。
　（5）先生や友達と食べることを楽しむ。
　（6）健康な生活のリズムを身に付ける。
　（7）身の回りを清潔にし，衣服の着脱，食事，排泄などの生活に必要な活動を自分でする。
　（8）幼稚園における生活の仕方を知り，自分たちで生活の場を整えながら見通しをもって行動する。
　（9）自分の健康に関心をもち，病気の予防などに必要な活動を進んで行う。
　(10)危険な場所，危険な遊び方，災害時などの行動の仕方が分かり，安全に気を付けて行動する。
〈人間関係〉
　他の人々と親しみ，支え合って生活するために，自立心を育て，人とかかわる力を養う。
1　ねらい
　（1）幼稚園生活を楽しみ，自分の力で行動することの充実感を味わう。
　（2）身近な人と親しみ，かかわりを深め，愛情や信頼感をもつ。
　（3）社会生活における望ましい習慣や態度を身に付ける。
2　内　容
　（1）先生や友達と共に過ごすことの喜びを味わう。
　（2）自分で考え，自分で行動する。
　（3）自分でできることは自分でする。
　（4）いろいろな遊びを楽しみながら物事をやり遂げようとする気持ちをもつ。
　（5）友達と積極的にかかわりながら喜びや悲しみを共感し合う。
　（6）自分の思ったことを相手に伝え，相手の思っていることに気付く。
　（7）友達のよさに気付き，一緒に活動する楽しさを味わう。
　（8）友達と楽しく活動する中で，共通の目的を見いだし，工夫したり，協力したりなどする。
　（9）よいことや悪いことがあることに気付き，考えながら行動する。
　(10)友達とのかかわりを深め，思いやりをもつ。
　(11)友達と楽しく生活する中できまりの大切さに気付き，守ろうとする。
　(12)共同の遊具や用具を大切にし，みんなで使う。
　(13)高齢者をはじめ地域の人々などの自分の生活に関係の深いいろいろな人に親しみをもつ
〈環境〉
　周囲の様々な環境に好奇心や探究心をもってかかわり，それらを生活に取り入れていこうとする力を養う。
1　ねらい
　（1）身近な環境に親しみ，自然と触れ合う中で様々な事象に興味や関心をもつ。
　（2）身近な環境に自分からかかわり，発見を楽しんだり，考えたりし，それを生活に取り入れようとする。
　（3）身近な事象を見たり，考えたり，扱ったりする中で，物の性質や数量，文字などに対する感覚を豊かにする。
2　内　容
　（1）自然に触れて生活し，その大きさ，美しさ，不思議さなどに気付く。
　（2）生活の中で，様々な物に触れ，その性質や仕組みに興味や関心をもつ。
　（3）季節により自然や人間の生活に変化のあることに気付く。
　（4）自然などの身近な事象に関心をもち，取り入れて遊ぶ。
　（5）身近な動植物に親しみをもって接し，生命の尊さに気付き，いたわったり，大切にしたりする。
　（6）身近な物を大切にする。
　（7）身近な物や遊具に興味をもってかかわり，考えたり，試したりして工夫して遊ぶ。
　（8）日常生活の中で数量や図形などに関心をもつ。
　（9）日常生活の中で簡単な標識や文字などに関心をもつ。
　(10)生活に関係の深い情報や施設などに興味や関心をもつ。
　(11)幼稚園内外の行事において国旗に親しむ。
〈言　葉〉
　経験したことや考えたことなどを自分なりの言葉で表現し，相手の話す言葉を聞こうとする意欲や態度を育て，言葉に対する感覚や言葉で表現する力を養う。
1　ねらい
　（1）自分の気持ちを言葉で表現する楽しさを味わう。
　（2）人の言葉や話などをよく聞き，自分の経験したことや考えたことを話し，伝え合う喜びを味わう。
　（3）日常生活に必要な言葉が分かるようになるとともに，絵本や物語などに親しみ，先生や友達と心を通わせる。
2　内　容
　（1）先生や友達の言葉や話に興味や関心をもち，親しみをもって聞いたり，話したりする。
　（2）したり，見たり，聞いたり，感じたり，考えたりなどしたことを自分なりに言葉で表現する。
　（3）したいこと，してほしいことを言葉で表現したり，分からないことを尋ねたりする。
　（4）人の話を注意して聞き，相手に分かるように話す。
　（5）生活の中で必要な言葉が分かり，使う。
　（6）親しみをもって日常のあいさつをする。
　（7）生活の中で言葉の楽しさや美しさに気付く。
　（8）いろいろな体験を通じてイメージや言葉を豊かにする。
　（9）絵本や物語などに親しみ，興味をもって聞き，想像をする楽しさを味わう。
　(10)日常生活の中で，文字などで伝える楽しさを味わう。
〈表　現〉
　感じたことや考えたことを自分なりに表現することを通して，豊かな感性や表現する力を養い，創造性を豊かにする。
1　ねらい
　（1）いろいろなものの美しさなどに対する豊かな感性をもつ。
　（2）感じたことや考えたことを自分なりに表現して楽しむ。
　（3）生活の中でイメージを豊かにし，様々な表現を楽しむ。
2　内　容
　（1）生活の中で様々な音，色，形，手触り，動きなどに気付いたり，感じたりするなどして楽しむ。
　（2）生活の中で美しいものや心を動かす出来事に触れ，イメージを豊かにする。
　（3）様々な出来事の中で，感動したことを伝え合う楽しさを味わう。
　（4）感じたこと，考えたことなどを音や動きなどで表現したり，自由にかいたり，つくったりなどする。
　（5）いろいろな素材に親しみ，工夫して遊ぶ。
　（6）音楽に親しみ，歌を歌ったり，簡単なリズム楽器を使ったりする楽しさを味わう。
　（7）かいたり，つくったりすることを楽しみ，遊びに使ったり，飾ったりなどする。
　（8）自分のイメージを動きや言葉などで表現したり，演じて遊んだりするなどの楽しさを味わう。

図6.1　『幼稚園教育要領』における５領域のねらいと内容

りわけ、「環境」を基軸に考えると、具体的な体験を通して総合的に指導することについて、幼稚園が立地する地域性や子どもたちの発達状況も勘案しながら各教員の創意工夫ある指導計画をかなりの自由裁量でデザインすることが可能である。逆に考えると、教員の感性や資質、構想能力によって、教育課程に大きなちがいが生まれるといっても過言ではない。そのため幼稚園教員は、ほかの教員や幼稚園でどのような創意工夫ある実践がなされているのか、日々研修を積み重ねる努力が必要である。また、教員による一方的な教授に終始せず、子ども自らの主体性を引き出し、子ども一人ひとりの「生きる力」の獲得を通して、地域や社会にかかわろうとするエンパワーメントの礎づくりになるようにすることも、教育課程を考えるうえで重要なポイントとなる。

6-3 遊びと学びの教育課程と方法

　ところで幼児期の子どもたちは、日々心身ともに発達していく。子ども一人ひとりによっても、その発達の速度は異なるうえに、生まれ月によっても4月生まれの子と翌年の3月生まれの子では本来ちがいが生じるものの、組織の運営上同一学年として同じクラスに混在する。すなわち、子ども一人ひとりの発達状況に応じて、教育課程に基づき立てた指導計画の運用は、きめ細やかで柔軟であることが求められる。子どもの精神医学に基づく遊びの進化については、たとえば図6.2のように示されている（清水將之『子どもの精神医学ハンドブック』日本評論社、2008）。

　ごっこ遊びは、子ども相互の世界観に基づき、さらなる広がりに向けて重要な役割を果たす。また集団での遊びは、その後のコミュニケーション力の基礎

0～1歳	独りで遊ぶが、相手をしてやると喜ぶ
1～2歳	大人に相手をしてもらって遊ぶ
2歳	ごっこ遊びが始まる
3歳	2人の子どもで遊ぶ
4～5歳	約束事のある遊び、集団で行う遊びが可能になる

図6.2　遊びの進化

形成に重要な役割を果たす。言葉が理解できはじめると，絵本の読み聞かせを通して物語の内容により想像力を広げる。よくあることであるが，ストーリーを暗記してもなお繰り返し読み聞かせを大人にねだることがある。これは，言葉の意味や物語の筋を聞いているのでなく，読み聞かせをする大人の声の調子や抑揚，雰囲気（肌理）を楽しんでいるとされている。近年は，デジタル媒体（DVD やタブレット，スマートフォンなど）を見せる大人も多いが，すでに記録された同じ物語の「垂れ流し」とは異なり，読み聞かせには独特のライブ感があって，かつ子どもの反応に合わせて読み聞かせ速度や強調箇所，誇張や反復を通して，幼稚園教育がめざすところの教育効果が大きいことを理解してほしい。このように，発達と日常の遊びから学びへの連続性は，幼稚園における教育課程においてとくに配慮すべき点の1つである。すなわち，遊びを通して，子ども一人ひとりの想像力や創造力を切り開く学びが成立するといっても過言ではない。さらにいえば，日常の子ども環境が穏やかで安心できて落ち着いていれば，その効果をさらに増幅することが期待できる。

6-4　自らかかわり，語り合い，協働する機会と場

　幼稚園教育要領では，「幼児期における教育は，生涯にわたる人格形成の基礎を培う重要なものであり，幼稚園教育は，（中略）幼児期の特性を踏まえ，環境を通して行うものであることを基本とする」とあり，幼児教育と環境との関係性について述べられている。さらに領域環境の「ねらい」のなかでは，「（1）身近な環境に親しみ，自然と触れ合う中で様々な事象に興味や関心をもつ」とあり，自然とのふれあいの機会を通して，興味や関心をもち，成長につながる基礎を培っていく重要性が論じられている。とりわけ「内容」において，「（1）自然に触れて生活し，その大きさ，美しさ，不思議さなどに気付く。（3）季節により自然や人間の生活に変化のあることに気付く。（4）自然などの身近な事象に関心をもち，取り入れて遊ぶ。（5）身近な動植物に親しみをもって接し，生命の尊さに気付き，いたわったり，大切にしたりする」など，11項目のうち4項目で幼児の自然とのかかわりについてふれられているよう

に（文部科学省『幼稚園教育要領』2008 年），幼児教育において自然環境の大切さは計り知れない。

　ところが現代の子どもたちは，都市化による身近な自然環境の減少や（仙田満ほか「日本における 1975 年頃から 1995 年頃の約 20 年間におけるこどものあそび環境の変化の研究」『都市計画 211』1998 年），住宅の高層化（織田正昭『高層マンション子育ての危険—都市化社会の母子住環境学』メタモル出版，2006 年），ゲームなどの室内遊び時間の増加（仙田満『子どもとあそび』岩波書店，1992 年），屋外での体験不足（亀山ほか「幼児と両親の原体験に関する世代間比較研究—兵庫県私立 K 幼稚園・N 幼稚園における自由記述調査から」『幼年児童教育研究』(17)，2005 年）などにより，屋外あそび，とくに自然遊びの機会が昔の子どもたちと比べ少なくなっていることが危惧されている。すなわち幼稚園の園庭は，園に通うすべての子どもたちにとって，最も身近で安全にすごすことができる，屋外の遊び，学び，生活環境であり，園庭環境の質が重要と考えられる。

　幼稚園施設整備指針の総則においても，「豊かな感性を育てる環境として，自然に触れることのできる空間を充実することが重要である」とあり，第 4 章園庭計画のなかでも，運動場，遊具とともに，園庭に動植物とのふれあいや，栽培，飼育などの施設を計画することの有効性について述べられている（文部科学省『幼稚園施設整備指針』2005 年）。

　1990 年代以降，地域生態系のミニモデルとして，小さな自然とふれあえる，池や小川，森や草原といった「学校・園庭ビオトープ」を校庭や園庭に創生する動きが生まれてきた（日本生態系協会『新装改訂版 学校・園庭ビオトープ』講談社，2008 年）。幼児期にふさわしい自然体験の環境を整えるために，園庭を改善していくことは大変に重要であることと考える。園庭のみならず小学校の校庭にも豊かな自然とのふれあい空間があることで，地域自然生態系のネットワークや自然学習につながることも考えられる。

　ここからは，子どもを含む園・地域の参加により取り組まれた，園庭自然のふれあいの場創生の 3 事例を紹介したい。

1 　事例1：A幼稚園「ふれあいの森」

写真：ふれあいの森と竹林

写真：田んぼづくり

写真：水辺のエリア（池）

写真：もち米作（稲刈り）

写真：コンポスト作り

写真：廊下の掲示

1）創生前の園環境について

　千葉県四街道市のA幼稚園は，駅から程近い，郊外の住宅地内に立地する私立幼稚園である（園庭取組み当時。その後2011年度に認定こども園化。園創立後40年以上。園児数は約140名）。

　本園の環境は，園舎北側に広がる理事長宅の竹林が特徴的である。元々園舎南側に運動場や遊具を含む広大な園庭を有していたが，改築前，竹林側は園舎の壁により閉じられ，また園庭側から竹林に至る容易な動線は無く，園児が日々の生活の中で，竹林そして多様な自然とふれあえる機会は少ない状況があった。

　園舎改築の際，竹林の一部を園敷地として拡張することとなり，耐震補強部の保育室棟北側の空地（約500m^2）を，園は，園児の自然とのふれあいの場として新たに整備活用をしていきたいという想いがあった。この空地に面して，新遊戯室や既存保育室棟の屋内廊下が設けられ，視覚的・動線的に身近な，自然ふれあいの場を計画することとなった。

2）自然・農体験の場「ふれあいの森」の創生

ⅰ）計画内容

　自然ふれあいの場の計画については，園舎建築工事終了前の2006年12月から始まった。園が園庭デザイナーに協力を仰ぎ，園舎北側の新園庭部のプランの作成・提案，園との協議を経て，自然・農体験が行える場を創生することとなった（整備後，自然や人々とのふれあい空間として「ふれあいの森」と名付けられた。「ふれあいの森」は，次の4つのエリアからなる昔ながらの四街道

の里山風景で構成されている。

〈森のエリア〉　クヌギ，コナラなどドングリのなる樹木
〈草原のエリア〉　バッタなど虫が訪れる草原
〈水辺のエリア〉　クロメダカやトンボのヤゴが生息する生態池，せせらぎ
〈農のエリア〉　水田，花壇・畑，果樹園，飼育小屋（クジャク。南側の園庭から移設）

「ふれあいの森」計画に当たり，特に配慮がなされた点は以下の3点である。

①多様な自然，農体験の場の創出

改築前は，園舎南側の園庭に樹木は点在しているものの，虫を多く見つけられるような，自然遊びが豊富にできる環境ではなく，また，栽培活動は園駐車場の車道向こうの畑で行っていたが，園庭内ではないことから訪問頻度は多くなかった。

自然ふれあいの場の整備に当たっては，樹林（森のエリア）や草原（草原のエリア），生態池，せせらぎ（水辺のエリア），水田，畑，果樹園，飼育小屋（農のエリア）など，多様な自然，農体験の場を設け，土，草，木，水，昆虫，栽培植物，野生動物，飼育動物などの様々な自然との出会いの空間となるよう計画を行った。

②地域の自然との一体性

竹林と隣接する空間であることから，自然空間の創出に当たっては，できるだけ地域生態系や生物多様性に配慮することとした。竹林に最も近い「森のエリア」では日本古来の里山の樹木を選択・植樹し，「水辺のエリア」の生態池の水草や魚類（メダカ）は市内の湿地の植物やクロメダカを導入した。新遊戯室建設に当たっては，伐採せざるを得なかった樹木をベンチ兼平均台として再活用し，環境資源への配慮を行った。

また，遊戯室，保育室北側廊下から竹林に向かって空間が大きく開けることから，新しく創出した自然空間と合わせて，竹林と一体となる自然美を全面に見せる空間構成をとった。

③保育空間での活動との連続性

「ふれあいの森」での自然活動が，新遊戯室や保育室前の廊下で行われる保育活動とも連続するように配慮した。新遊戯室に最も近い「草原のエリア」は，草地での小昆虫との出会いの場だけでなく，遊戯室の舞台を屋外ステージとしても活用できるよう，遊戯室前に半円のマウンドを作り，中央部は草地とし，子どもたちや大人が座って楽しめるような空間とした。

また，保育室前廊下から見える位置に，畑や果樹園，飼育小屋を配し，雨天でも窓から生長・成長の様子がのぞけるようにした。

ⅱ）創生方法

「ふれあいの森」創出の方法としては，園児，教職員，保護者，地域も含め

た参加型で行うことが提案，実施された。園庭整備の資金については，平成18年度（2006年度）の千葉県教育改革推進モデル採択事業補助金が活用された。（平成19年度（2007年度）も活用し，より多くの果樹の植樹を行った）

　実際の整備に当たっては，地ならし等の土工事や，既存の井戸から新設池までの配管設備工事の一部は園舎建築工事の外構業者が担当したが，それ以外は園関係者の手作りで行われた。A幼稚園では，それまで母親が活動する「園芸クラブ」（畑での野菜栽培や収穫，調理を行う）があったが，父親のクラブは無かった。そのため理事長発案で，父親が活動する「里山クラブ」を立上げ，段階的に園庭整備活動を実施していくこととなった。業者による基礎整備が終了した2007年2月に，生態池と小川，築山づくりを，3月に水田づくりを「里山クラブ」の父親とその子どもたち，園の教職員とともに行った。水田づくりでは，四街道市の環境NPO「四街道食と緑の会」の副会長にご指導を頂き実施した。四街道市は小学校の食育教育活動として，学校水田での稲づくりを実践しており，当団体は市内全小学校の学校水田づくりや稲づくりの指導に携わっている。また，本幼稚園の新設生態池の水草（セリ，サンカクイを含む）や魚類（クロメダカを含む）は，当団体が維持管理・活用に関わっている市内にある自然の湿地から，会の副会長の指導のもとで導入したものである。

　「ふれあいの森」創出時の園児の関わりとしては，安全上の配慮から，池や田んぼの穴掘りなどは行わなかったが，年長組による卒園記念の苗木の植樹（アマナツ）や，年少組による生態池のメダカの放流，里山クラブの親子活動での園路整備など，幼児でも参加できる活動を企画・実施した。子どもたちの環境への思い入れやその後の興味関心にもつながっている。

iii）創生後の活用，維持管理状況

　「ふれあいの森」は創生以降，園児の自然遊び（泥遊び，虫の発見等），池の観察，年長組によるもち米づくり，野菜栽培や果実の収穫・食体験，飼育動物の世話等，園児の様々な自然とのふれあい活動に活用されている。園は2011年度より認定子ども園化し，幼児とともに乳児も自然とふれあうことができる場になっている。（なお安全上，「ふれあいの森」は教職員と一緒に来ることになっている。）

　園から最寄りで卒園児が多く通うD小学校には学校水田があり，「ふれあいの森」創生後の2008年には学校ビオトープ池が整備された（整備に当たっては，A幼稚園の池が参考にされた）。幼小ともに水田，生態池があり，幼稚園での自然体験が小学校での学習へと連続している。自然活動を通した幼小連携が可能な環境となっている。

　「ふれあいの森」の維持管理（水田の代掻き，池の清掃，畑や竹林整備，コンポスト作り等）は，園教職員とともに代々の「里山クラブ」の父親達に引き継がれ，子どもたちのために，休日を利用して続けられている。池の掃除の際

は，かつて「ふれあいの森」で遊んでいた卒園児の小学生も毎年参加して，池の中にいる生き物の観察を行っている。維持管理活動のみならず，父親達の「里山クラブ」，母親達の「園芸クラブ」による，収穫したもち米の餅つき会，栽培タデアイの藍染や収穫野菜のカレー作りなど，子どもたち，園職員，保護者，地域の方との交流の場としても活用されている。自然のなかでの協働活動を通して，子どもたちや園のために関われる喜びや仲間とふれあえる楽しさが生まれている。

　また理事長は，悩みを抱えた保護者が園に相談に訪れた際は，「ふれあいの森」が見える遊戯室に来てお話しするという。自然豊かな落ち着いた風景の中で話をしていると，自然と前向きな気持ちになるようである。

　また，園発行のリーフレット「ふれあいの森の四季」，自然活動を紹介する廊下掲示板，園のブログ等を通して，園児や保護者クラブによる園庭の自然ふれあい活動の発信を積極的に行っている。

図6.3　A 幼稚園

2　事例2：B 幼稚園「B ビオトープ」

写真：完成後の様子　　　　　写真：井戸掘り（水が出た瞬間）

1）創生前の園環境について

　横浜市都筑区の B 幼稚園は，駅から程近い住宅地内に立地する創立後 40 年以上となる私立幼稚園である（園児数は約 270 名）。2009 年度に，それまで園児には開放していなかった，園敷地と隣接する園長宅の庭の一部を，子どもたちが身近な自然とふれ合える空間としていきたいとの想いがあり，園庭改善が行われることとなった。

　i）計画内容

　　B 幼稚園は遊具や小山がある広い運動場が特徴的であるが，自然豊かな場所

が少なく，自然遊びの内容が限られていた。そこで，草原や木立，せせらぎや小川，田んぼといった子どもたちがそこにある自然や訪れた生き物に直接ふれることができるビオトープ空間（整備後，「Bビオトープ」と名付けられる）の創生が計画された。

　また，園長宅には木造住宅や蔵があることから，その雰囲気と合う，昭和初期の頃の横浜の民家の風景を思わす，自然体験，農体験ができる庭とした。同時に，小さな子どもたちが庭での散歩を楽しむことができるよう，丸太の小道や樹木のトンネルなどのあそび要素も加えられた。

〈蔵前のエリア〉

　小広場，自然の池，手押しポンプ，菜園，水田，果樹園などで構成，土の園路や丸太の遊び道で回遊動線を設けた。

〈蔵横のエリア〉

　柳のトンネルや柳のプレイハウスを創生した。

ⅱ）創生方法

　「Bビオトープ」の整備に当たっては，地ならし等の土工事，植栽工事等は外構業者が担当したが，園関係者が関わった部分として，手押しポンプの井戸堀りや土間打ちは，井戸業者の指導の下，以前から活発に活動している，幼稚園の「おやじの会」の父親達，園教職員の手作業で行われた（2009年10月）。井戸掘りや土間づくりは，皆で力合わせて行い，和やかな雰囲気の中で楽しんで実施された。

　また，市内で地域種のメダカを育てている「横浜メダカの会」の方から，横浜メダカ，ドジョウ，水草（カナダモ含む）を小分けいただき，園児が放流を行った。

ⅲ）創生後の活用，維持管理状況

　「Bビオトープ」は，園長宅の庭にありながら，園児が保育中，日常的に遊びに訪れてよい場所となっており，園児の自然遊び，稲づくり，生き物の観察，野菜栽培や果実の収穫・食体験，園路や柳のトンネルの周遊等，園児の自然とのふれあい活動に積極的に活用されている。また，維持管理活動（水田や畑，池の清掃等）は，園教職員とおやじの会の父親たちで続けられている。

図6.4　B幼稚園

③ 事例3：C幼稚園「おやま」の森づくり

写真：拡張後の築山

写真：植樹会（苗木の植込み）

1）創生前の園環境について

　横浜市旭区のC幼稚園は，住宅地内に立地する創立後50年以上となる私立幼稚園（園児数約160名）で，園庭は広い運動場と築山が特徴的である。2009年春に，園庭の角に位置する築山を拡張して，さらにダイナミックな遊び場として変えていきたい，合わせて築山と融合する土管遊具を計画したいという園長の思いから，夏休み工事で築山拡張と遊具工事が実施された（施工は地元外構業者。拡張後，築山は「おやま」と呼ばれている）。その後，築山が将来森の斜面となるよう植栽をしたいという園長の想いから，子ども参加型の園庭植栽が計画された。

　ⅰ）計画内容

　　園庭には築山の頂上部も含めて巨樹が数本あり，それに連続するかたちで築山に森の木立を創生する計画とした。園の要望により，実のなる木（ブルーベリー・ザクロ・グミ・ヒメリンゴ・カリン），季節を感じる木（イロハカエデ・コナラカツラほか），匂いのする木（ジンチョウゲ）を中心に選択し，それらを低木とともに築山上の4か所の植栽帯に配植することとした。

　ⅱ）創生方法

　　2010年3月，地域の造園業者の方に指導を頂きながら，年長組の園児が中木の苗木の植樹を行った。資金は神奈川県私学振興課「私立幼稚園等緊急環境整備補助事業」が活用された。予算の関係から，高さ1.5mから1mの中木の苗木と，高さ0.3mの低木の植栽となった。

　ⅲ）植樹後の活用，維持管理状況

　　その後植栽された苗木は生長し，木立の雰囲気をつくりつつある。子どもたちが実を食す体験や，木の実や紅葉で季節を感じられる機会となっている。

図6.5　C幼稚園

以上，具体的な事例を紹介したところで，教育課程と方法との関連で，ポイントとなることを確認したい。3つの事例においては，現状の教育環境に対して課題意識をもち，具体的な改善に至った，というプロセスが存在する，ということである。それぞれの園では，これまで培ってきた教育理念をさらに発展させることをめざし，それまでの教育課程や方法を反省的に思考した。そこで，1つのアプローチとして園環境の改善という目標を設定し，専門家を交えた多様なステークホルダーが自ら考え，集い，挑み，成し遂げた。子どもたちは，改善された教育環境に遊びを通して主体的にアクセスする。その様子を大人たちが観察して，活用方法も含めた教育課程と教育方法をデザインすることにつながり，特色ある教育実践に至ったということである。こうしたプロセスには，多くの人がかかわり，語り合い，協働して教育課程と教育方法を想像し創造するきっかけとなる。

6-5 包容的な未来を担う子どもたちを育む教育課程と方法への展望

　前節で紹介し検討した事例は，いずれも幼稚園の園内の実践である。いっぽうで，『幼稚園教育要領』において，第3章の指導計画作成上の留意事項において，「地域の自然，人材，行事や公共施設などの地域の資源を積極的に活用し，幼児が豊かな生活体験を得られるように工夫すること」とある。すなわち，園児が地域と積極的にかかわりをもち保育を行うことの重要性がうたわれている。また同時に，幼稚園は「地域における幼児期の教育のセンターとしての役割を果たすよう努める」こととあり，園の親子とともに，園に通っていない地域に住む親子の支援につながる施設であることが求められている。裏を返せばこうした求めは，子育てに悩む大人がたくさんいるという現実を表している。

　ただし，伝統的で従来型の幼稚園の多くは，地域という大きなスケールでなく，園の保護者とのつながりに終始しているところも少なくない。さらに，近年幼稚園，保育所をはじめとする就学前施設の子どもたちの声に対して，地域住民から自治体に苦情が寄せられるなど，迷惑施設としてメディアに取り上げられることも少なくない。これは，包容的でない現代社会を映す1つの現実で

もある。園と地域とのつながりのあり方が，今一度問われている時代といえるのではないだろうか。

　さらに，近畿地方のある調査によれば，特定の地域においては，韓国，北朝鮮，中国，ブラジル，フィリピン，ペルーからの来住者が多いため，幼稚園や保育所で日本語，とくに話し言葉がうまく通じないで困っているだけでなく，衣食住や生活習慣のちがいなどさまざまな問題が生じているところがある（萩原元昭『多文化保育論』学文社，2008 年）。こうしたことは，幼稚園に限ったことではないが，子どもの健やかな育ちに向けて，多様な障がいをもった子どもたちも含めて，すべての子どもたちの日常，また通常の教育課程や教育方法で対応できない子どもたちの存在や詳細な情報を把握し蓄積することも重要である。常日頃から，園内で共有するだけでなく，卒業後の小学校教員にも幼稚園教育に参加してもらったり，情報共有をしたりすることは，幼稚園・小学校連携の観点においても，重要になってくる。

　また，地域とのつながりの観点で考えると，もしもの災害時に向けて，防災マップを子どもたちと一緒に作成するということも重要である。幼稚園は，基本的に園内で教育活動が完結するのに対して，保育所は「お散歩」を保育計画に組み込むことが必須になっている。これは，単に屋外に出るという体験だけでなく，日常のまちの様子を子どもたちも巻き込んで記憶，記録し，その情報をもしもの災害時に活かす，ということをめざすものである。地震・津波がきたら，どこに避難すればよいのか，単なる避難訓練を超えて，教育課程や教育方法に組み込むというのがねらいでもある。「お散歩」は，地域とつながるきっかけとなる教育課程要素であり，教育方法である。

　幼稚園は，一教育機関を超えて，子育て支援や地域のコミュニティスペースとしての可能性ももつ。こうしたことも視野に入れて，子どもたちが主役の教育や学習が展開される場として，幼稚園を通して他を思いやったりちがいを認め合ったりすることができる気持ちの醸成が，これからの多文化共生，包容的で持続可能な未来の創造の礎となるのではないだろうか。

読者のための参考文献

・文部科学省『幼稚園教育要領』（平成 20 年 3 月告示）2008 年
・清水將之『子どもの精神医学ハンドブック』日本評論社，2008 年
・織田正昭『高層マンション子育ての危険—都市化社会の母子住環境学』メタモル出版，2006 年
・仙田満『子どもとあそび—環境建築家の眼』岩波書店，1992 年
・仙田満『こどものあそび環境』鹿島出版会，2009 年
・仙田満『こどもの庭—仙田満＋環境デザイン研究所の「園庭・園舎 30」』世界文化社，2016 年
・仙田満『人が集まる建築環境×デザイン×こどもの研究』（講談社現代新書），講談社，2016 年
・仙田満・三輪律江・岡田英紀他『日本における 1975 年から 1995 年頃の約 20 年間におけるこどものあそび環境の変化の研究』都市計画 211，日本都市計画学会，1998 年
・亀山秀郎・嶋崎博嗣・北尾岳夫「幼児と両親の原体験に関する世代間比較研究—兵庫県私立 K 幼稚園・N 幼稚園の調査から」『幼年児童教育研究』17，兵庫教育大学幼年教育コース幼年児童教育研究編集委員会，2005 年
・日本生態系協会『新装改題版　学校・園庭ビオトープ—考え方 つくり方 使い方』（KS 自然科学書ピース）講談社，2008 年
・萩原元昭『多文化保育論』学文社，2008 年

第7章

小学校の教育の課程と方法
―毎日の授業を「こどもの時間」に―

　「教室のなかで，担任教師と児童の密な関係でゆったりとすごす」多くの人々がもつ小学校教育の風景は，この 20 年で大きく変わった。近年「アクティブ・ラーニング」といわれる要素は以前から小学校で一貫して追求されてきたが，「確かな学力」が 2000 年代半ばから社会的政策的要求として押し寄せてきたことで授業の質を変えた。この結果，「テストの点数を上げる」ための学習にも相当な時間を割くこととなり，「ゆとり」なき教育課程によって児童一人ひとりの意思やペースの「こどもの時間」が一気に失われた。この「こどもの時間」こそが，児童が「主体的・対話的で深い学び」を展開する必要用件となり，知の習得に限らず人間関係形成の豊富な経験など「予測不可能な社会」を生きるための「基礎」を培うことになる。これまでの教育実践の蓄積を活かし「主体的・対話的で深い学び」へのカリキュラム・マネジメントを実質化するためにも，目の前の児童の生活課題や興味関心に根差した教育課程づくりを住民と協働で希求する教師一人ひとりの「発想の転換」が求められる。

7-1　かわりゆく小学校授業の風景

　朝は飛び出すように家を出て，ちょっとした休み時間があれば友だちとグラウンドや体育館で鬼ごっこやドッジボール，雑談を交えながらの先生の授業は笑いが絶えず，給食はおかわりじゃんけんに白熱し，クラスメイトの誕生日にはみんなで考えたゲームで盛り上がるレクの時間…

　ある世代から上にとって小学校という場は「楽しい」場である。多くの人々

にとって授業の学びよりもあらゆる遊びを享受した時期であり，1日中一緒に過ごす担任教師の人間味にふれて親以外の信頼できる大人の存在に出会う場でもある。団塊の世代から下って第二次ベビーブーム（40〜60代）にとっては，中学校以降は受験競争や管理教育で息苦しさを感じた分，なおさら暖かい気持ちで回顧の念に浸れるのが小学校時代である。もちろん，この時期の小学校にもいじめがあり，体罰があり，それで傷つき，ケアされなかった人々がいることを忘れてはならない。このことも含めて戦後の小学校はほかの校種にはない特性をもち，日本の児童期の生活や学習の「基礎」を形成し，社会性の形成も含めて人々に大きな影響を与えている。

　小学校教育の最大の特性は，一人の担任教師が受け持ちの学級のほとんどの教科の授業を受け持つことである。一時期「学級王国」とも揶揄されたこの仕組みは，教師と児童との関係性を密にし，ほかの学級の児童や教師では理解しがたいことでも，学級担任の裁量でかなり自由な授業づくり，学級経営を可能としてきた。そのことが学級の児童一人ひとりにあった（最優先にした）学びにつながることもあり，その学級は他学級の児童がうらやむほどの「こども（が中心）の時間」のなかでいきいきと学校生活をすごせた。しかし，教師の独善的な「学級王国」に児童を縛りつけることにもつながったことも否定できない。長年の小学校教育の問題点として，この家庭の外で過ごす密な時間が他者認識や社会認識の基礎であるにもかかわらず，地域や学校ではなく学級ごとで経験と学びの差が大きくなることが指摘されてきた。

　このことは，この20年余り矢継ぎ早に展開されてきた一連の「教育改革」では常に是正・改善の対象とされ続けてきた。その結果，いくつかの重要な基準を手がかりに学年や校内で「そろった指導」を展開する新しい小学校の「スタンダード」が確立されてきた。このことは，ある世代から若い人々にとって学校の原体験というべき小学校生活を大きく変えることになったのである。

　朝は重い体に鞭打って6：00に起き，朝ごはんを押し込み，母親に文句を言われながらそのことをチェックシートに書いてもらう（「はやね・はやおき・あ

さごはん」運動に伴う生活チェック）。2学期から忘れ物の罰当番が厳しくなるのでメモ帳とかばんの中を何度も見返す。教室に入ったら朝読書の時間で友だちとのおしゃべりは禁止。給食も掃除も無言だからいつ友だちと話す時間はあるのやら（「〇〇小スタンダード」の徹底／毅然とした指導）。そういえばクラスでまだ一言も話したことのない子が何人もいる。授業はとにかく決められた時間に作業や問題をこなさないといけないので息をつく暇もないし，私語厳禁なので先生の説明を聞きそびれてもとなりに聞くこともできない。今日も6時間授業だから1日が長い。しかも，隣のクラスより教科書が遅れているので，体育が算数になった（学習内容の増加，授業時数の確保の徹底）。こないだのチャレンジテストの点数が悪いとかいって，算数の宿題が日に日に多くなる。やってこないとさらに課題が増えるし（学力向上対策による家庭学習の強化）。今日も友だちは習い事で放課後はばらばら。宿題をしないと寝るのがおそくなるけど，（ビデオ・スマホ）ゲームでもして気晴らししたい…。

　このイメージは極端でリアリティを感じない読者も多いと思われる。しかし，現在トップダウンで推進している取り組み（カッコ内の注釈）を組み合わせるとこのような学校生活になるのである。教育課程を現場レベルで議論する，とくに学校内部に接する機会の限られた保護者や地域住民を交えた場合では，この20年余りの小学校の実態の大きな変化を共有しておくことが不可欠である。

7-2　「教育改革」ラッシュが変えた小学校のあり方

　前節で指摘した小学校教育の変質はいかにして起こったか。それは，牧歌的で教室任せだった教育内容に対して，PISA学力調査開始後の学力論争に端を発する「確かな学力」への社会的要求，いじめ対策など学校経営に対する学校の外からの強まる興味関心（不信感）などをてこに「上からの」改革（政策的要求）が展開されたことによる。この動きは，2006年に教育基本法が改正され，教育の具体的な内容，ひいては指導の詳細について，行政権力が深く入り込むことを法制度上も可能にしたことで拍車がかかる。新教育基本法第2条の教育の目標の達成に向け，具体的な学習内容と指導内容が規定された学習指導要領の「スタンダード」を行政と学校外部のチェックで各学校，各学級で完遂させる国家管理の教育課程の仕組みづくりが展開されていった。

少なくてもこの段階で，学級の独自性を発揮する法的根拠はほぼ消失してしまったといえる状況になった。この仕組みが機能した要因には，全国学力調査（以下，学テ）の実施と成績公表に伴う人々の小学校教育に関する意識の変化がある。学テは小学校では6年次に実施する。この成績がその学校や市町村，都道府県の教育の成果として認識される（されやすい）。都道府県や教育委員会はこのわかりやすい基準を「活用」して，自分たちの政策の正当性を「学力（学テ点数の）向上」で強調し，授業づくりや学級経営の一挙手一投足を縛ろうと思えば縛れる仕組みを一気につくりあげた。北海道では，学テの平均点が全国平均を上回ることを目標とし，そのことが「すべての子どもの学習権を保障する」としている。この目標の実現のために，四半期ごとの重点項目を設定し，学テの練習として「チャレンジテスト」の毎月実施など教育内容にかかわる事細かな推進を展開している。また，このチェックには公務支援システムを用いて校長の判断次第では各学級の1時間ごとの授業内容や教科書進度などが北海道教育委員会に集約される仕組みができている。

　21世紀の小学校は，矢継ぎ早の教育改革ラッシュ，学校が地域に開かれるプロセスのなかで大きな変質が進む。地域の要求次第で，学テの成績向上，毅然とした指導を求めれば教科書どおり（しかしない）授業，箸の上げ下げまでも決められるほどのあまたのルールの遵守を子どもに求める学校があっという間にできる。そして，教師あるいはその集団はその要求に基づいたPlan（計画）によるDo（教育の実践），Check（評価），Action（改善）と子ども不在の「PDCAサイクル」がぐるぐる回る学校になり，日々の目標管理と報告に忙殺される。子どもにとって何か大事なものを失った気がしつつも，根本を問うことは個々の教師には許されない。

7-3　小学校教育の根幹のゆらぎ

（1）さまざまなベクトルが行きかう新学習指導要領

　2020年度から実施される新学習指導要領では，小学校について具体的には以下の大きな変更が予定されている。これらの項目が小学校教育にどのような転

換を求めるのか，分析する。ここでは，主な改訂項目のもつ方向性から分類，分析を試みる。

①学習方法（授業方法）の変革を求める項目

・教科の柱に「学びに向かう力，人間性」を新たに明記
・「主体的・対話的で深い学び」の全面導入
・体験活動の充実

これらの項目は，すでに展開されている「アクティブ・ラーニング」の授業づくりをさらに推進する方向性であるといえる。教科の柱に「学びに向かう力」を新たに追加し，体験活動を充実させた主体的・対話的な授業によって多様性の受け入れ可能な人格形成に結びつくのであれば，本書の趣旨である持続可能な開発のための教育（ESD）の実現に近づくといえる。

②社会的要請に対応した項目

・理数教育の充実
・プログラミング教育の導入

21世紀に入ってから一貫して子どもたちの「理科離れ」「理数離れ」が指摘され，小学校における理科専任教員の充実，「サイエンスカフェ」など学校内外で子どもたちが科学のおもしろさにふれることのできる機会の充実（活動の支援）が国や関係者によって展開された。新学習指導要領でもこの方向性を持続するという。

新聞などの報道で最も注目されていることの1つが小学校での「プログラミング教育」の導入，必修化である。もともとは日本国内における「IT技術者の養成」が急務だったことから経済界から強い要請があり，2013年の政府の成長戦略として義務教育から盛り込まれたことによる。すでに先行実施している学校や塾では，小学生にスマホゲームをつくるなどの体験をさせているところがある。

③「確かな学力」の形成に対応した項目

> ・言語能力の確実な育成

　2000年に第1回調査が始まって以降，PISA学力調査で最も課題としてあげられたのが「読解力」の順位の低下，低迷（といっても先進国で平均レベルより下がったことはない）による国の危機感は一貫して強い。

　2008年版学習指導要領では「言語活動の充実」をうたい，すべての教科に言語活動を導入するとした。これは学習の定着も含め，発展，徹底させるという方針であるといえる。小学校の授業から例示すると，算数では文章題が解けて終わりではなく，立てた式や計算での工夫などを説明することまでが到達目標として求められるようになったということである。その後，PISA学力調査の日本の「読解力」の成績は回復し，2000年（第1回）の水準に回復した。

　いっぽうで，知識を活用する力については十分に克服されたとはいえず，学テでは活用力を図る目的で設定されたB問題の成績が全国的に伸び悩んだ。発表など「アクティヴ」な時間を確保すべく，教科書の説明などをICT教材で十分に学んでから授業にのぞむ「反転授業」などの試みも各地で展開されている。今度の改訂では「主体的で深い学び」の授業を全面展開することでこの壁を乗り切ろうということなのだろう。

　④「グローバル化」に対応した項目

> ・外国語教育の充実

　この項目も2008年版学習指導要領に引き続き強化されることとなった。小学校では，高学年で教科「外国語科」を導入し，現在高学年で実施している「外国語活動」は中学年に前倒しされる。「外国語」と称しているが要は英語教育の早期化である。とくに高学年の「外国語科」では，これまでの「外国語活動」では「話す」「聞く」に限定されていた内容を「書く」「読む」までに広げ教科として新設することは，名実ともに中学以降の英語科の前倒しであることは言い逃れできない。一部の都道府県・政令市では「小学校」「中学英語」の両方の免許取得者の積極採用などの動きがみられる。

⑤新教育基本法の趣旨を学校教育に反映させるための項目

・伝統や文化に関する教育の充実
・道徳教育の充実（一領域から「特別の教科」へ）
・各学校におけるカリキュラム・マネジメントの確立

　新教育基本法によって，行政がより細かな授業内容，方法について逐次介入が可能となった。とくに第2条（教育の目標）について，学習指導要領への反映が2008年学習指導要領からはじまり，今回も「伝統や文化」について重点的に盛り込まれる。道徳の「教科化」（厳密には「特別の教科」）は，ある意味では新教育基本法の趣旨の学習指導要領への反映の総仕上げと考えられる。もっとも，第2条の内容は1998年版学習指導要領の中学道徳の目標とほぼ同じ内容である。

　「カリキュラム・マネジメント」は，学校の教育課程（カリキュラム）編成を子どもや地域の実態をふまえ学校教育目標達成の道筋がわかるよう明確に関連づける取り組みである。これにより，この間定着が図られた学級・学年経営，授業づくりにおける「PDCAサイクル」は学校教育への具体的な貢献度を示すものとなる。この学校教育目標は，新教育基本法によって策定されている国の教育振興基本計画を「参考」に地方自治体で策定された教育振興基本計画に沿ったものである。「子どもや地域の実態をふまえ」とはいえ，PDCAのP（計画）がすでに国の政策に準じるように構成されている以上，「実態」として配慮される事項は限定的であるといわざるをえない。

（2）小学校教育への影響

　前項で新学習指導要領の各論分析を行った。ここで分類した①〜⑤のグループには次の傾向がある。「時代の変化に対応する」性質は①→⑤にかけてその性質が弱まっているといえる。これはESDへの対応やPISA学力調査のいう「市民形成への学び」という教育の国際動向への順応性も同様で，①→⑤にかけてその性質が弱まっているといえる。「国の統制をすすめる」性質は，①→

⑤にかけてその性質が強まっていると言える。「報道による注目度」は，①から取り上げ時期が早く広く宣伝されており，③④については，改訂時期が近くなるにつれ注目度が高まっている。⑤に至ってはその真意「新教育基本法の反映」について一般メディアではほとんど報道されてない。①②に注目すると，小学校の授業は児童一人ひとりがいきいきと時代に合った学びを享受できそうに思う。しかし，⑤で決まられた授業内容や方法はそうなるようにはとても思えない。③④については，時代の要求を切り取ったかたちで政策に反映させている。2017年版学習指導要領では実に表裏がはっきりした構成になっているといえる。別のいい方では，ベクトルが真逆の方向性を文部科学省が打ち出さざるをえなかったのである。

　小学校に注目し2008年版学習指導要領との大きなちがいをまとめると，「確かな学力」の形成に重きをおいた教科カリキュラムへの回帰のベクトルに加え，「体験活動の充実」など経験カリキュラムの再評価・重視のベクトルも同等に打ち出されていることである。教える内容は増やしつつ活動量を増やすように見える方針は，どっちつかずの混乱を引き起こすおそれさえある。しかし，教科授業を含めた「主体的・対話的で深い学び」（ディープ・アクティブラーニング）の全面導入は，教科授業のあり方を実質的には根底から変える発想であるはずで，ここに文部科学省なりの両者のすり合わせがみられる。にもかかわらず，「これまでと全く異なる指導方法を導入しなければならないと浮足立つ必要はなく」としている分，むしろ授業づくり（とくに時間配分）における現場の苦悩が増すことが危惧される。

7-4　「こどもの時間」によるカリキュラム・マネジメント

（1）主体的学びの条件「こどもの時間」

　前節では，新学習指導要領で「主体的で深い学び」の授業を展開するといいつつ，小学校において児童一人ひとり興味関心を膨らませる時間が喪失する矛盾を指摘した。本章冒頭で記したとおりのかつての小学校の自由な風景は，中学・高等学校とちがい受験のための授業を求められることもなく，かつての校

内暴力など学校機能の危機に瀕しての防衛的で強圧的な管理教育が求められることもあまりなかった。よって小学校では，児童一人ひとりを尊重した授業づくりや学級づくりを展開できるようになり，保護者や地域住民の理解も得やすかった。戦後の小学校では児童一人ひとりの興味関心を培い，尊重する「こどもの時間」による学校生活が保障されてきた。21世紀の一連の教育改革により小学校から「こどもの時間」はほぼ失われてしまった。また，放課後生活においても子どもだけの集団，子どもが主体の集団で自由に遊ぶ機会はめっきり減り，塾や習い事，リトルリーグやスポーツ少年団の時間に個別ばらばらに大人がつくった「おとなの時間」をすごすのが当たり前となった。つまり，ある世代から下は子ども時代に「時間を忘れて」何かに没頭する機会はほとんどないのである。

子どもの権利条約批准後5年ごとに出される子どもの権利委員会の勧告では，1999年の第1回から日本政府に対し，過度に競争的なシステムのため「休息，余暇および遊びへの権利」（子どもの権利条約第31条）などが侵害され，改善が十分ではないと指摘している。これが意図することとしては学校内外における「こどもの時間」の保障であるが，政府をはじめ日本社会では大人の側がこの時間を削り続けてきたといえる。

「主体的・対話的で深い学び」をめざすのであれば，児童一人ひとりが主体的になるためにも，十分な対話をするためにも，自分たちで考えて納得して行動するプロセスに十分な「時間」が必要である。しかも自分たち「こども」にその「時間」の使い方が一定程度委ねられることなくしては，結局，教師（大人）が指示して「〜させる」「おとなの時間」にしかならない。

また，授業に「こどもの時間」を据えると，教師は児童の実態を目のあたりにする。児童の学びにつながる活動がどのように展開されるのかの多様なイメージを想起できるようになる。児童の興味関心を授業時間外の学習に広げることを教師自らの課題にすることで，授業進度など目先の（管理的）目標にとらわれず「覚悟を決めて」児童一人ひとりと向き合う授業づくりにつながるのではないか。

（2）「こどもの時間」の授業づくり

　「こどもの時間」を授業づくりの発想転換のキーワードにすることが新学習指導要領で可能なのか。現場にとって重大な疑問に対し，「先取り」といわれる実践から解説を加える。

　とある都市部のE小学校6年ではベテラン教師の担任のもと，作文の読み合いを軸に子どもの率直な「気持ち」を子どもたちどうしで読み合う活動を通し，お互いの学びを支え合う関係への転換，個々の学習の活性化がみられた。

　国語の重松清「カレーライス」の授業では，一読後に感想文を書かせ，それを分析した教師のプリントからさらに親子喧嘩について「自分から謝るか」について口頭でも紙上でも意見交流を重ねた（資料7.1）。ここでは，単に書かれた内容の理解にとどまらず，ほかの児童の意見も聞きながら自分の親との関係を見つめなおす契機になっていた。もちろん，ここに「自分から謝りなさい」という説教くさい話は一切ない。

　算数の分数×分数の授業では，ただ問題を解くのではなく，「相談」という時間を適宜取り，教えあいの機会をふんだんに設定していた。後日，その感想文を書いた児童の内容を共有していた。その児童の感想文にはその時間出された文章題の演習で，自分がどう考えたか，ほかの人にどう説明したか，全体発

資料7.1　国語「カレーライス」を最初に読んだ時の感想（学級通信から抜粋）

「ゲームはトラブる」／○お母さんに，「1日2時間だけテレビを見てもいい」と言われていたけど，一日中テレビを見ておこられた。／僕もゲームの電源をぶちぎられたことがあった。／「自分にも同じことがあった」／お父さんが野球を見ている時，私は試合の点が気になって，「ちょっと買えるねと言って変えたら，お父さんが，「コラ，今，いいところだったのに」と少しどなりました。その後お母さんもお父さんも味方になって，二人でワーワー言ってきました。私は，（自分は悪くない！　あやまんないぞ。）と思った。結局あやまったけど，意地を張ったのが似てるかな？／「絶対あやまらない」／お父さんとけんかして，意地を張って謝らなかったのは，私にもありました。確かに自分から謝りたくない。／「自分からあやまる」／○自分も親とケンカしたとき謝りずらくて，いつも次の日，親の方から，「昨日はごめんね。」と言われて仲直りすることが多いので，自分も意地を張りすぎてしまうのは，似ているなぁと思いました。（原文ママ，後略）

表の様子と感想が書かれていた。とくに自分がどういう気持ちで発表したか，わからないといった子の反応をみての反省が詳細に述べられていた。解き方のわからない児童に何度も教えようとして結果はうまくいかなくても，ほかの人にわかってもらうまで追求することが「楽しい」と結んでいた。また，家庭学習帳から算数が苦手な児童の質問を取り上げ「何度も聞くことが大事」と教師は評価している。それ以前に「わからないってはっきり言えるところがすごい！」と認めたほかの児童もの反応を紙面で紹介していた。この単元のエピソードは「学びあい」のプロセスが「仲間づくり」に結びついていることを示している。

「H の時間」（学級活動）では，「お互いのよさを認め合う」を主題に，（友だちのために）「ちょっと無理をする」ことについて作文を書き，読みあいながら深める授業を展開した。ここで，教師はトラブルが起きがちな部分緘黙の児童とほかの児童のかかわりに焦点をあて，「トラブルが起きるから苦手」を脱するきっかけをつくろうと試みた。授業では 1 年生のお世話当番を一人でしなくてはいけなくなったときのことを書いた児童の作文（資料 7.2）が紹介された。その作文では一緒に当番をしている児童がいないなかで時間が来たときの葛藤，一人で役目を果たす様子と 1 年生の反応，終わったあとの感想が綴られていた。はじめは，文章読解として作文中の葛藤の場所を探させ，その内容についてどう思うか，「ちょっと無理」をした場面の感想（自分ならできるか）について，そのつどワークシートに書いては意見交流，教師の分析と展開されていった。全員の発言を確認することに時間をかけたため，教師の当初のねらいを本時では十分に達成できなかったものの，似たような取り組みを粘り強く継続することで，自分の乗り越えるべき課題に向き合い，それを支えあう仲間づくりができ，児童一人ひとりの自己肯定感が充足されたとのことである。

これらの取り組みでは，国語，算数，道徳，学級活動などの各教科・領域の時間であっても自分の生き方，他者とのかかわり方に向き合わせ続けている点で一貫した「道徳教育」になっている。また，2008 年版学習指導要領で重点化されている言語活動もふんだんに盛り込まれている。さらに授業そのものが，

資料7.2　Hの時間で教材化された児童の作文

「ひとりでも…」

[1]

今日、朝、学校に来て、六年一組の教室の人と何か話して、一年生の教室を覗きに行きました。すると、一年生の教室に無理やり入れられて、
「出て行っちゃだめ！」
「きっと一年生当番　B−2切りだから、今、B−2でいいよね」
と言うのが、Aちゃん。
「いいんじゃない。じゃあ、明日、A（C−1）が当番だね」
と言うのが、Aちゃん。
「今日の一年生当番のグループってどこかなあ？」
「分からない」
「今日、Aちゃんと一緒に朝の遊びとかしよう」
「一緒に行ってくれる人…」
「（えっ…）もういや。」
と思って、辺りを見回したけれど、六年生は私しかいませんでした。私の気持ちには、
○（一人で一年生のお世話をする）
○（一人で一年生の知らないふりをして、朝の音楽に行く）

と言うような天びんがありました。私は、
（一人で一年生と遊べるという勇気もなかったし、知らないふりをするのも失礼で自分がとてもイヤになるから…）
と、とても考えました。けれど、
（やはり、そんな分かってない振りをするのも良くないことだから）
と思い、一人でも遊びをすることにしました。

[2]

八時三〇分になると、あと数分だったので、近づいたK君に、
「今日、何の遊びをしたい？」
と聞いたら、K君が、
「船長さんの命令ゲーム！」
と言いました。私は
「OK！ありがとう！」
と言いました。
「船長さん、どんな感じに進めるかなぁと考えていました。
私は、前に出て、
「静かにして下さい…」
と言うと、三、四人の人がこっちを見たので、私は、ほとんどの人がしゃべっていたけど、私は少し安心しました。
最初はボソッと言いました。静かになって、もっと大きな声で、
「静かにして下さい…」
と言うと、みんな静かになったので、
「船長さんの命令ゲーム」を
やります。ルール、分からない人がいっぱいで、
この「ゲームを何度もやっているけど、ルール、分からない人がいっぱいで、一年生が、みんなって、

[3]

ゲームが始まりました。みんな、ケンカもなく楽しそうにやってました。しばらくして、間違えてしまって、座ってもらういちするたび半分くらいになったとき、私は、つまらなそうな子がサワついていたので、
「船長さんの命令で、今座っている人で、もう一人やりたい人！」
と言うと、みんな笑顔になって、「ハイ！」という子を当てました。T君と、Pちゃんに当てました。私は二人に、
「交互に言ってね！」
「うん！」
と言って、やり始めました。
すごく順調に進んだで、最後、「船長さんの命令で！」
いらなかったっけ？まぁ、いいや。みんな、笑ってたもん」
と、結構大きな声で言いました。みんな、意外と笑っていました。

いろいろな人の手が挙がりました。私は前の方に座っている子にしか目が行かなかったので、一番目の前の「T君」という子を当てました。結局、
「いいな〜」「ずる〜い」
という声も上がっていたけど、私は、
「えーっと、今日は君にやってもらいます。」
と言いました。

[4]

最後まで残った子は、この子でした。
「今日、最後まで残ってくれた二人に、ありがとう！」
私は、船長さんをやっている人に、「ありがとう。戻っていいよ。」
と、小さい声で言いました。
「じゃあ、船長さんは、やってもらいます。やりたい人！」
「ハイ、ハイ、ハイ〜！船長、やりた〜い！」
私は、その子の近く
「これから、『船長さんの命令ゲーム』をやります。ルール、分からない人がいっぱいで、みんなが

[5]

と大きな声で言いました。みんな、聞いていなかったので、
「船長さんの命令です！」静かにして下さ
い」
と、結構大きな声で言いました。みんな、こっちを見て静かになったので、私は、な
んとなく、
教室を出ようとしたら、一先生が、
「ありがとうございました！」
と言ってくれたので、私は、ペコっとおじぎをして教室を出ました。
「船長さんの命令で！」時間なので、私は（六年の教室に）帰ります。
「あっ、ウクちゃん最後、『船長さんの命令です！』いらなかったっけ？まぁ、いいや。み
んな、笑ってたもん」
と、結構大きな声で言いました。

このことで、私は、なぜか自分のどこかに少し何かの自信がついたような気がしま
した。

児童の興味関心をベースに一人ひとりの声をつなぐようにして展開されており，「主体的で深い学び」の授業づくりのエッセンスも盛り込まれている。

　「こどもの時間」の授業づくりを追求することは，既存の授業，あるいはこ

れまでの学習指導要領で追求した重点の発展形として，ただし児童一人ひとりのペースに合わせる「ゆとり」を教師がもち，展開することで可能となる。

（3）「こどもの時間」のカリキュラム・マネジメント

前項で紹介したE小学校の「Hの時間」はすべての教科・領域を横断した「道徳教育」である一方，そこで得られた価値観が普段の授業や活動に反映される循環性をもっている。「Hの時間」は各学年・学級で展開され「H部会」で授業研究が蓄積されている。「H部会」の取り組みから，新学習指導要領で「主体的で深い学び」を実現しうるカリキュラム・マネジメントへのヒントがみえる。

E小学校では，研究主題「自ら生きる力を育む教育の創造」，副主題「学び続ける意欲が生まれる授業づくり」を設定し，算数・体育・Hの3つの部会で教員の授業力向上を「子どもに問題意識が生まれる教材化」「子どもの考えをつなぐ教師の関わり」の視点で追求してきた。具体的には「正解のない問いを繰り返し考えながら，多くの人と意見交換をして，最終的には最善の解を出す経験を多く積む」ことを大切にしたいとしている。受け身的な学習実態の転換をめざし，研究仮説として「子どもが自ら学びをつくり，獲得した知識や技能を使いながら『わかっていく，できていく』過程で，満足感や達成感，充実感を味わうことで，次の学習に向かう意欲を生むことができる」ことが示されたのである。

そこでH部会でめざす子どもの姿として「仲間とかかわる中でよりよい生活や人間関係を築く」ことが設定された。授業の具体化にあたっては，先述のベテラン教師が日記や作文指導を通じて児童の声を引き出し教材化するメソッドが若手教師に伝授されていった。そのことは，若手教師に児童一人ひとりの声に耳を傾けることの大切さを実感させ，児童の発問でつなぐ授業づくりへの意識転換をもたらした。「こどもの時間」を尊重した授業づくりのメソッドが伝播される場になったことを示している。

E小学校の研究活動からみえるのは授業を「こどもの時間」で組み立てよう

とするカリキュラム・マネジメントの試みである。「PDCA サイクル」でいえ
ば，P（計画）の段階に児童の実態や学習要求の反映の余地を残すということ
である。また，児童の実態に即すということは児童の生活まるごとで得られる
情動を「教材化」（授業づくりに組み込む）し，自己実現という生活をよくする
（課題が解決できる）実感を得て自己肯定感を得るという学びのプロセスを保障
した授業をつくることをねらいとする（計画する）ことである。「PDCA サイ
クル」も含め，学校教育のあらゆるプロセスを「こどもの時間」で展開するこ
とこそ「主体的で深い学び」のカリキュラム・マネジメントの肝であることを
この事例で示しているといえる。

7-5　「こどもの時間」を家庭・地域に広げる

　いっぽうで，2017 年版学習指導要領でも強調されているように「社会に開
かれた」学校づくりの「上から」の展開も小学校教育を変える大きな力になっ
ている。教育基本法第 13 条では，「相互」関係とはいえ保護者や地域住民は学
校への協力者とされている。しかし，コミュニティ・スクールや学力向上対策
として行われている学習支援に広くみられる現象として，直接接することで子
どもたちの広汎な生活・学習要求にふれ，地域の大人による子ども理解に基づ
いた学校づくりや地域づくりへつながることがある。
　北海道恵庭市では，小学校区ごとの実施をめざしている「通学合宿」，中心
部から離れた二地区で展開されている「コミュニティスクール」（「コミュニ
ティ・スクール」ではない）など子どもにかかわる社会教育が盛んである。他市
町村では 1 カ所で展開する「通学合宿」を小学校区ごとの展開にすることを訴
えたのはスタッフをしていた住民たちだった。恵庭市では，通学合宿のスタッ
フを通じて自分たちの地域の子どもを理解し，丁寧にかかわる経験が，「学力
向上に資する」政策への協力にとどまらず，「子どもの思いを聞き取りのびの
びと活動できる」地域づくりにつながる。通学合宿の小学校区展開の推進役で
あった柏小学校区のスタッフたちは，子どもをはじめとする地域の交流拠点づ
くりを市と協働ですすめ生涯学習施設「かしわのもり」開設につながった。校

区の子どもたちは，通学合宿では集団生活や自然体験，郷土学習，「かしわの
もり」では多くの本に囲まれながらの自習や体育館での遊びと学校以外の地域
まるごとで豊かな学びと生活が保障されつつある。また他地区でも居場所づく
りを通じ子どもの学習と生活を豊かにする取り組みが展開されている。

　21世紀の小学校は，めまぐるしい教育課程の変遷によって，教室中心の授
業から社会に開かれた教育を求められるようになった。この動きは，教室その
ものを国家が管理できる危うさをもちつつ，学校が地域に開かれるプロセスの
なかで地域住民が納得する範疇において現場の独自性が発揮しうる可能性は十
分に残されている。このことは，子どもを中心に据えた地域づくりの展開が条
件ではあるが，恵庭市の事例のようにさまざまな子どもの「リアル」にふれる
大人が増えることが鍵となると筆者は考える。そして，学校で最も子どもに身
近な教師あるいはその集団が「子どもを知る」大人たちとともに学校教育課程
づくりに取り組む発想が求められる。このキーワードは「こどもの時間」であ
り，この時間を共有している大人こそが「子どもを知」っており，「主体的で
深い学び」のヒントを握っているのである。

【読者のための参考文献】
・大津尚志・伊藤良高・中谷彪・伊藤一雄編『教育課程論のフロンティア』晃洋書房，
　2010年
・J. デューイ／市村尚久訳『学校と社会・子どもとカリキュラム』講談社，1998年
・河野修三『小学1年生 いきいき学級づくりハンドブック』喜楽研，2017年
・教育科学研究会編『学力と学校を問い直す（講座 教育実践と教育学の再生）』かもがわ
　出版，2014年
・子安潤『反・教育入門―教育課程のアンラーン』白澤社，2009年

補　章 II

持続可能性を追求する「教育の課程と方法」の開発を支える「同僚性」
―A 小学校の研究実践を通して―

　　この章では，東京都内の公立の A 小学校の「教育の課程と方法」の開発
の取り組みと，それを支える「同僚性」について報告する。2000 年以降の
一連の教育改革の動きのなかで，学校間の競争が激しくなった結果，創立
140 周年を迎えた伝統ある公立小学校の 1 つが学校統廃合という学校存続の
危機に直面した。この危機を乗り越えるため「小学校の未来を考える会」が
設置され，地域と学校の連携によるさまざまな取り組みがなされ，結果とし
て学校統廃合の危機はひとまず去った。

　　本章の報告の中心となるのは，その後の教師たちによる教育の課程と方法
の開発の取り組みである。学校と地域を持続的に発展させるためには，その
学校独自の教育の課程と方法の開発が欠かせないと考えた校長と教師たちは，
日々の仕事に追われながらも，2017 年版学習指導要領で重視される「アク
ティブ・ラーニング」にもつながる「ペア学習」という新しい教育の課程と
方法の開発に 3 年間の年月をかけて取り組んだ。

　　読者の皆さんには，実際の学校現場でどのようにして教師集団が新しい教
育の課程と方法の開発に取り組んだのかを知ってほしい。さらに，将来自分
が教師になったとき，どのように自分の同僚たちと新しい教育の課程と方法
の開発に取り組むのか，あるいは一人の地域住民としてその学校の教育の課
程と方法の開発にどのように参加していけばよいのかを考えてほしい。

II-1　学校統廃合の危機に直面して

　21 世紀に入ってからの教育改革では，「規制緩和」と「地方分権」が学校現
場にも適用される一方，2002 年に制定された学校設置基準によって学校評価

が義務化された。こうした一連の「教育の自由化」の流れのなかで，東京都杉並区は山田区長（当時）のトップダウンで，2002年度から学校選択制度（学校希望制度）を「隣接校選択制」として始めた。これは，一定の地域内で，通いたい学校を自由に選べる制度である。従来，公立学校制度では児童・生徒の教育機会均等を保障する趣旨のもと，居住地により学区が定められており，指定された学校以外の学校には通えなかった。こうした従来の制度では「学校間の競争や切磋琢磨の機会が失われ，結果として学校の質的低下につながる（あるいは質的向上につながらない）」ため，この新しい制度では，学区に隣接する学校に限って自由に学校を選べるようにし，そのことで学校間の競争を促し，公立学校の教育の質を全体的に上げることがめざされた。制度開始から10年後に杉並区はこの制度の検証を行ったが，その結果は，「校舎の新しさなど，教育内容と関係ない部分で学校が選ばれる傾向があり，また一部の学校に人気が集中したり，事実に基づかないうわさで希望者が激減したりするなどのデメリットが目立ってきた」というものだった。こうした検証結果をふまえ，2016年，杉並区はこの制度を廃止した。

　筆者（降旗）は，東京都杉並区立A小学校のPTA会長を1999（平成11）年度，2008（平成20）年度，2009（平成21）年度の3期経験している。最初にPTA会長に就任した1999年度，A小学校の全校児童数は約400名だった。

児童数400名を維持できるかどうかで教師の配置定数が変わるため当時の校長がそのことをしきりに気にしていたことを記憶している。その後，2008年に再びPTA会長を引き受けてみると，A小学校の児童数は200人を下回りかねないところまで激減していた（図Ⅱ-1）。先述した杉並区学校希望制度の「校舎の新しさなど，教育内

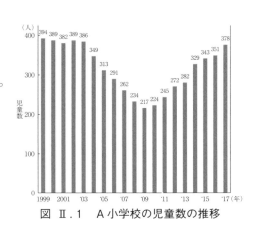

図 Ⅱ.1　A小学校の児童数の推移

容と関係ない部分で学校が選ばれる傾向があり，一部の学校に人気が集中したり，事実に基づかないうわさで希望者が激減したりするなどのデメリット」によるものであった。

Ⅱ-2 　同僚性に基づくアクティブ・ラーニングの試み

（1）新校長の赴任と新しい教育の課程と方法の開発

　2013（平成 25）年度に筆者の一人である甚野が校長として A 小学校に赴任し，「プロの技が光る授業」を目標に掲げて，校内研究の充実，OJT の日常化，教育環境の充実に力を入れはじめた。教育内容と関係ないところで学校が選ばれる傾向に対して，教育の本分で勝負をしたいという姿勢を前面に打ち出したわけである。教師たちには，配置された学校の児童の実態に合わせて，「自分たちがよりよい教育活動を行うためにはどうしたらよいか」というところに視点をおくように呼びかけた。教師全員が児童の学力向上という学校がめざすべき本質的課題に向かって一丸となり，年齢や経験得意領域を超えて「同僚性」に基づいて，児童のアクティブ・ラーニングを実践するための試みを開始した。

　ここでいう「同僚性」とは，経験の長短，得意分野の相違，各教師の能力や個性などを乗り越えて，または一人ひとりの教師間の異質性を活かして，活発な意見交換を意識的に増やし，「相手意識」をもって相互理解を深めながら，教育の課程と方法の開発に団結して取り組む姿勢と方向性を示す。

　教育課程は，その学校の 1 年間の教育活動のすべてを計画するものである。教育課程を編成する時期は，前年度末である。しかし，その準備は前年度の 9 月から始まる。まず，その学校の実態把握と分析をする。実態把握は，学力の現状と傾向，学校生活における児童の生活指導面の様子に基づく。学力については全国学力調査のほか，各自治体が行う調査などを活用する。それら実態をもとに，校長から次年度の学校経営方針が示される。学校経営方針こそが，教育課程を編成するうえで最も大切な根幹をなすものである。

　教育課程は，校長の経営方針に基づいたものであり，教育課程に従って教育活動は推進されなければならない。とくに，その学校の特色となる部分，たと

えば全校共通で取り組む学習形態や教科担任制などの人事配置，モジュール学習などのカリキュラムなどについては，教職員が共通理解をして取り組まなければならない。教育課程を全教師が同じレベルで等しく理解してこそ，適正な学校運営がなされるのである。A小学校では，教育課程を全教師が同じレベルで等しく理解することにとどまらず，同じ方向性と共通の方法を用いて，試行錯誤し教師が学び合い，助け合いながら実践することに，積極的に取り組むことをめざした。この「同じ方向性と共通の方法を用いる」「教師が学び合い，助け合う」ことが，「同僚性」の核となっている。

甚野が赴任した2013（平成25）年度は，教師同士が意見と情報を交換しながら，児童と教員の関係づくり，子どもと向き合える取り組み，児童理解に力を入れてA小学校らしい教育課程を模索し，9月に児童の実態に合わせた次年度の教育課程を編成した。校内研究の充実に賛同する多くの教師が，次年度の異動を希望せずに同僚とともに「プロの技が光る授業」をめざすことにした。

2014～2016（平成26～28）年度にかけて3年間の研究計画で「自分の考えをもち，表現できる子の育成」に教師が一丸となって取り組むという方向性を見いだした。この研究のきっかけは，「児童の受け身の授業姿勢を改善したい」「目の前の課題に，考えを受信・発信しながら主体的にかかわってほしい」「伝えることで，理解や考え方が深まっていく経験をしてほしい」という教師の願いを，「同僚性」に基づく「教育課程と方法」を通して実現しようというものだった。具体的には，算数の授業に「ペアによる対話的な学習」を取り入れるところから始めた。

（2）ペア学習の実際

①ペア学習とは

ペア学習とは，隣の児童と学び合い，つながり合う授業形態である。ペア学習の意図するところは「受け身の授業姿勢からの脱却」で，結果として発言することがかかわることの第一歩となる。ペア学習を行ううえでA小学校が参考とした学習概念にBethelとMaineによる学習定着率のピラミッドがある

（図 Ⅱ.2）。講義（授業）を受け，資料を読み，耳からも情報を得ると学習定着率が向上していく，さらに実際に生徒・児童が実演してみるとさらに定着率は上がるという概念である。ここまでの授業は多くの学校で伝統的に取り入れられている学習方法であるが，ここまでの学習方法では学習定着率は30％程しか上げられないと考えられる。さらに児童・生徒が討論をしたり，討論に基づい

図 Ⅱ.2　学習定着率（Learning Pyramid）
出所：National Training Laboratories, Bethel, Maine

て試行錯誤をしたりして練習をすると，学習定着率は75％まで定着すると推測される。このような試みを授業に取り入れると有効であろうことは容易に推定されるが，限られた授業時間でこのような学習形態を取り入れることは簡単ではなく，しかもそれを毎時間の授業で繰り返していくことは困難にも感じられる。しかし，さらに児童・生徒が相互に教えるという形態を取り入れると学習定着率は90％まで向上すると考えられる。この学習概念を毎時間の算数の授業において実践することに取り組んだのが，A小学校の挑戦である。

　②ペア学習の方法

　算数の問題を前にして，自分はどのように問題をとらえてどのように解きたいと考えるのかを，ペアの児童に説明する。従来の一斉授業だと，教師が児童全員に説明したり，一部の児童が教室の前に出てきて黒板の前で全員に説明したりする方法がとられる。45分の授業で説明できる人数は，数人が1回だけである。しかし，ペア学習では2分間で隣の児童と説明しあい，次の2分でペアを代えて再度説明しあい，その次の2分でまた新しいペアで説明しあう。つまり，6分間に全員が3回説明しあう機会をもてる。

　③なぜペアを換えて3回繰り返すのか

　なぜ，隣の児童同士がペア学習を行うだけでなく，ペアを換えて6分間に全

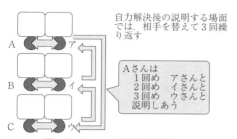

自力解決後の説明する場面では，相手を替えて３回繰り返す

Aさんは
１回め　アさんと
２回め　イさんと
３回め　ウさんと
説明しあう

図 Ⅱ.3　ペア学習の進め方

写真 Ⅱ.1　ペアで学び合い，つながり合う授業の様子

員が３回説明しあう機会をもつことが必要なのか。まず，１回だけでなく３回のペアを換えた説明のしあいを繰り返すことで，自分の考えだけでなく相手の考えを知ることができ，児童の気持ちが変容する。つぎに，相手が異なることで同じ説明方法だけでは理解してもらえないことに気づき，説明の仕方が変容する。さらに，相手の気持ちや理解しやすさに考慮すると，説明の内容自体に変容が生じる。１回目より２回目，２回目より３回目と説明が深化していく。つまりペアとなる相手がかわることで，自分の表面的な理解が深まり，多面的な方向から視点を変えて考えることが可能となり，結果として深い学びの効果が得られる（図 Ⅱ.3）。

④ペア学習に参加できない児童への対応

どのような学習方法でもそうであるが，すべての児童がすぐにペア学習にうまく参加できるとは限らない。そのため，授業のなかの一部の時間を設けてペア学習を行うのではなく，授業中のあらゆる場面にペア学習を取り入れるようにした。与えられた課題をどのように把握したらよいか，どのように解決したらよいかの見通しを立てて，ペアで意見交換する。とりあえず自分で課題に取り組み解決を試みたあとに，どのように取り組んだのかをペアで話し合う。ペア相互の解決方法を比較検討してみるというように，課題に直面してから解決するまでのプロセスの各場面で，ペアで取り組む学習を取り入れるようにした。多くの場面でペア学習を取り入れることによって，児童はペアでの学び合いに慣れ親しむことができ，そのよさを自然に感じていく（写真 Ⅱ.1）。

⑤学年別のペア学習の工夫

■低学年…めざす児童像は,「自分の考えをもち,伝えようとする児童」である。低学年では自分の考えをもつことも曖昧になりがちであるが,ペアで伝えることで自分の考えを確認することができる。

低学年ではとくに,手立てに工夫をすることが求められる。具体物や半具体物の操作を多く取り入れ,実演しながら考えを確認しやすくする。自分の考えを文で表すことがまだむずかしい時期でもあるため,絵や図で表す方法を取り入れる。絵や図で表すことで,自分の考えを自分で確認しやすく,ペアでも説明しやすくなる。ペア学習という用語の理解がむずかしいため,「あのねタイム」と名付けて,「あのね」から始まる会話で意見を交換して取り組みへの意欲を高める。

このような工夫と機会を重ねることにより,低学年でも自分の考えを伝えることに抵抗がなくなり,活発に話し合いができるようになってきたことが確認された。

■中学年…めざす児童像は,「自分の考えをもち,相手の言葉に共感しながら話し合い,友だちと協力して学びを深める児童」である。

主な手立ては,「話型を決める」「伝え合いができる土台づくり」「学習意欲面と理解面の振り返り」などである。「話型を決める」のは,その型に沿って安心して話し合いを進めることができるため,不安なく話が進むようにするためである。「伝え合いができる土台づくり」とは,教師のほうが土台を整えることより,円滑にペアの話し合いに入っていくことができる仕組みである。たとえば,ペアでの掛け合いを,教師と児童の間で試しにやってみてから学級全体でペア学習に移行してもらったり,「こんな言葉を使うとよいよね」という共感や受容,評価を感じられる言葉の候補を掲示したりして,ペアでの話し合いに取り入れてもらうといった土台づくりである。さらに,自分のペア学習への取り組みを客観的にとらえやすいように工夫して,学習意欲面と理解面での振り返りの機会を設けるようにすると,「相手ばかり話していた」「もっとこうすればわかりやすく話せたのではないか」などの反省とともに,学習が深化する。

このようなペア学習を通して，児童はペア学習のよさを実感し，友だちと協力して問題を解決しようとする態度が育った。また，「相手意識」をもち，互いに認められるようになった。この「相手意識」はＡ小学校における児童同士の相手意識の醸成だけでなく，のちにふれる教師間の同僚性を育む鍵となっている。

　■高学年…めざす児童像は，「意欲的に課題解決しようとし，伝え合い，高め合える児童」である。低学年，中学年を通してペア学習に慣れ親しんできた高学年の児童では，ペア学習で何が育ち何が実現できるのかを体得していて，ペア学習の効果をフルに発揮して自分たちの学習を進め深めたいという意欲がみなぎってくる。教師による土台づくりの必要性は低くなり，児童から土台の提案も出てくるようになる。

　主な手立ては，「ペア学習時には青ペンを使わせる」「ペア学習時に，ほめ合う時間を設定する」「算数交換日記」を用いるなどである。ペア学習が進むと，ペアの話し合いにより課題解決が進み，解決のプロセスや解答が児童の間で導かれていく。しかし，そこで生じてきた問題は，話し合いをしながら，自分のノートに加筆したり修正したりして，きれいな解答づくりがなされるという現象である。考えの深化とともに，ノートも瞬時に変化していくのである。しかしながら，最初の考え方や，考え方のプロセスを消してしまって，最終的に到着した考えに合わせたノートに書き換えることが，ペア学習の目標ではない。間違っていても，回り道でも，最初の考えや解決までのプロセスは重要な軌跡である。そこで，ペア学習では消しゴムを使うことを止め，加筆や修正をしたり，相手の意見を書き込んだりするときには青ペンを使わせることにした（図Ⅱ．4）。自分の記録と，後から加筆された内容が一目瞭

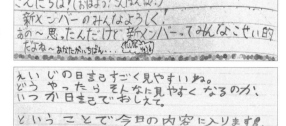

図 Ⅱ.4　青ペンノート（「算数交換日記」）

然で，ペア学習によって書き進められるノートの立体感が感じられる点が利点である。

「ペア学習時に，ほめ合う時間を設定する」では，「いいね」「よくわかるよ」という評価の言葉かけだけでなく，気持ちに注目した言葉かけができるように指導する。わかっても，わからなくても，「きっとこんな気持ちなんだよね」「こういう気持ちでこの図を描いたんじゃない」というように，何を考えて何を大事に思っているのかという点に目を向ける。ペア学習のプロセスのすべてにおいて，相手を認め，相手に許されるという心地よい関係と環境がつくられ，安心してどんな意見でもいえるようになるという利点がある。

「算数交換日記」は，授業を発展した学習形態で，算数の授業時間以外にも自由に取り組めるものである。自宅で自由学習を進めたり，算数的でおもしろい話題を書いたり，読み手の児童に対して問題をつくったり，自由にノートに書くことができる。それに対して，誰がノートを読んでもよく，また，コメントを書き入れることができる。この場合にも，あとから書き入れる児童は青ペンで書き入れることにして，何人もの児童からの書き込みがあったり，「こんな問題もつくれるよ」「こんな解き方もあるよ」というように，児童の間でどんどん話題や考え方が発展していく可能性を有している。ペア学習を超えて誰でもいつでも学習というような幅と可能性をもつ点が特徴である。算数交換日記のなかでも，授業のペア学習で大事にしてきた「相手意識」がどんどん登場するようになった。

（3）ペア学習の成果

3年間の全学的なペア学習の取り組みの結果，以下のような成果を確認することができた。

①ノートの変容

学び合い，つながり合う授業形態の成果として，児童のノートが大きく変容した（図 II.5）。

A.「伝えるために，丁寧に」

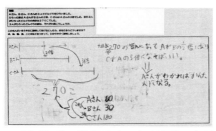 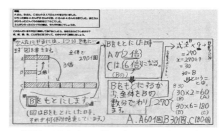

図 Ⅱ.5 児童のノートの変容 左がペア学習の取り組み前，右が取り組み後

　児童は，ペア学習の相手を意識して，常に「伝えるために，丁寧に」ノートを書くことができるようになった。

　その結果として，以下の好循環が起きた。

　表現が整う→思考が整う→表現を整えることが習慣化→さらに思考が整う

B．ノートの存在自体が変容

　ノートは「自分や先生だけが見るもの」から，「試行して表現するためのオープンなもの」へと変容した。

C．相手意識が伸びている

　常に説明するべき相手がいるために，「友だちの考えを聞いてみたい」「自分の考えを聞いてほしい」という関係が育った。

②学力向上

A．区内の特定課題調査の結果，各学年の学力を示す数値が向上

　とくに，学ぶ力の技能の伸びは大きく，あらゆる側面で学ぶ力と学んだ力が向上した（表 Ⅱ.1）。

B．卒業生が入学した中学校でも学力向上

　卒業生が多く入学した中学校においても，ペア学習に取り組んだ時期を反映して学力の向上がみられたことから，小学校で培った学ぶ力と学力が，中学校での学習の成果に結びついていることが示唆される。

③算数好きの増加

　算数の授業への肯定が90％を超える。中学年から高学年に進むと，算数嫌いが増えることが一般的である。概して，できない，わからない経験が多くな

表Ⅱ.1　区内特定課題調査の結果

現5年生の推移		2014年度			2015年度			2016年度		
		杉並区	本校	差	杉並区	本校	差	杉並区	本校	差
算数	教科全体	62.6	58.6	-4.0	67.0	64.1	-2.9	60.1	59.1	-1.0
	基礎	71.6	68.1	-3.5	78.1	76.6	-1.5	72.0	71.9	-0.1
	応用	43.2	38.3	-4.9	43.2	37.1	-6.1	34.8	31.9	-2.9
	学ぶ力 数学的考え方	44.9	39.7	-5.2	50.7	46.7	-4.0	39.1	36.6	-2.5
	学ぶ力 技能	78.4	73.9	-4.5	80.1	76.0	-4.1	70.1	72.1	2.0
	学んだ力 知識・理解	68.3	65.9	-2.4	77.1	76.2	-0.9	78.6	76.2	-2.4

り，自ずと算数の授業が嫌いになる，算数そのものが苦手になるという状況が生まれやすいが，A小学校においては算数の授業に肯定的な児童が90％を超え，高学年でも算数嫌いが増えないということが特徴的である。児童一人ひとりが主役となれる授業が実現できると，授業嫌い，教科嫌いは生まれにくくなることが理解できる。

（4）ペア学習の新たな課題

　上記のような成果がみられるようになった一方で，新たな課題が出現した。授業に活気がなかった状況に変化が起き，ペア学習で児童の話し合いが盛り上がるため，従来は45分授業で取り扱えていた内容を45分に収めることがむずかしくなった。どうしても休み時間に食い込みやすくなり，次の授業への影響が出ることも生じるようになり，この点をどのように工夫して解決していくかが新たな課題となってきた。

（5）ペア学習の発展

　3年間の計画で進められてきた算数授業におけるペア学習を，その後，全科目で取り入れる試みに挑戦中である。

ここで直面している課題は，以下のとおりである。

①ペア学習を取り入れやすい科目と，取り入れにくい科目がある。

②経験が浅い教師には，一気に全科目でペア学習を行うことがむずかしく，一部の科目から段階的に取り入れる必要がある。

③低学年では，学校や学習形態に慣れるまでに時間がかかり，一部の科目で少しずつペア学習を進める工夫を要する。

④児童の話し合いが増えると 45 分では授業が収まりにくくなるため，全科目で実施することはむずかしい。

　このような課題に向き合いながら，A 小学校では現在も試行錯誤を繰り返し新たな段階に挑戦中である。

Ⅱ-3　同僚性に基づく教育の今後の持続可能性

（1）同僚性に基づく教育がさまざまな可能性を生み出す

　A 小学校での「教育の課程と方法」の開発を支える基盤として重要なのは，教師間の「同僚性」である。前述のとおり，ここでいう「同僚性」とは，教師間で活発な意見交換を意識的に増やし，「相手意識」をもって相互理解を深めながら，教育の課程と方法の開発に団結して取り組む姿勢と方向性を示す。このような同僚性が育まれることによるメリットには，以下のような点がある。

　①学級を超えて，風通しがよくなる

　各学級で直面している課題を開示して，相互に助言をしやすくなる。習熟度別授業において，同一学年間で学級を超えて児童を指導する場合にも，同一の教育課程と方法を共有し，同僚性をもって指導することで，教師も児童もすぐに学習に取り組むことが可能となる。

　②学年を超えて学校全体がまとまる

　教科担任や，担任以外の教師が異なる学級の児童の授業を担当しても，「ペア学習」という共通の学習方法を有するために，一貫した方法で指導がしやすくなり，児童も異なる教師からの指導を抵抗なく受け入れることができる。

　学校全体で共通する問題点を明確にして，教師の個別対応ではなく，教師全

体での効果的，合理的な解決に結びつく。

　③年度を超えて，同僚性が維持される

　一度同僚性が形成されると，一部の教師の異動が生じても，新しく学校に加わる教師が「同僚性」を理解することで学校の教育の課程と方法を円滑に実践しやすくなる。このことにより，よい循環が形成された学校経営が年度を超えて維持される。

　④学習環境の維持と，教師・児童・保護者の同僚性

　児童と保護者は，学年や担任が替わっても，学校全体の「同僚性」という一貫して全体的な教師と教育の体制に支えられて，安心して落ち着いて新しい学年と学級に適応しやすくなる。これは，児童の安定した学習環境の維持につながる。同僚性をもって努力する教師たちを理解し，応援し　協力し，同じ学校で教え合い，学び合う同僚的連帯感が生まれる。

　⑤教師間の同僚性を超えて，地域との同僚性の可能性を拓く

　「同僚性」を核とした，相互に支え合える教師体制が持続することにより，地域からの支援を得やすくなる。PTA，学校運営協議会，学校支援本部，地域住民，ボランティアが，教師の同僚性を支えるという共通目標を理解することで，学校への協力，連携を積極的に行いやすい。

（2）学びの循環へ

　このように，教師間の同僚性は，学級・学年を超え，年度を超え，教師と児童・保護者との関係性を変え，地域との同僚性を引き出す契機となる。

　A小学校では，新しい教育の課程と方法の開発に取り組むことを目標として，教師間の同僚性を核とし，「ペア学習」という方法を洗練させてきた。その結果として，「ペア学習」における児童の学習への取り組み姿勢の変化が起きたが，その変化から児童が大きな成長を遂げただけでなく，その児童の変化によって教師が大きな発見と手ごたえと，喜びを得ることとなった。共感と相手意識をもってペア学習を進める児童の姿から，教師間での共感と相手意識が深まった。児童がペア学習で相手を換えて意見交換することの効果を知って，

教師間での意見交換がしやすくなった。「ペア学習」を通して，学力が向上した。教師が，新しい教育課程と方法の効果を実感でき，自信をもち，以前に増して積極的に教育実践に取り組めるようになった。

　このように，新しい教育課程と方法を開発したことで，教師が変わり，児童が変わり，その変化を受けて教師が変わるという，学びの循環性が生まれたことが，「同僚性」とともにこの実践から得た重要な発見である。A小学校での「教育の課程と方法」の開発と，それを支える「同僚性」は，長い時間や多額のコストを要するものではなく，どこの学校においても，すぐに取り入れることが可能なものである。その点において，教育の今後の持続可能性の重要な鍵を握ると考えられる。

読者のための参考文献
・諏訪哲郎監修／降旗信一・小玉敏也編著『持続可能な未来のための教職論』学文社，2016年
・佐藤学『専門家として教師を育てる―教師教育改革のグランドデザイン』岩波書店，2015年

第8章

中学校・高等学校の教育の課程と方法

　本章では,「市民性教育」を題材として,日本の中学校・高等学校におけ
る市民性教育にかかわる教育課程の特色や課題について明らかにすることを
めざす。そのために,同教育について先進国の1つといわれている英国のシ
ティズンシップ教育を比較の材料として取り上げ,批判的に検討する。

　英国では,2002年から中等教育段階のナショナルカリキュラムに,世界
で初めて必修教科としての「シティズンシップ」が導入された。新教科シ
ティズンシップは,日本と比較しても,教育内容・方法としての体系性や一
貫性においてすぐれたものであった。翻って日本には,市民性を育てること
に関して体系的で一貫した教育課程は今もって存在しない。いっぽう,英国
の教科シティズンシップは,教育課程上の位置づけの変動が激しい。そこで,
市民性教育としてのシティズンシップ教育を今後,日本に根付かせ持続可能
なものにするためには何が必要か,教育課程の視点から反省的に考察しよう。

8-1　校種間の連携における課題

　学校教育関係者にとって,学習指導要領の改訂はほぼ10年に一度の一大事
である。その幼稚園・小・中学校・特別支援学校に関する戦後第九次の改訂が,
2017年3月に告示された(高等学校は約1年遅れる予定)。今次学習指導要領の
改訂は,(教師が)何を教えるかよりも(子どもが)何を学んだか,教師の一方
的な講義よりも学習者の主体的・対話的で深い学び(いわゆるアクティブ・ラー
ニング)を重視するなど,今日的な世界の教育改革の潮流をふまえたものであ
るといわれている。

　しかし,いかに学習指導要領が世界の潮流やわが国の今日的な課題をふまえ

たものになったとしても，日本の学校教育における教育課程にかかわる最大の問題の1つは，校種間の連携が希薄なことである。それがために，よほど意識の高い人でなければ，小学校の先生が中学校の学習指導要領をみることはないし，中学校の先生が高等学校の学習指導要領を読むこともない。そして，その逆もない。このような連携の悪さが小・中・高という学校種（年齢）別による輪切りの教育を生んでいる。

　ちなみに，この校種間の連携・接続の悪さは，管見のかぎり世界に共通していて，なにも日本だけが特殊というわけではない。しかし，世界の大勢，とくに欧米では，初等・中等という校種の分け方が一般的であるので，幸いにも中等教育としての一貫性は保たれている場合が多い。そこで，本章では英国のとくにシティズンシップ（市民性）教育を取り上げ，日本の中等教育としての「市民性教育」と比較・対照することを通して，本章に求められている「中学校・高等学校における教育課程」のあるべき姿について検討したい。

8-2　シティズンシップ教育とは何か

　そもそも「citizenship」とは citizen と ship の合成語であって，「citizen」には国民，市民，公民，住民，人民，臣民などの意味が，「ship」には性格，性質，資質，能力，態度などの意味があり，これらのどの側面に注目するかによってシティズンシップの意味するところも変わってくる。

　シティズンシップをとらえる要素にもさまざまなものがある。デランティ（Delanty, G.）によれば，近代的シティズンシップは，権利，義務，参加，アイデンティティの4つの構成要素の束であり，「大きな流れとしては，国家との権利・義務関係を強調し，法的地位としてシティズンシップをとらえる見方（形式的理解）から，市民社会への実際的参加やアイデンティティのもちようを重視する見方（実質的理解）へと移行してきている」（岸田・渋谷，2007，p. 7）という。とはいえ，シティズンシップのいずれの側面を重視するかは，対象とする国や地域の来歴，国民／市民の意識，政治思想的伝統，直面する課題などによって異なる。

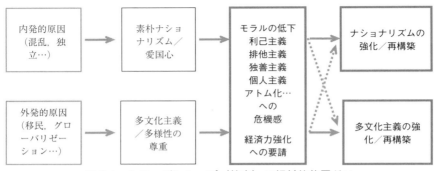

図8.1　シティズンシップ（教育）の相対的位置どり

　概して国家としての創成期にあり，国民意識の形成が強調される地域では，「地位」としてのシティズンシップが強調され，国家としての歴史が長く，国家そのものよりもコミュニティにおける市民としてのあり様が強調される地域では，「実践」としてのシティズンシップが強調される。また，グローバル化のインパクトを国家レベルで深刻にとらえる国にあっては，自国への忠誠心や自国の文化や社会への愛着をもつ国民育成としてのシティズンシップ教育が重視される。いっぽう，多文化化がすでに進行している国では，国という境界を外し，多様性をふまえた統合を目標とするシティズンシップ教育が重視される。これらの世界のシティズンシップ（教育）の相対的な位置どりを示すと，おおよそ図8.1のようになる。

　一般に，「内発的原因」はそのはけ口として，素朴な愛国心／ナショナリズムを昂揚し，それは結果的に利己主義や独善主義を深め，また，それへの危機感としてのナショナリズムの強化／再構築へと向かう。他方，「外発的原因」は多文化主義を後押しするが，多元的価値や多様性の過度の尊重は個々の主体をアトム化し排他的にするので，それへの反省としての多文化主義の再構築が求められる。しかし，どの国も内発的，あるいは外発的原因のみをかかえているのではなく，両者は複雑に絡み合っている。また，問題事象（たとえば若者のモラルの低下や個人主義化）は似ていても，その文脈が異なれば，結果としての対応策も異なる。つまり，内発的原因が多文化主義の再構築に向かうことも

あれば，逆に，外発的な原因がナショナリズムの強化に向かうこともある（水山，2015）。

　以上の考察をふまえて本章では，シティズンシップ教育を「ある1つの政治的・文化的・社会的共同体における構成員教育」ととらえ，「市民性教育」とも呼び替えうるものと基本的にとらえておくこととする。

8-3　英国におけるシティズンシップ教育

（1）シティズンシップ教育の歴史

　英国における国家レベルでの体系的なシティズンシップ教育は，サッチャー保守党政権による1989年のナショナルカリキュラム（以下必要に応じて，「NC」）導入とともに始まった。しかし，1989年版NCにおけるシティズンシップは，8つあるクロスカリキュラム・テーマのうちの1つであって，いわゆる「選択」としての扱いであった。また試験もなかったので，学校教育に与えたインパクトはそれほど大きなものではなかった。シティズンシップが注目されるようになるのは，1999年の第1次NC改訂において，中等学校における必修教科となったことによってである。当時の労働党ブレア政権は，先立つ保守党政権による新自由主義政策のもとで疲弊し希薄となった社会や地域の結束を，教育，とりわけシティズンシップ教育によって再構築しようと考えた。そのような政治的意図も加わって必修化された教科シティズンシップは，同じく労働党ブラウン政権下での第2次NC改訂によって若干修正されたものの，その基本的方向性が変わることはなかった。それが大きく変わるのは，キャメロン首相率いる保守党政権に戻って行われた第3次NC改訂（2013年）においてである。第3次改訂においては，教科シティズンシップはNCの必修教科ではあるものの，中核教科ではなく基礎教科と位置づけられ，その記述も大幅に削減された（詳細は後述）。このように英国のシティズンシップ教育は，その時々の政権や政治情勢によって大きく影響を受けてきた。

表 8.1　シティズンシップ教育におけるナショナルカリキュラム（NC）の改訂

時　期	政治の担い手		基本的理念	NC とシティズンシップの地位	
1979-1990	サッチャー	保守党	新自由主義	1989 NC	クロスカリキュラム
1990-1997	メージャー				
1997-2007	ブレア	労働党	第三の道	1999 NC（1）	KS 1・2　選択 KS 3・4　必修
2007-2010	ブラウン			2007 NC（2）	KS 1・2　選択 KS 3・4　必修
2010-2016	キャメロン	保守党	大きな社会	2013 NC（3）	KS 1・2　選択 KS 3・4　必修 （基礎）
2016-	メイ			（　）は改訂	

注：KS＝キーステージ。KS 1 は 5〜7 歳，KS 2 は 7〜11 歳，KS 3 は 11〜14 歳，KS 4 は 14〜16 歳

（2）ナショナルカリキュラムにおけるシティズンシップ

　シティズンシップが NC における必修教科となるにあたって，その基本的方向性を示したのが，「教科シティズンシップのための諮問委員会最終報告書」（1998 年）である。この報告書は，諮問委員会の委員長であった B. クリックに敬意を表して，通称「クリック報告」と呼ばれている。そのなかでクリックは，シティズンシップ教育の目的を次のように述べている。

> 「全国においても地方においても，我々はこの国の政治文化に，単なる変化以上のものをもたらすことを目ざしている。：つまりそれは，人々が自分自身を能動的な市民と見なし，公的な生活に影響を与えることを望み，それを可能とし実現する力を備え，話したり行動したりする前に，そのための証拠を重みづける批判的な能力を身につけることである。」　　　　　（DFEE/QCA 1998, pp.7-8）

　そして，シティズンシップ教育のねらいとして，次の3つをあげている。

> ・参加型民主主義の本質や実行についての知識やスキルや価値を確実なものにし，かつ増大させる。

- 子どもたちが能動的な市民に成長するのに必要な，権利と義務，責任の感覚への気づきを向上させる。
- 上記のことを通して，個人や学校，社会に対する地域やより広い共同体レベルでの参加の価値を確立させる。　　　　　　　　　　　（DFEE/QCA, pp.11-12）

　クリック報告の特徴は，シティズンシップのねらいを「参加型民主主義」の実現と明確にとらえていること，およびその舞台となる市民社会をローカル，ナショナル，EU，グローバルと多面的・重層的にとらえていることにある。このような参加型民主主義を支えるために，クリック報告は，教科シティズンシップを支える主要な柱（ストランド：strand）として次の3つをあげている。これらはそれがまさしく「strand」（「撚り糸」の意味）と述べられているように，相互に影響を及ぼしあいながら，あたかも糸を紡ぐように撚り上げられていくものとされている。

○**社会的道徳的責任**…こどもたちの，非常に幼い段階からの，学級の内外や権威の中での行動やお互いどうしに向けての，自己への信頼と社会的道徳的に責任ある行動についての学び（これはシティズンシップのための本質的な準備状態である）。
○**地域社会への関わり**…こどもたちの，地域社会への参加と奉仕を通しての学びを含む，地域社会での生活と地域社会の重大事についての学びとそれらへの有益な関わり。
○**政治的リテラシー**…こどもたちの，知識とスキルと価値を通した，公共の生活及びそこで自分自身を有益たらしめる方法についての学び。
　　　　　　　　　　　　　　　　　　　　　　　　　　　　　（DFEE/QCA, pp.40-41）

　さらに，本質的な要素（エッセンシャル・エレメンツ）として，「鍵概念と知識・理解」「価値と性向」「技能と（技能を獲得する際の）能力」の3つをあげるとともに，これらの要素間の結びつきを図8.2のような立方体で示した（DFEE/QCA, p.45）。
　以後，今日まで3度，NCは改訂されてきたが，その中核をなす「学習プログラム」の項目立ては表8.2のようになっている。
　さらに，表8.2のなかのとくに中等後期（キーステージ4：日本の高等学校に

当たる）の学習内容を抽出すると，表8.3のようになる（内容の順番は相互の対応を考慮して入れ換えている）。表8.2と表8.3からは次のことがわかる。

①クリック報告（1998）から1999年版NCにかけて

クリック報告の基本要素でもあるストランドやエッセンシャル・エレメンツは，そのままのかたちで1999年版NCに受け継がれることはなかったが，ストランドの3つの柱は「探究とコミュニケーションの技

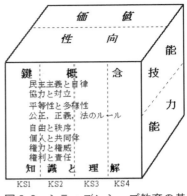

図8.2 シティズンシップ教育の基本的な要素

能」「参加と責任ある行動についての技能」に，同じくエッセンシャル・エレメンツの3つの要素は「見識ある市民になるための知識と理解」「探究とコミュニケーションの技能」「参加と責任ある行動についての技能」のそれぞれに組み込まれて継承された。

表8.2 NCシティズンシップ「学習プログラム」の項目立て

1999年版NC	2007年版NC	2013年版NC
○シティズンシップの重要性 ○学習内容 ○知識とスキルと理解 ・見識ある市民になるにあたっての知識と理解 ・探究とコミュニケーションのスキルを発展させる ・参加と責任ある行動のスキルを発展させる ○到達目標	○シティズンシップの重要性 1.鍵概念 1.1.民主主義と正義 1.2.権利と責任 1.3.アイデンティティと多様性：英国でともに暮らす 2.鍵となるプロセス 2.1.批判的思考と探究 2.2.支持と表明 2.3.見識を持って責任ある行動をする 3.範囲と内容 4.学習の機会 5.到達目標	○学習の目的 ○目標 ○到達目標 ○学習内容

表8.3　シティズンシップ「学習プログラム」（KS 4：中等後期）の学習内容

1999 年版 NC	2007 年版 NC	2013 年版 NC
a）社会の土台をなす法的権利と人権と責任，刑事的・民事的正義のシステムの役割と操作を伴いつつ，それらの権利や責任がどのように市民と関わっているか	a）ローカルからグローバルまでの幅広い範囲での，政治的権利，法的権利，人権と自由 f）英国における（演説，意見，組織，投票）といった様々な権利と自由の発達とそれを求めるもがき b）民法及び刑法の役割と操作及び，裁判制度	・人権と国際法 ・英国の法システム，法の源と複雑な問題を扱う法の機能
c）法律を作成し具体的な形にするにあたっての議会，政府，裁判所の役割	c）国会や政府や裁判所の仕事も含めて，人々とそのプロセスによってどのように法が制定され，形成されたか	・政府の権力，市民や議会の役割，行政府・立法府・裁判所の様々な役割と報道の自由などを含む，英国における議会制民主主義と英国の法体系の基本的な要素
d）民主的な選挙プロセスにおいて積極的な役割を果たすことの重要性	d）地域や国やさらにそれを超えた決定に影響を及ぼすための，民主主義的な選挙のプロセスにおいて市民が取り得る行動	・英国内外での様々な投票システムと，地方や国やそれを越えた場所での決定に影響を与えるために，市民が民主的な投票過程で取り得る行動
	e）イギリス国内における議会制民主主義の操作と，イギリスを越えて民主的，非民主的の両方を含む政体におけるほかのかたちの政府組織	・民主的であるかないかに関わらない，英国の外での政府のシステムと形態
f）個人あるいはボランティアグループが，地方的，国家的，ヨーロッパ的，そして国際	h）ボランティアの領域の仕事も含めた，コミュニティにおける個人と集団の活動の影響と結果	・ボランティア活動への積極的な参加の機会やその他の責任ある活動を含む，自分たちのコ

		ミュニティの発展に市民が寄与することのできる様々な方法
的に，社会的変化をもたらす機会		
g) 情報と影響力のある意見を提供するにあたっての，自由な報道の重要性とインターネットを含む社会におけるメディアの役割	g) メディアと，圧力団体や利益団体からの情報も含めて，情報が公の討論や政策の形成において，どのように使われているか	
e) ビジネスと財政サービスの役割を伴う経済の機能	j) 公のお金の収集と配分についての決定も含めた，シティズンシップと関係した経済	・収入と支出，信用と負債，保険，貯蓄と年金，金融商品とサービス，及び公的な財政
h) 消費者，雇用者，被雇用者の権利と責任	k) 消費者や雇い主や雇用者の権利と責任	
b) 連合王国における多様な国家的，地方的，宗教的，民族的アイデンティティの起源と影響，相互の尊重と理解の必要性	l) 共有された，もしくは共通の展望と価値や，移民の衝撃，集団やコミュニティやアイデンティティの統合を含めた，英国社会における多様性と変化しつつある性質の起源と導入	・英国における多様な国家的，地域的，宗教的，民族的アイデンティティと，相互の理解と尊敬の必要性
i) EUを含むヨーロッパならびに英連邦や国連と連合王国との関係	m) ヨーロッパ，EU，英連邦，国連を含めた，世界におけるイギリスの役割	・地方，地域，国際的な統治と，ヨーロッパ，英連邦，国連，さらに広い世界との英国の関係
j) 持続可能な発展とローカルアジェンダ21を含む，地球規模の相互依存と責任に関する広範な問題とそれへの挑戦	n) 不平等や持続可能性や世界の資源の使い方に関する国際的な不一致や紛争，議論を含む，グローバルなコミュニティが直面する挑戦 i) 持続可能な発展のための政策と実践，ならびにそれらの環境への影響	

② 1999 年版 NC から 2007 年版 NC にかけて

　学習内容はさらに発展し，充実する。特筆されるべきは，学習内容や方法を支える鍵概念が整理されるとともに，第4のストランドともいわれる「アイデンティティと多様性」が付け加えられたことである。これにはイスラム過激派による 2005 年のロンドン地下鉄同時爆破テロ事件が影響している。この第4のストランドは学習内容にも反映し，「移民（問題）」が正面から内容として取り上げられることとなった。

　また，新たに「イギリス国内における議会制民主主義の操作と，イギリスを越えて民主的，非民主的の両方を含む政体におけるほかのかたちの政府組織」が付け加えられるなど，英国的規準からすればとても民主的とはいいがたい国家や政府についても学ぼうとする姿勢が示された。

③ 2007 年版 NC から 2013 年版 NC にかけて

　全体的に記述が縮小された。とりわけ 1999 年版，2007 年版を通して存在していた「メディア・リテラシー」「消費者や雇用者の権利と責任」「資源や環境を含む不平等や持続可能性に対する挑戦」に関する記述が全面的に削除された。逆にそのことによって，「知識としての政治（civics）」「ボランティア活動」「経済やビジネス」「国家的・民族的・宗教的アイデンティティ」に関する学習が強調されることとなった。また，これまで8段階に分けて示されていた到達目標も段階に分けた記述はなくなった。

　以上に示すように，シティズンシップの記述内容は 2007〜2013 年版にかけて大きく変化した。見方を変えると，労働党から保守党へといった国家レベルでの英国の政治の保守化傾向とシティズンシップ教育の退潮は無関係ではない。保守的な政権への批判につながりやすいメディア教育や消費者教育，持続可能性のための教育が遠ざけられ，かわって伝統的な英国的価値や，政治や経済のシステムがクローズアップされるようになったともいえるだろう。

　しかしその一方，KS4（中等後期）の学習プログラムの冒頭で，「生徒は，広範囲の調査戦略を用いて，証拠を重みづけ，説得力のある議論を行い，結論

を実質化するべきである。生徒は，市民が一緒になって問題を解き，社会に貢献できるような，様々な方法を経験し評価するべきである」と述べたり，学習内容に「自分たちのコミュニティの発展に市民が寄与することのできる様々な方法」（表8.3，下線部参照）をあげるなど，クリック報告の3つのストランドを堅持することで，シティズンシップ教育としての基本的な枠組みを保ったものとなっている。

8-4　日本における市民性（シティズンシップ）教育

　市民性（シティズンシップ）にかかわる教育課程の全般を見通す便利な見取図に経産省シティズンシップ教育研究会が作成した学習の形態と場所の両面からシティズンシップ教育プログラムを整理したものがある（図8.3）。この図によれば，シティズンシップ育成にかかわる多くの取り組みが学校の内外で行われていることがわかる。

　そこで，以下，学校にかかわって展開されている市民性教育を，フォーマル（定型・正規）な教育と，インフォーマル（非定型）な教育，およびノンフォー

学習の場　　学習の形態		正規の学校教育 フォーマル		学校以外での教育 ノンフォーマル
		学　校	「学・社」連携	家庭・地域・NPO
定型的 フォーマル	知識習得型	教科学習		地域主体の フリースクール
非定型的 インフォーマル	シミュレーション型	総合的な 学習の 時間	職場体験 ボランティア	社会教育施設での ワークショップ
	体験型			
	プロジェクト型			
実践・参加		生徒会，生徒議会，学校行事	児童・生徒による青少年施設の運営	地域の催事，子供会，町づくり協議会

図8.3　シティズンシップ教育プログラムの分類

マル（非正規）な教育に分けて考察していこう。

（1）学習指導要領にみるフォーマルな市民性教育

　日本におけるフォーマルな学校教育の枠組みは，いうまでもなく学習指導要領が示している。また，学習指導要領において市民性の教育は，主として社会科，道徳，特別活動，総合的な学習の時間が担っている。

　①社会科における市民性教育

　社会科（社会系教科・科目・分野を以下，「社会科」と総称）は，大きく地理，歴史，公民に分けられるが，ここでは，市民性育成ととくに密接にかかわる教科，分野，科目として，中学校社会科公民的分野，高等学校公民科を取り上げる。これらにおける学習指導要領の主な記述は以下のとおりである。

【中学校公民的分野】目標
　現代社会の見方・考え方を働かせ，課題を追究したり解決したりする活動を通して，広い視野に立ち，グローバル化する国際社会に主体的に生きる平和で民主的な国家及び社会の形成者に必要な公民としての資質・能力の基礎を（略）育成することを目指す。

【高等学校公民科 現代社会】目標
　人間の尊重と科学的な探究の精神に基づいて，広い視野に立って，現代の社会と人間についての理解を深めさせ，現代社会の基本的な問題について主体的に考え公正に判断するとともに自ら人間としての在り方生き方について考える力の基礎を養い，良識ある公民として必要な能力と態度を育てる。

【高等学校公民科 倫理】目標
　人間尊重の精神に基づいて，青年期における自己形成と人間としての在り方生き方についての理解と思索を深めさせるとともに，人間の形成に努める実践的意欲を高め，生きる主体としての自己の確立を促し，良識ある公民として必要な能力と態度を育てる。

【高等学校公民科 政治・経済】目標
　広い視野に立って，民主主義の本質に関する理解を深めさせ，現代における政治，経済，国際関係などについて客観的に理解させるとともに，それらに関する諸課題について主体的に考察させ，公正な判断力を養い，良識ある公民として必要な能力と態度を育てる。
（注：中学校については2017年版学習指導要領，高等学校については2011年版

　社会科における公民的な内容の理解は，小学校での「政治の働き」や「国際社会での我が国の役割」などの社会の機能を中心としたものから，中学校での「自由・権利と責任・義務」などの民主主義の概念理解を経て，高等学校での現代社会の諸問題についての探究，および人間の生き方についての思索へと発展していく。公共性の観点からみると，小学校では，公の機能と私の権利が別々に教えられていたものが，中学校になると，私の権利と公の機能の理解を深めるなかで，「自由・権利」対「責任・義務」のように「公」と「私」の緊張関係が社会の課題として扱われるようになる。ちなみに 1998 年版学習指導要領中学校社会編では，社会生活における取り決め（ルール）を扱い，ルールを通して個人と社会との関わりや個人の社会的責任に気づかせることをめざす項目が現れた。しかし，ここでも公的な事柄はあくまでも理解の対象であり，それへの積極的な関与に関する記述はみられない。高等学校では，さらに新たに人間としてのあり方・生き方を追求する側面が強くなるが，いずれにしても「公・私」の二元論に基づいており，新たな公共性を構築していこうとする視点は弱い。

　②道徳における市民性教育

　2017 年版学習指導要領において，道徳は義務教育課程における特別の教科となり，その位置づけが一新された。教科になるということは，教科書を用いて授業を行い，学習の成果を評価することを意味する。ちなみに 2017 年版学習指導要領における中学校の目標は，「よりよく生きるための基盤となる道徳性を養うため，道徳的諸価値についての理解を基に，自己を見つめ，物事を広い視野から多面的・多角的に考え，人間としての生き方についての考えを深める学習を通して，道徳的な判断力，心情，実践意欲と態度を育てる」である。

　また，指導内容は「主として自分自身に関すること」「主として人とのかかわりに関すること」「主として集団や社会とのかかわりに関すること」「主として生命や自然，崇高なものとの関わりに関すること」の 4 つからなっている。

市民性に直接かかわる「主として集団や社会とのかかわりに関すること」の内容からは，［公正，公平，社会正義］［社会参画，公共の精神］［国際理解，国際貢献］など，市民性教育と共通するものの多いことがわかる。と同時に，時間や時代に限定されない普遍的なものを追求しようとする傾向が読み取れる。

　それ以外に注目すべきは，法や決まりの遵守，父母・祖父母，教師や学校の人々への敬愛，愛国心など，すでにある価値や倫理を自明なものとして従うことを求めるものの多いことである。そこでは，なぜ父母や祖父母や教師を敬愛しなければならないのかが根本的に問われることはない。あるのは，すでにあるものとしての公共性や民主主義であって，つくり上げるものとしての公共性や民主主義ではない。

　③特別活動における市民性教育

　特別活動とは「様々な構成の集団から学校生活を捉え，課題の発見や解決を行い，よりよい集団や学校生活を目指して様々に行われる活動の総体」（中央教育審議会答申，2017，p.230）であり，学校教育カリキュラムにおいて体験や活動そのものを学習内容とする，いわゆる「なすことによって学ぶ」唯一の学習領域である。その活動の範囲は，学年・学校段階が上がるにつれて広がりを持ち，社会に出たあとのさまざまな集団や人間関係のなかでその資質・能力は生かされていくことになる。

　また，その内容は「学級活動」「生徒会活動」「学校行事」の大きく３つからなっている。しかしその具体的な活動は，たとえば中学校においては学習指導要領に，学級活動における「学級や学校での生活をよりよくするための課題を見いだし…」，生徒会活動における「学校生活の充実と向上を図るための諸問題の解決に向けて…」，学校行事における「よりよい学校生活を築くための体験的な活動を通して…」とあるだけで，それぞれの活動が扱うテーマについては規定されていない。したがって，活動がどのような知識と結びつくのかが不明であり，活動そのものが自己目的化してしまう可能性が大きい。その場合には政治的なリテラシーの育成も不十分にならざるをえない。

④総合的な学習の時間における市民性教育

　総合的な学習の時間は，学習指導要領においては文字どおり「時間」であって，教科や領域としては扱われない。したがって，教科書もなければ評定（5段階や3段階による評価）も行われない。指導に当たっては，道徳や特別活動と同様に特別な免許や資格を必要とせず，教員なら誰でも指導することができる。この点は英国のシティズンシップの場合と同様である。

　学習のねらいは，「探究的な（探究の）見方・考え方」を働かせて，よりよく課題を解決し，自己の（在り方）生き方を考えることを通して，資質・能力を育成することであり，「課題の設定」→「情報の収集」→「整理・分析」→「まとめ・表現」といった探究のプロセスを通して資質・能力を育成する。また，各教科等の「見方・考え方」を総合的（統合的）に働かせ，広範かつ複雑な事象を多様な角度から俯瞰してとらえ，実社会や実生活の複雑な文脈のなかで物事を考えたり，自分自身の在り方・生き方と関連づけて内省的に考えたりすることが，総合的な学習の時間における学習課程の特徴である（中央教育審議会答申，2016）。

　このように，総合的な学習の時間は教育課程のなかではかなり融通性のある学習が展開できる時間であり，英国のシティズンシップ・学習プログラムがめざす，学習内容としての知識・理解，学習方法としての探究とコミュニケーション，および参加と責任ある行動の技能の育成を，総合的に組み込んだ学習を展開することは十分に可能である。しかし，これはあくまでも可能性であって，指導者によるそれらの意図的な組み込みがなければ，特別活動の場合と同様に，学習活動そのものが自己目的化してしまう可能性が大きい。

　以上，学習指導要領を中心として，市民性の育成と学校カリキュラムのかかわりを，社会科，道徳，特別活動，総合的な学習の時間を通してみてきたが，ここでの結論は，これら4つの教科・領域・時間はそれぞれに市民性の育成とかかわりをもち，大きな役割を担いながらも，それぞれを関連づけるような記述はほとんどみられないということである。

（2）開かれた教育課程としての市民性教育

①インフォーマルな教育

　学校におけるインフォーマルな教育活動の典型は，前節でも一部ふれた特別活動，とりわけ生徒会活動である。しかるにこの半世紀あまり日本では，生徒会活動は募金や地域清掃などの一部のボランティア活動を除いて低調であった。その大きな理由の１つは，1969 年に当時の文部省が出したいわゆる「昭和 44年通知」によって，未成年者の政治的活動が禁止されたことにある。その結果，学校での生徒会活動の政治性は薄れ，校長や教員と対立しそうな自治活動は過剰に自主規制されてきた。またそのことが，生徒たちの「政治嫌い」を助長するなど，政治的リテラシーの育成にマイナスに作用してきた。

　しかるにこの昭和 44 年通知は，文部科学省の「平成 27 年通知」によって廃止されることとなった。同通知は「現実の具体的な政治的事象を扱いながら政治的教養の教育を行うことと，高等学校等の生徒が，実際に，特定の政党等に対する援助，助長や圧迫等になるような具体的な活動を行うことは，区別して考える必要があります」と述べるなど，政治的教養を育む教育を奨励している。ただし，政治活動については，教育基本法第 14 条による「法律に定める学校は，特定の政党を支持し，又はこれに反対するための政治教育その他政治的活動をしてはならない」や，上記通達において「高等学校等の生徒による政治的活動等は，無制限に認められるものではなく，必要かつ合理的な範囲内で制約を受けるものと解される」との記述もあり，その解釈において教育現場を悩ませている。

　とはいえ，クリックが述べるように，政治を「多くの人々の間で正当なものとして受け入れられる方法によって紛争を調停し和解させること」であり，「見解の一致しない諸価値と諸利害の間に納得しうる妥協点を見いだす」（クリック，2004）ことと本質的にとらえるならば，生徒の活動が取り扱うことのできる範囲はさらに広がるはずである。さらに，公職選挙法が改正され 18 歳選挙権が実現した今日，「今こそ生徒会が出番」（『朝日新聞』2016 年 10 月 31 日付）とのとらえ方も増えつつある。このような「政治」の意味の広いとらえ直

しがインフォーマルな教育においては求められている。

②ノンフォーマルな教育

　ノンフォーマルな教育は学校を離れて家庭や地域で展開される非正規の教育をさすが，市民性教育に関しての最大の課題は，その担い手についてである。近年，日本では，租税教育，主権者教育など，国税局や選挙管理委員会といった公的機関による出前授業が増えつつあるが，市民性教育に焦点化した NGO はまだ十分には育っていない。それに対して英国では，ノンフォーマルなシティズンシップ教育を担う市民社会組織や NGO が非常に充実している。これらの社会教育組織が活躍しているからこそ，シティズンシップ教育に「地域社会へのかかわり」というストランドも設定しやすいのだともいえる。組織には規模の大小があるが，主だったところでは，シティズンシップ協会，シティズンシップ財団，ボランティア・マターズ（Volunteering Matters），ハンサード協会などがある。なかでも最も活発に活動している NGO の 1 つがシティズンシップ財団である。手元にある財団の「年次報告書（2011-12）」によると，財団は小学生から 25 歳の若者を対象に，ユニークな学校，地域，国，国際のレベルでさまざまな活動を行っている。たとえば，次のような活動をしている。

（学校レベル）
・「法律家を学校」にプロジェクト
　財団が学校に派遣する法律の専門家と一緒に，中学生が財団の教材となっている今日的な課題（知的財産，人権と警察権力など）に挑戦する。
（地域レベル）
・「お互いさま」プロジェクト
　16〜25 歳の亡命者や難民が，地域の若者と一緒になって地域の問題に取り組む。
（国レベル）
・「国に与える」プロジェクト
　プロジェクトに参加する生徒（12〜16 歳）は，全員が最初に 1 ポンドをもらい，その 1 ポンドで 5 ポンド分の起業をすることが求められる。
（国際レベル）
・「気候変動に関してつながりをつくる」プロジェクト

> ヨーロッパとアフリカの中等学校の生徒が，国を越えて気候変動について学ぶ
> ためのつながりをつくり，行動を起こす。

　日本には，このような子どもたちのシティズンシップ育成に特化して，これ
ほど幅広く活動している NGO，NPO は目下，数えるほどしか存在していない。

8-5　教育課程からみる市民性教育の課題とこれから

　本章では中学・高等学校の教育課程について，内容としての市民性（シティ
ズンシップ）教育を取り上げて，英国を比較の対象としながら検討を進めてき
た。その結果，英国ではシティズンシップ教育としての知識と技能と価値を一
体化させたかたちで市民性を育成しようとするのに対して，日本では，社会科
や道徳や特別活動，総合学習がバラバラに市民性の育成にかかわり，それらの
間に統一性がみられないことが明らかとなった。加えて英国では，中等教育と
しての統一性があるのに対して，日本の中学・高等学校は，監督官庁が異なる
（中学校は市町村教委の義務教育課が，高等学校は都道府県教委が直接指導する）こ
ともあり，相互の交流は少ない。またそのことが市民性教育にも反映して，中
等教育段階における一貫した市民性の確保を困難にしている。

　いっぽう，英国のシティズンシップ教育にも，扱う内容が現実の社会や政治
に近いものであるだけ，時々の政権や政治情勢の影響を受けやすいという問題
がある。しかし，いかに政治的な影響を受けようとも，その骨格となる基本的
なコンセプトは変わらないことも事実である。それは，カリキュラムの構造に
おけるストランドの果たす役割によるところが大きい。日本では，学習目標か
らすぐに学習内容が導き出されるが，英国では，4つのストランドが目標と内
容の間のクッションとなっていて，学習内容の急激な変化を防いでいる（図
8.4）。

　日本には現在，「○○教育」と「教育」の名を冠する試みが300以上あると
いわれているが，その興亡盛衰も激しい。そのなかにあって，市民性教育を一
時の流行に終わらせず，持続可能なものにする鍵は，市民性教育の核となるス

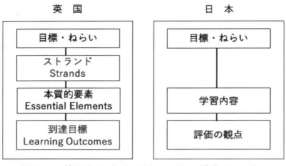

図8.4　英国と日本のカリキュラム構造のちがい

トランドを確立するとともに，そのストランドをもとにして，フォーマル，ノンフォーマル，インフォーマルな教育との連携を構築することである。そのためにもまず，市民性教育を教育課程上の1つの柱としてしっかりと位置づけること，そのことが喫緊の課題である。

読者のための参考文献
・杉本厚夫・高乗秀明・水山光春『教育の3C時代─イギリスに学ぶ教養・キャリア・シティズンシップ教育』世界思想社，2008年
・川口広美『イギリス中等学校のシティズンシップ教育』風間書房，2017年

引用文献
・クリック，B.『デモクラシー』岩波書店，2004年
・岸田由美・渋谷恵「なぜ今シティズンシップ教育か」嶺井明子編『世界のシティズンシップ教育』東信堂，2007年
・経済産業省『シティズンシップ教育宣言』経済産業省／三菱総合研究所，2006年
・水山光春「世界に広がるシティズンシップ教育」日本シティズンシップ教育フォーラム編『シティズンシップ教育で創る学校の未来』東洋館出版社，2015年，pp.24-51
・文部省「高等学校における政治的教養と政治的活動について（通知）」（1969.10.31）1969年
・文部科学省「高等学校等における政治的教養の教育と高等学校等の生徒による政治的活動等について（通知）」（2015.10.29），2015年
・Citizenship Foundation, 2013, *Citizenship Foundation Annual Review 2011-12*, Citizenship Foundation, http: //www.citizenshipfoundation.org.uk/lib_res_pdf/1608.pdf （2017.3.31 最終確認）
・Department for Education, 2014, *National Curriculum in England: Citizenship*

programmes of study for key stages 3 and 4, DfE
- Department for Education and Employment /Qualification and Curriculum Authority, 1998, *Education for citizenship and the teaching of democracy in the schools*, DfEE/QCA.
- Department for Education and Skills /Qualification and Curriculum Authority, 1999, *Citizenship: the National Curriculum for England Key Stages 3-4*. London: DfES /QCA.
- Qualification and Curriculum Authority , 2007, *The National Curriculum statutory requirements for key stages 3 and 4 from September 2008*. London：QCA.

第9章

大学の教育の課程と方法
―「市民」の育成と社会変革―

　前章まで，幼・小・中・高の各教育段階や，民間教育運動，韓国の代案学校といった実践における教育の内容と方法についてみてきたが，ここで大学教育にも目を向けてみよう。昨今の教育改革全般のなかで注目を浴びている「アクティブ・ラーニング」は，もともと大学教育に関する議論のなかで取り上げられたものだが，その背景にはどのような状況があったのか。大学の教育課程とは，誰によって，誰に対し，何のために編成され，そこでは学生の能動的・主体的学修がどのように実現しうるのか。これらについて考えながら，社会を創造する市民の育成を先進的に展開する事例を紹介したうえで，「持続可能で包容的な未来」につながる大学教育として，今後求められる方向性を確認したい。あなたが大学生・大学院生であるならば，大学教育のあり方を批判的視点から検討することが，自らの学びに対し主体的に向き合うことにもつながるだろう。

9-1　大学の教育課程とは：誰が，誰に対して，何のために

（1）誰がつくるのか―大学の教育課程づくりにおける自律性・主体性

　大学教育における教育の課程と方法について考えるために，やはりまずは「誰が，誰に対して，何のために」大学教育課程を編成するのかという視点から整理してみよう。

　大学の教育課程を「誰が」つくるか，このことに大きな影響を与えたのが，1991年，大学審議会が発表した「大学教育の改善について（答申）」である。このなかで，大学教育の質向上のためには各大学の自律的な教育課程編成が重要とされ，大学教育を設置する基準の大綱化，つまりそれまで詳細に定められ

表 9.1　大綱化された大学設置基準（抜粋）

第 2 条　大学は，学部，学科又は課程ごとに，人材の養成に関する目的その他の
　　教育研究上の目的を学則等に定め，公表するものとする
第 19 条　大学は，当該大学，学部及び学科又は課程等の教育上の目的を達成する
　　ために必要な授業科目を自ら開設し，体系的に教育課程を編成するものとする
2 　教育課程の編成に当たっては，大学は，学部等の専攻に係る専門の学芸を教
　　授するとともに，幅広く深い教養及び総合的な判断力を培い，豊かな人間性を
　　育成するよう適切に配慮しなければならない。

ていた授業科目や卒業要件などに関する基準の緩和が提案され，各大学が特色
を生かした教育課程を工夫し編成するよう促されたのである（表 9.1）。その結
果，全国の大学でカリキュラム改革や教育組織再編の動きが活発化し，教育課
程の多様化が進んだ。さらに 2006 年の教育基本法改正においても，「自主性，
自律性その他の大学における教育及び研究の特性が尊重されなければならな
い」と明記され，各大学の自律的な教育課程づくりが特色を生かした質の高い
教育につながるという認識が広く示されてきている。

　いっぽう，近年，政府から各大学へ一律に配分される予算の割合が減り，特
定の課題への取り組みについて選抜された大学に支給される競争的・重点的資
金の獲得が各大学の運営を大きく左右するなか，現実には国の方針が大学の教
育課程編成に依然大きな影響を与えている。たとえば，政府は 2012 年に発表
した「グローバル人材育成戦略」で，国際水準の教育システム確立，留学受入
派遣の促進といった対応の必要性を論じ，その後これに沿うさまざまな大学支
援事業を立ち上げた。その結果，多くの大学がこれら事業に応募，国が示すグ
ローバル人材育成を教育課程に取り入れてきた。また，2015 年，文部科学省
（以下，文科省）が国立大学に宛てた通知で，人文社会科学系や教員養成系学
部・大学院を中心とした組織の見直しや廃止を含む改革を進め「社会的要請の
高い分野」へ取り組むよう求めた結果，教育系学部の教員養成機能への特化，
人文・社会科学系学部の縮小，理工・農学系学部の拡大，地域貢献・国際系学
部増設といった対応をとる大学が広くみられた。

また，大学教育課程の質について一定の基準を設定する動きもみられる。中央教育審議会（以下，中教審）大学分科会が2008年に発表した「学士課程教育の構築に向けて（答申）」のなかで教育の質の「標準性」提示の重要性を指摘したことを受けて，日本学術会議に「大学教育の分野別質保証委員会」が設置され，学問分野ごとに教育の質保証を目的とした「教育課程編成上の参照基準」の設定が進んでいる。

　このように現状では，各大学の特色を生かした教育課程づくりが，あくまで政府などが示す枠組みや方向性のなかで促されている。その枠組みが，よりよい教育へ向けた積極的な取り組みに活用されればよいが，各大学がその場しのぎで政府の方針に振り回され，主体的な教育課程づくりがおろそかになれば，かえって大学教育の質は劣化するであろう。

　こうしたなかで今後ますます重要となるのが，学生による教育課程づくりへの参画だ。学生による授業評価を実施している大学は，1990年代前半には1割に満たなかったのが，2014年度には国公私立大学全体の98％へと広がり，大学教育の内容・方法の改善に向けた検討や議論に学生が加わる事例も広がりつつある（文科省「大学における教育内容等の改革状況について（平成26年度）」）。次にみる「誰に対する・何のための教育か」とも深くかかわるが，大学教育が学生の主体的な学びを重視するならば，教育の計画や実施についても学生が主体的に参画する機会を確保することが必要であり，大学のみならず学生の主体性・自律性に基づく教育課程づくりを実現することが求められる。

（2）誰に対する教育か—多様化する学習者

　つぎに，大学の教育課程とは「誰に対して」つくられるものなのかを考えてみよう。現在，大学・短大・専門学校・高専を含む高等教育機関への進学率は約8割，大学と短大だけでも5割を超え，また大学・短大の収容力（志願者数に対する入学者数の割合）が9割超の「大学全入時代」ともいわれ，大学の「大衆化」が進んでいる（文科省「18歳人口と高等教育機関への進学率等の推移」，2016）。これはつまり，大学で学ぶ人々の層が広がっていることを意味する。

いっぽうで，大学入学者の大半を占める 18 歳の人が全国にどれくらいいるかというと（18 歳人口），1990 年前後の約 200 万人から，2015 年に約 120 万人，2030 年ごろには 100 万人を下回ると予測され，急激な減少が進む。こうした少子化の影響にくわえ，誰もが生涯にわたり学ぶ機会を得られる「生涯学習社会」がうたわれる昨今，さまざまな年代の学習者に対する教育の場として大学を開放する必要性が高まっている。

さらに近年，国境をまたいだ学生移動が世界中で促され，日本でも留学生が増えている。上述の国内学生数の減少と相まって，多様な文化的背景をもつ留学生の割合が，今後増加していくと考えられる。

このように，大学の大衆化，生涯学習の場としての発展，留学生の増加は，どれも大学における学習者を多様化させる。大学の教育課程は，今後ますます対象として多様な学習者を想定せねばならない。

こうした学生の多様化は，大学教育においても学習者の多層化と分裂が進むことを意味する。さまざまな状況にある学生がいるなかでは，大学でも「誰のための学力か」が問われねばならない。近年，グローバル経済のもと日本が成長軌道へと再浮上するために，国際的に活躍する人材の育成が促され，そこでは個人や国の競争力が重視されてきたが，現代社会が直面する課題のグローバル化と複雑化を考えれば，多様な背景をもつ学生がともに生き課題に立ち向かうための学力を身につける「協同の教育」が求められる時代となっているのである。

（3）何のための大学教育か―社会を創造する「市民」の育成

大学教育とは何のためにあるのだろうか。2006 年に改訂された教育基本法には，「学術の中心として，高い教養と専門的能力を培うとともに，深く真理を探究して新たな知見を創造し，これらの成果を広く社会に提供することにより，社会の発展に寄与するものとする」と大学の役割を示す項目が追加された。ここには，大学教育が専門的能力と合わせ教養を育み，社会のための知見を生み出す場であることが記されている。その前年の中教審による「我が国の高等

教育の将来像（答申）」では，「専攻分野についての専門性を有するだけでなく，幅広い教養を身に付け，高い公共性・倫理性を保持しつつ，時代の変化に合わせて積極的に社会を支え，あるいは社会を改善していく資質を有する人材，すなわち『21世紀型市民』」を育てる必要性が強調された。また，文科省が2012年に発表した「大学改革実行プラン〜社会の変革のエンジンとなる大学づくり」では，めざすべき新しい大学像として「学生がしっかり学び，自らの人生と社会の未来を主体的に切り拓く能力を培う大学」があげられた。これらが示すのは，社会を主体的に創造する「市民」としての力を養う大学教育の姿である。

　主体的な社会形成者として未来をつくる力を養うなかでは，序章で論じられた「市民」と「公民（国民）」の分裂や，市民としての「私的個人」と「社会的個人」の矛盾の克服が求められる。学生が，ある組織や国の一員というだけでなく「地球市民」として，公共性を通じ「市民」であることと「公民」であることをつなぎ，また学生の一人ひとりがかけがえのない尊厳をもった自律的な主体として尊重されながら，社会づくりに参画する協同性を通じて「私的個人」と「社会的個人」をつなぐ，つまり「協同性の形成をとおした公共性の形成」を実現していくことが，大学の教育課程においても重要となる。

　いっぽうで，大学教育が社会を創造する力を育て，社会の変革をけん引していく役割を担うというとき，「どのような社会変革を求めるか」を決めるのは誰かという点に注意が必要である。文科省が国立大学に改革を求めた前述の2015年通知について，「社会的要請」として「すぐに成果が見える」「今すぐ役立つ」ことが重視され理工系など一部の分野のみが推進されることの問題が広く指摘された。大学教育はさまざまな分野における専門性と同時に，社会の課題を見いだし新たな社会のあり方を創り出す市民としての力を育む場である。社会の状況を鑑みない大学教育であってはならないが，社会の現実に近視眼的に対応しようとし，批判的思考なく一時の政策に振り回される大学教育であってもならない。大学教育は，誰より学生自らが，常に変化しつづける社会に向き合い，課題や変革を批判的に思考し創造する力を身につけることを支えねば

ならない。「どのような社会変革を求めるか」を決めるのは，ほかでもない学生一人ひとりであり，大学の教育課程には，多様な分野の学生がその一人ひとりとしての力を得る機会を提供することが求められる。

9-2 大学教育における質的転換の模索―「アクティブ・ラーニング」

ここまでみてきた学習者の多様化や，社会を創造する市民を育むという役割への注目を背景に，大学教育における質的転換の必要性が指摘されている。2012年，中教審が発表した「新たな未来を築くための大学教育の質的転換に向けて（答申）」には，以下の提言が記された。

> 生涯にわたって学び続ける力，主体的に考える力を持った人材は，学生からみて受動的な教育の場では育成することができない。従来のような知識の伝達・注入を中心とした授業から，教員と学生が意思疎通を図りつつ，一緒になって切磋琢磨し，相互に刺激を与えながら知的に成長する場を創り，学生が主体的に問題を発見し解を見いだしていく能動的学修（アクティブ・ラーニング）への転換が必要である。すなわち個々の学生の認知的，倫理的，社会的能力を引き出し，それを鍛えるディスカッションやディベートといった双方向の講義，演習，実験，実習や実技等を中心とした授業への転換によって，学生の主体的な学修を促す質の高い学士課程教育を進めることが求められる。　　　　　　　（下線は筆者）

ここでは，とくに大学の学士課程教育について，従来の知識伝達に重きをおく一方向の授業を通じた受動的学習から，教員と学生が対話を積み重ねながら学生が主体的に学ぶ能動的学修への転換の必要性が強調された。さらにこの答申では，そうした転換を，体系的な教育課程や組織的な取り組みとして実現することの重要性が提言された。

ここで能動的学修を示す表現として記され，初等・中等教育を含む教育改革全般におけるキーワードとして急激に広がったのが「アクティブ・ラーニング」である。国内の大学教育においては，1990年代半ばごろから講義後のコメントシートや小テストなど，一部に能動的活動を取り入れる実践が広がりはじめたが，近年は学生の能動性，主体性をより積極的に促す実践として，ディ

表9.2 「学士力」として列記された学習成果

1．知識・理解
・多文化・異文化に関する知識の理解
・人類の文化，社会と自然に関する知識の理解
2．汎用的技能
・コミュニケーション・スキル
・数量的スキル
・情報リテラシー
・論理的思考力
・問題解決力
3．態度・志向性
・自己管理力
・チームワーク，リーダーシップ
・倫理観
・市民としての社会的責任
・生涯学習力
4．統合的な学習経験と創造的思考力

スカッションやディベートのほか，プレゼンテーションやピアインストラクション，グループワークなど，多様な学習方式が取り入れられ，「認知的，倫理的，社会的能力を引き出す」ものとして期待されている（溝上慎一「アクティブラーニング論から見たディープ・アクティブラーニング」松下佳代・京都大学高等教育研究開発推進センター，2015）。

　このようにアクティブ・ラーニングが注目されるのは，「市民」を育むためには，学生の能動性・主体性が不可欠だと考えられているからである。2008年の中教審大学分科会制度・教育部会「学士課程教育の構築に向けて（審議のまとめ)」では，前述の大学で育成すべき「21世紀型市民」の力が「学士力」として提示された（表9.2)。ここに列記された汎用的技能，態度・志向性，創造的思考力といった力を育成するには，従来の知識・技能再生型教育と異なる，能動的・主体的学修を促す教育が不可欠だと考えられるようになった。また，大学の大衆化により目的意識や意欲が不十分なまま進学する学生も増えるなかで「質」の高い教育を実現するには，学生自身の主体的な学びを促す方策が不可欠だという見方も広がっている。

　ここで注意が必要なのは，「アクティブ・ラーニングの手法」を取り入れても，必ずしも能動的・主体的な学びが実現するとは限らないということである。たとえば，学生が「アクティブ・ラーニング」をうたう学習方法を受動的にこなすだけという状況がありうる。表面上能動的に活動しているようにみえるだ

けでなく，学生が自ら学びの意味を見いだし内面で能動的に学ぼうとする真の
アクティブ・ラーニングを実現するためには，参加型の手法を場当たり的に取
り入れるのではなく，カリキュラムや授業，評価までの一連の教育内容と方法
を，目標に方向づけて計画する必要がある。そのうえで，学生が主体的に取り
組める活動や，教員や他の学生との対話の機会を用意することで，多様な学生
の関心や意欲を引き出すことが求められる。

9-3　大学教育における質的転換の現場から

（1）東海大学：主体的市民を育成するパブリック・アチーブメント型教育

　社会を創造する市民を育むための大学教育の質的転換を，体系的な教育課程
のもとで実現しようとする挑戦を，学士教育，大学院教育それぞれの事例から
みてみよう。

　東海大学は，基本理念に「文系的思考と理系的思考の融合，ヒューマニズム
に立脚した思想，平和な社会の構築に資する力の育成」を掲げ，社会を創造す
る力の育成を 1946 年の創立当初から重視してきた大学である。学生による授
業評価をいち早く実施（1984 年より一部実施，1993 年より全学実施）するなど教
育改善に積極的に取り組み，学生の主体性に基づく学修の実現についても以前
から全学的な取り組みを進めてきた。こうした蓄積を基盤に，2018 年度，「パ
ブリック・アチーブメント型教育（以下，PA 型教育）」として主体的市民を育
てる教育を全学的に浸透するためのカリキュラム改革を行う（堀本麻由子，
2017）。

　PA 型教育導入につながる重要な礎は，2001 年，社会づくりを担う「現代市
民として身につけるべき教養」の育成を全学の教育課程の基盤として明確に位
置づけるべく「東海大学型リベラルアーツ」を始動したことにある。2005 年
には，市民に必要な力を「集い力」「挑み力」「成し遂げ力」，2009 年より「自
ら考える力」を加えた 4 つの社会的実践力として整理し，それらの育成につい
て，各学部・学科の教育方針を記すカリキュラム・ポリシーや，各科目のシラ
バスに明示してきた。さらに 2006 年には，4 つの社会的実践力を集中的に育

む授業と学生自主プロジェクトの
推進を担う「チャレンジセン
ター」を設立し，全学部全学年を
対象とした選択科目として，4つ
の力それぞれについて座学を中心
とする入門科目（「集い力（入門）」
など），より実践的な演習科目
（「集い力（演習）」など），さらに
4つの力を総合的に活用する「プ
ロジェクト入門・実践」といった
科目を開講した（年間延べ約5000

写真 9.1　東海大学「挑み力（入門）」のグ
ループワーク　現代社会の課題に
ついて話し合う学生たち

名が履修）。これらの授業は，さまざまな分野の教員が専門性を活かし多様な
内容で実施するが，社会を創る市民としての力を育むという目的や，学生の主
体的学びを重視する方針は，全科目・教員が共有する。また，もう1つの主体
的・能動的な学びの場として推進される学生自主プロジェクトでは，環境・動
植物保護，ものづくり，社会貢献，地域活性，国際交流などに関する活動を学
生自ら企画し，学部・学科を横断する50名以上の仲間を集め，大学の審査を
受け，相応の支援金，活動スペース，教職員の顧問による支援を受けて活動を
展開する。スポーツイベントの実施を通じてスポーツの社会的役割を示す「ス
ポーツ社会貢献プロジェクト」，熊本地震の被災地と交流し現状を発信する
「熊本復興支援プロジェクト」，ソーラーカーや人力飛行機などを制作しレース
に出場する「ライトパワープロジェクト」など，2016年度は全21件のプロ
ジェクト（年間約1500名が参加）が実施された（チャレンジセンターが展開する
授業科目・学生自主プロジェクトについては東海大学チャレンジセンターウェブサ
イト http://www.u-tokai.ac.jp/effort/activity/challenge/ を参照）。

　市民性を育むPA型教育の全学実施という教育課程上の大きな改革は，こう
した蓄積から計画されたものである。PAとは，米国で1990年から実践され
てきた教育理念・方法であり（小玉重夫，2003，pp. 165-174），「普通の」若者

が自らの才能や関心を基盤に社会活動へ参画し，よりよい世界と新たな「政治」のあり方を創り出し，市民性や民主主義を学ぶプロセスとされる。基本理念として，年齢や性別，収入や教育水準に関係なくすべての人が変化を担う主体となれること，市民性や民主主義は軋轢も生むが力を合わせることで非凡な成果を生み出せること，民主主義は異なる背景や意見をもつ人々と問題を解決するなかでこそ学びあうことができ，その営みこそが政治であることを強調する（Augsburg College ウェブサイト「Public Achievement」http://inside.augsburg.edu/publicachievement/ より）。東海大学の PA 型教育は，これに着想を得つつ，「学生に社会の構成員であるという自覚を促し，社会に関わろうとする自発的な意識を醸成する」ことを方針に据え，独自の取り組みとして展開される。

　PA 型教育は，全学部・学科教育への浸透がめざされているが，とくに「PA 科目」と称される「シティズンシップ」「ボランティア」「地域理解」「国際理解」の 4 科目は全学生に対し初年次必修化され（各 1 単位），市民を育てる教養教育として，専門教育を含む教育課程全体をけん引する。これら「PA 科目」の実施を中心的に担うのは，従来の教養教育を担当していた「総合教育センター」と前述の「チャレンジセンター」を統合，新設した「現代教養センター」である。「現代教養」とは，急激な変化と複雑化する問題に直面する現代社会に生きる市民としてよりよい社会と自らの人生を創造するために必要な力であり，「主体的に実践する力，行動する力」と「現代社会の構造を知り，自分をそこに位置づけ，自分の進むべき道を選択するための知の力」から成るとされ，PA 科目はとくに前者に対応する。PA 科目では，「それぞれが社会の発展に関与できることを自覚し，実際に自ら決定し，参加・協働し，社会の問題解決を担う力」，つまり 4 つの社会的実践力にも示されてきた市民力を養うことが重視される。なお，新カリキュラムにおいても，学生自主プロジェクトの支援は重要な教育の柱に位置づけられる。また，各科目において，アクティブ・ラーニングを促すグループワークなどが積極的に取り入れられる。

　8 つのキャンパス，3 万人の学生をかかえながら，学生の主体的・能動的学びに基づく主体的市民の育成を全学的に展開していこうとするこの取り組みに

は大きな可能性があるが，同時に課題も大きい。まず，主体的・能動的学修の実現には，本来，教員のきめ細かい対応や，学生同士の密な交流を可能にする少人数教育が効果的だが，全学必修化と小人数授業の両立は困難である。東海大学では当面，各 PA 科目の履修者を約 80 名ずつに割り振るが，この規模でいかに効果的に学生の主体的な学びを実現できるか，授業の内容，方法ともに工夫が必要となる。また，必修化により学生の多様性も増す。たとえば授業内容に関心をもてなかったり，グループでの議論や作業が苦手であったりという学生も履修することになるなか，学生の多様な経験や関心と教育をつなぎ，主体的な学びを実現することは容易でない。いっぽうで，同一科目を多数の教員が並行して担当するなかで，理念や方針の共有と，各教員の専門性・主体性のバランス調整や，アクティブ・ラーニングを支援するスキルを教員が学びあう研修や交流の場づくりにも工夫が求められる。このように多くの課題を乗り越えねばならないが，試行錯誤の過程を蓄積，共有し，批判的に検討していくことが，今後の大学教育における質的発展を導くことになるであろう。

（2）同志社大学：ソーシャル・イノベーターを育成する社会人大学院教育

　同志社大学大学院総合政策科学研究科は，新時代のジェネラリストの養成を目的に，社会人大学院生の便宜を図った昼夜開講制コースとして 1995 年に開設された。その特徴は，学際的な教育研究体制に対応したカリキュラムと専任教員構成，課題解決を志向した現場主義の教育研究にある。同研究科では，2006 年 4 月から博士前期課程に，ソーシャル・イノベーションコース（SIコース）を設置している（同志社大学大学院総合政策科学研究科ソーシャルイノベーションコースウェブサイト http://sosei.doshisha.ac.jp/curriculum/si.html）。

　ソーシャル・イノベーションとは，すなわち社会革新でありその成果をさす場合も多いが，同時に革新に向けたプロセスそのものをさす場合もある。ソーシャル・イノベーションの意義は，社会を変える力であり，私たちの暮らしを変える力である。その基本は，持続可能で健康な社会への変革であり，それは社会課題の解決だけでなく，生活の価値や様式を刷新することでもある。

SIコースの目的は，「ソーシャ
ル・イノベーター」と呼ぶ地域公
共問題解決に活躍する実践者であ
り研究者でもある人材の養成であ
る。これまで，博士前期（修士）
課程において94名，博士後期課
程において13名の修了者を輩出
し，それぞれソーシャル・イノ
ベーションの修士号および博士号
が授与されている。コースでは，

写真9.2　同志社大学 京町家キャンパスで
の教員と社会人院生とのゼミ風景

前期課程1年次に基礎系と臨床系の科目群の受講，演習科目による社会実験の
企画準備，第1次ワークショップの企画と実施を行う。前期課程2年次には，
社会実験を行い，その成果を検証し，第2次ワークショップを実施して評価を
受け，キャリアデザインの報告と論文を提出する。

　このコースの特徴は，研究の基礎的教育と臨床的教育の双方をおき，さらに
現場社会実験をその必修の中心においている点にある。学生は，社会実験と
ワークショップを企画実施し，自らそれをきめ細かく評価することが求められ
る。社会実験は，院生の自主企画に基づき，院生の相互協力による研究の推進
や，社会変革の先達たちとの協働を重ねることで遂行される。学生は，カリ
キュラムを履修してソーシャル・イノベーションの理論や事例を学びつつ，大
学の研究室や教室にとどまることなく，自らの研究課題に即した主体的・主動
的な現地調査，インターンシップ，社会実験等の実践に取り組む。この過程を
通して，調査研究企画能力が培われることはもちろん，多様な人的ネットワー
クのなかで自らの将来の職業や活動を具体化し，いわば人生を自ら切り開くた
くましい精神と能力が獲得されることが期待されている。これによって，実践
型の研究者であると同時に，研究能力をもつ実践家でもあるソーシャル・イノ
ベーターが養成される。

　自然科学では，研究対象となる問題事象を解明するために仮説を立て，その

仮説を実験によって証明し，その証明手法を他者が履践しても同じ結果が出る
ときに仮説は法則へと発展していく。社会実験においても，社会の多様性とい
う制約はありつつも，基本的には自然科学と同様，研究対象となる社会的課題
の解決の仮説を立てることから始まる。すなわち，ある社会課題を解決する技
術的，制度ないし政策的，あるいは意識やライフスタイルの改革の可能性を探
り，課題解決に有効と思われる自らの具体的実践を仮説として設定するのであ
る。そして，その仮説を社会実験＝解決法の実践の成否によって証明していく。
これまで，劇場，寺院，商店街，京町家，農村集落における農家などで社会実
験が行われてきた。ソーシャル・イノベーターの養成方法として社会実験を重
視するのは，単なる経験は知恵や技術を磨かないということから，仮説実証型
の学習が必要と考え，ある問題解決法を地域や社会集団を対象に実験的に試行
するがゆえである。

　取り組む社会課題の分野としては，社会的起業，地域福祉，地域教育，環境
保全などさまざまであり，テーマ例としては，食を通じた教育事業，高齢者の
地域サポート事業，有機農業実践，農村地域の振興，仕事づくり事業などがあ
る。地域と大学とが協働しながら社会実験を進めているケースばかりであるが，
その1つを紹介しておこう。

　有機農業の起業を耕作放棄地や跡継ぎのいない農地で行ったケースであるが，
博士前期課程1年前期では，地域で農業実践学修と事業構想提案をし，地域の
人々から教わることを繰り返す。1年後期では，農作業の試行と，次年度に行
う実験のための企画提案を多くの人に評価してもらい改善していくための第1
次ワークショップを行う。2年前期には，農作業を学び，事業化計画を作成し
ながら，春・秋を通じて社会実験事業（有機農業）を実施する。さらに2年後
期において，事業成果の振り返りのために第2次ワークショップを，専門家や
地域のステークホルダーの参加を得て実施し，実験の評価を行う。最終的には，
実験結果と自らのキャリアデザインを論文化して，将来のキャリアイメージの
構想を明らかにする。そのキャリアを導く社会的企業の事業計画を同時に示す
ことが修士論文の重要な役割にもなる。こうした研究と実践過程を経た院生の

就農がすでに実現している。

SIコースからは，たとえば，日本初のがん患者さん専門個室美容室を社会起業し，世界経済フォーラム・グローバルシェイパーズにも選出された三田果菜さんや，京都市内で安心にこだわった昔ながらの家庭料理の食堂を経営しながら，一般社団法人エディブル・スクールヤード・ジャパンの共同代表を務める西村和代さん，また兵庫県明石市で身近な自然を題材に人の輪をつなぐ環境教育コーディネーターとして実践を行いつつ市議会議員としても活躍する丸谷聡子さんなど，多彩な人材が輩出している。社会変革を志す社会人が多く所属し，実践的な学びを重視してきたカリキュラムの成果だといえるだろう。

9-4　持続可能で包容的な未来へ向けた大学教育へ

本章では，大学と学生の主体的な教育課程づくりが大切なこと，多様化する学生が主体的市民としてともに生き社会を創造していくための教育が求められ，その実現には学生の主体的・能動的学習が不可欠なことを確認してきた。また，東海大学の全学的な学士課程教育改革や，同志社大学大学院における社会の課題解決を担う社会人教育に，現実の変革の可能性をみてきた。

今後，大学教育が「持続可能で包容的な未来」の実現に資するためには，序章であげられた「学習5本柱」，すなわち「知ることを学ぶ・なすことを学ぶ・人間として生きることを学ぶ・ともに生きることを学ぶ・ともに世界をつくることを学ぶ」が重要な指針となる。とくに，国境や分野，立場を越えた協働が不可欠となった現代において，大学だからこそ実現できる，多様な背景をもつ学生同士，さらに大学外の人々も含め，対等な立場で「ともに生き，ともに世界をつくること」を学びあえる環境は，今後ますます重要性を増す。そして，貧困・社会的排除の影響が，いじめや差別に加え，家庭の経済状況による大学進学格差や，奨学金返済の過剰負担，学生のブラックバイトといった問題に現れる状況に対しても，「ともに生きる・世界をつくることの学び」をもって立ち向かう連帯が重要となる。

最後に，大学が「持続可能で包容的な未来」を創造する市民を育てるために

は，教育の課程や方法のみならず，大学組織そのもののあり方も問われねばならないことも確認しておきたい。いくら教育課程のなかで持続可能性や包容性が強調され，主体的学修が促されても，現実の組織運営において持続可能で包容的なあり方や学生・そのほか関係者の主体的参画が阻まれる状況があれば，それが「隠れたカリキュラム」として学生を逆方向へ誘引する。「ESD（持続可能な開発のための教育）に関するグローバル・アクション・プログラム（GAP）」でも「組織全体での取り組み」が最優先の取り組みとしてあげられているとおり，教育の課程や内容を越えて，大学組織全体で「持続可能で包容的な未来」を創造する主体性が尊重されねばならないのである。

　本章でみた2つの事例はそれぞれ，社会の課題を批判的に見いだしよりよい社会を創造する力を育もうとする取り組みであった。こうした実践の試行錯誤を広く蓄積，共有し，大学全体の質的発展を進めていく必要がある。大学教育が「持続可能で包容的な社会」へ向け「ともに生き世界をつくる」市民を育むESDとして発展していくこと，それが今後の重要な方向性となる。

[読者のための参考文献]
・小玉重夫『シティズンシップの教育思想』白澤社，2003年
・中央教育審議会大学分科会 制度・教育部会「学士課程教育の構築に向けて（審議のまとめ）」2008年，http://www.mext.go.jp/component/b_menu/shingi/toushin/__icsFiles/afieldfile/2013/05/13/1212958_001.pdf（2017.6.25最終確認）
・中央教育審議会「新たな未来を築くための大学教育の質的転換に向けて～生涯学び続け，主体的に考える力を育成する大学へ～（答申）」2012年，http://www.mext.go.jp/component/b_menu/shingi/toushin/__icsFiles/afieldfile/2012/10/04/1325048_1.pdf（2017.6.25最終確認）
・日本学術会議「大学教育の分野別質保証の在り方について」2010年，http://www.scj.go.jp/ja/info/kohyo/pdf/kohyo-21-k100-1.pdf（2017.6.25最終確認）
・松下佳代・京都大学高等教育研究開発推進センター編著『ディープ・アクティブラーニング―大学授業を深化させるために』勁草出版，2015年
・堀本麻由子「パブリック・アチーブメント型教育導入への取り組み」『社会教育学研究』第53巻1号，pp. 39-40，2017年

おわりに

　本書は，教員免許を取得するための教職課程の授業のうち，主に「教育課程論」や「教育方法・技術論」などのテキストとして使用されることを念頭に企画したものである。

　日本の教員養成制度は，戦前，師範学校や高等師範学校などの教員養成を目的とする専門の学校で行うことを基本としていたが，戦後，幅広い視野と高度の専門的知識・技能を兼ね備えた多様な人材を広く教育界に求めることを目的として，教員養成の教育は大学で行うこととした（「大学における教員養成」の原則）。また，国立・公立・私立のいずれの大学のいずれの学部でも，教員免許状取得に必要な所要の単位に関する科目を開設し，学生に履修させることにより，制度上等しく教員養成にたずさわることができることとした（「開放制の教員養成」の原則）。

　しかし最近では，教員免許状が教員として最小限必要な資質能力を保証するものとして評価されていない（平成16年10月文部科学大臣諮問）などの指摘をふまえ，教員養成のあり方がさまざまな観点から見直されてきている。端的にいえば，教員には専門的知識・技能を兼ね備えた高度専門職であることと同時に，教職に就いたその日から，学校という公的組織の一員として実践的任務にあたることとなるため，教職課程履修者には即戦力としての実践性が求められてもいる。

　こうした教員養成の見直し策として，たとえば2017年7月に発表されたで文科省資料「教職課程認定申請の手引き」では，全国すべての大学の教職課程で共通的に修得すべき資質能力を示すものとして，教職コアカリキュラムのあり方が示されており，そのなかで「教育課程の意義及び編成の方法（カリキュラム・マネジメントを含む。）」にかかわる科目については「学校教育において教

育課程が有する役割や機能，並びに意義を理解する。」が，また「教育の方法及び技術（情報機器及び教材の活用を含む。）」にかかわる科目では，「教育の目的に適した指導技術を理解し，身に付ける。」がそれぞれ目標（一般目標）として示されている。

こうした「教育の課程と方法」をめぐる今日の状況のなかで，本書は教職履修学生の皆さんに基本としておさえてほしい内容を示すとともに，「教育の課程と方法」のあり方そのものに対しての明確なメッセージを有している。それは，一言でいえば，「教育の課程と方法」を創造し，実践するのは本書の読者である皆さん自身ということである。まだ現場の経験を十分にもたない読者の皆さんにとってこのメッセージは，やや荷が重いと感じられるかもしれない。筆者の授業の履修者にこのような話をしても「(誰か他者によって決められた「教育課程」にそって）授業を行えるようになるだけでも大変なのに，自ら教育課程をつくるなんてとても考えられない」というぼやきが聞こえてきそうである。だが，教員免許を取得するということは一人の教員として必要最低限の資質・力量をマスターするということである。そうである以上，「教育の課程と方法」の実践と創造の主体が教員一人ひとりであることは教職履修者の皆さんが学んでおくべきことのはずである。本書がその学びの一助となればこれにまさる喜びはない。

　2017 年 7 月

降旗　信一

関連資料

A．幼稚園教育要領，小・中学校学習指導要領等の改訂のポイント　　　2017年3月文部科学省

1．今回の改訂の基本的な考え方

○教育基本法，学校教育法などを踏まえ，これまでの我が国の学校教育の実践や蓄積を活かし，子供たちが未来社会を切り拓くための資質・能力を一層確実に育成。その際，子供たちに求められる資質・能力とは何かを社会と共有し，連携する「社会に開かれた教育課程」を重視。

○知識及び技能の習得と思考力，判断力，表現力等の育成のバランスを重視する現行学習指導要領の枠組みや教育内容を維持した上で，知識の理解の質をさらに高め，確かな学力を育成。

○先行する特別教科化など道徳教育の充実や体験活動の重視，体育・健康に関する指導の充実により，豊かな心や健やかな体を育成。

2．知識の理解の質を高め資質・能力を育む「主体的・対話的で深い学び」

「何ができるようになるか」を明確化

知・徳・体にわたる「生きる力」を子供たちに育むため，「何のために学ぶのか」という学習の意義を共有しながら，授業の創意工夫や教科書等の教材の改善を引き出していけるよう，全ての教科等を，①知識及び技能，②思考力，判断力，表現力等，③学びに向かう力，人間性等の三つの柱で再整理。

（例）中学校理科（生命領域）：①生物の体のつくりと働き，生命の連続性などについて理解させるとともに，②観察，実験など科学的に探究する活動を通して，生物の多様性に気付くとともに規則性を見いだしたり表現したりする力を養い，③科学的に探究しようとする態度や生命を尊重し，自然環境の保全に寄与する態度を養う。

我が国の教育実践の蓄積に基づく授業改善

我が国のこれまでの教育実践の蓄積に基づく授業改善の活性化により，子供たちの知識の理解の質の向上を図り，これからの時代に求められる資質・能力を育んでいくことが重要。小・中学校においては，これまでと全く異なる指導方法を導入しなければならないと浮足立つ必要はなく，これまでの教育実践の蓄積を若手教員にもしっかり引き継ぎつつ，授業を工夫・改善する必要。

（語彙を表現に生かす，社会について資料に基づき考え

る，日常生活の文脈で数学を活用する，観察・実験を通じて科学的に根拠をもって思考するなど）

※学校における喫緊の課題に対応するため，義務標準法＊の改正による16年ぶりの計画的な定数改善を図るとともに，教員の授業準備時間の確保など新学習指導要領の円滑な実施に向けた指導体制の充実や，運動部活動ガイドラインの策定による業務改善などを一層推進。

＊義務標準法：公立義務教育諸学校の学級編制及び教職員定数の標準に関する法律

※既に行われている優れた教育実践の教材，指導案などを集約・共有化し，各種研修や授業研究，授業準備での活用のために提供するなどの支援の充実。

3．各学校におけるカリキュラム・マネジメントの確立

○教科等の目標や内容を見渡し，特に学習の基盤となる資質・能力（言語能力，情報活用能力，問題発見・解決能力等）や現代的な諸課題に対応して求められる資質・能力の育成のためには，教科等横断的な学習を充実する必要。また，「主体的・対話的で深い学び」の充実には単元など数コマ程度の授業のまとまりの中で，習得・活用・探究のバランスを工夫することが重要。

○そのため，学校全体として，教育内容や時間の適切な配分，必要な人的・物的体制の確保，実施状況に基づく改善などを通して，教育課程に基づく教育活動の質を向上させ，学習の効果の最大化を図るカリキュラム・マネジメントを確立。

4．教育内容の主な改善事項

言語能力の確実な育成

・発達の段階に応じた，語彙の確実な習得，意見と根拠，具体と抽象を押さえて考えるなど情報を正確に理解し適切に表現する力の育成（小中：国語）

・学習の基盤としての各教科等における言語活動（実験レポートの作成，立場や根拠を明確にして議論することなど）の充実（小中：総則，各教科等）

理数教育の充実

・前回改訂において2～3割程度授業時数を増加し充実させた内容を今回も維持した上で，日常生活等から問題を見いだす活動（小：算数，中：数学）や見通しをもった観察・実験（小中：理科）などの充実によりさらに学習の質を向上

・必要なデータを収集・分析し，その傾向を踏まえて課題を解決するための統計教育の充実（小：算数，中：

数学），自然災害に関する内容の充実（小中：理科）

伝統や文化に関する教育の充実
・正月，わらべうたや伝統的な遊びなど我が国や地域社会における様々な文化や伝統に親しむこと（幼稚園）
・古典など我が国の言語文化（小中：国語），県内の主な文化財や年中行事の理解（小：社会），我が国や郷土の音楽，和楽器（小中：音楽），武道（中：保健体育），和食や和服（小：家庭，中：技術・家庭）などの指導の充実

道徳教育の充実
・先行する道徳の特別教科化（小：平成30年4月，中：平成31年4月）による，道徳的価値を自分事として理解し，多面的・多角的に深く考えたり，議論したりする道徳教育の充実

体験活動の充実
・生命の有限性や自然の大切さ，挑戦や他者との協働の重要性を実感するための体験活動の充実（小中：総則），自然の中での集団宿泊体験活動や職場体験の重視（小中：特別活動等）

外国語教育の充実
・小学校において，中学年で「外国語活動」を，高学年で「外国語科」を導入
　※小学校の外国語教育の充実に当たっては，新教材の整備，養成・採用・研修の一体的な改善，専科指導の充実，外部人材の活用などの条件整備を行い支援
・小・中・高等学校一貫した学びを重視し，外国語能力の向上を図る目標を設定するとともに，国語教育との連携を図り日本語の特徴や言語の豊かさに気付く指導の充実

その他の重要事項
○幼稚園教育要領
・「幼児期の終わりまでに育ってほしい姿」の明確化（「健康な心と体」「自立心」「協同性」「道徳性・規範意識の芽生え」「社会生活との関わり」「思考力の芽生え」「自然との関わり・生命尊重」「数量や図形，標識や文字などへの関心・感覚」「言葉による伝え合い」「豊かな感性と表現」
○初等中等教育の一貫した学びの充実
・小学校入学当初における生活科を中心とした「スタートカリキュラム」の充実（小：総則，各教科等）
・幼小，小中，中高といった学校段階間の円滑な接続や教科等横断的な学習の重視（小中：総則，各教科等）
○主権者教育，消費者教育，防災・安全教育などの充実
・市区町村による公共施設の整備や租税の役割の理解（小：社会），国民としての政治への関わり方について

自分の考えをまとめる（小：社会），民主政治の推進と公正な世論の形成や国民の政治参加との関連についての考察（中：社会），主体的な学級活動，児童会・生徒会活動（小中：特別活動）
・少子高齢社会における社会保障の意義，仕事と生活の調和と労働保護立法，情報化による産業等の構造的な変化，起業，国連における持続可能な開発のための取組（中：社会）
・売買契約の基礎（小：家庭），計画的な金銭管理や消費者被害への対応（中：技術・家庭）
・都道府県や自衛隊等国の機関による災害対応（小：社会），自然災害に関する内容（小中：理科）
・オリンピック・パラリンピックの開催を手掛かりにした戦後の我が国の展開についての理解（小：社会），オリンピック・パラリンピックに関連したフェアなプレイを大切にするなどスポーツの意義の理解（小：体育，中：保健体育），障害者理解・心のバリアフリーのための交流（小中：総則，道徳，特別活動）
・海洋に囲まれ多数の島からなる我が国の国土に関する指導の充実（小中：社会）
○情報活用能力（プログラミング教育を含む）
・コンピュータ等を活用した学習活動の充実（各教科等）
・コンピュータでの文字入力等の習得，プログラミング的思考の育成（小：総則，各教科等（算数，理科，総合的な学習の時間など））
○部活動
・教育課程外の学校教育活動として教育課程との関連の留意，社会教育関係団体等との連携による持続可能な運営体制（中：総則）
○子供たちの発達の支援（障害に応じた指導，日本語の能力等に応じた指導，不登校等）
・学級経営や生徒指導，キャリア教育の充実について，小学校段階から明記（小中：総則，特別活動）
・特別支援学級や通級による指導における個別の指導計画等の全員作成，各教科等における学習上の困難に応じた指導の工夫（小中：総則，各教科等）
・日本語の習得に困難のある児童生徒や不登校の児童生徒への教育課程（小中：総則），夜間その他の特別の時間に授業を行う課程について規定（中：総則）

出所：文科省ウェブサイト http://www.mext.go.jp/a_menu/shotou/new-cs/__ics　Files/afieldfile/2017/06/16/1384662_2.pdf

前　文

　教育は，教育基本法第 1 条に定めるとおり，人格の完成を目指し，平和で民主的な国家及び社会の形成者として必要な資質を備えた心身ともに健康な国民の育成を期すという目的のもと，同法第 2 条に掲げる次の目標を達成するよう行われなければならない。

　1 幅広い知識と教養を身に付け，真理を求める態度を養い，豊かな情操と道徳心を培うとともに，健やかな身体を養うこと。

　2 個人の価値を尊重して，その能力を伸ばし，創造性を培い，自主及び自律の精神を養うとともに，職業及び生活との関連を重視し，勤労を重んずる態度を養うこと。

　3 正義と責任，男女の平等，自他の敬愛と協力を重んずるとともに，公共の精神に基づき，主体的に社会の形成に参画し，その発展に寄与する態度を養うこと。

　4 生命を尊び，自然を大切にし，環境の保全に寄与する態度を養うこと。

　5 伝統と文化を尊重し，それらをはぐくんできた我が国と郷土を愛するとともに，他国を尊重し，国際社会の平和と発展に寄与する態度を養うこと。

　これからの学校には，こうした教育の目的及び目標の達成を目指しつつ，一人一人の児童が，自分のよさや可能性を認識するとともに，あらゆる他者を価値のある存在として尊重し，多様な人々と協働しながら様々な社会的変化を乗り越え，豊かな人生を切り拓き，持続可能な社会の創り手となることができるようにすることが求められる。このために必要な教育の在り方を具体化するのが，各学校において教育の内容等を組織的かつ計画的に組み立てた教育課程である。

　教育課程を通して，これからの時代に求められる教育を実現していくためには，よりよい学校教育を通してよりよい社会を創るという理念を学校と社会とが共有し，それぞれの学校において，必要な学習内容をどのように学び，どのような資質・能力を身に付けられるようにするのかを教育課程において明確にしながら，社会との連携及び協働によりその実現を図っていくという，社会に開かれた教育課程の実現が重要となる。

　学習指導要領とは，こうした理念の実現に向けて必要となる教育課程の基準を大綱的に定めるものである。学習指導要領が果たす役割の一つは，公の性質を有する学校における教育水準を全国的に確保することである。ま

た，各学校がその特色を生かして創意工夫を重ね，長年にわたり積み重ねられてきた教育実践や学術研究の蓄積を生かしながら，児童や地域の現状や課題を捉え，家庭や地域社会と協力して，学習指導要領を踏まえた教育活動の更なる充実を図っていくことも重要である。

　児童が学ぶことの意義を実感できる環境を整え，一人一人の資質・能力を伸ばせるようにしていくことは，教職員をはじめとする学校関係者はもとより，家庭や地域の人々も含め，様々な立場から児童や学校に関わる全ての大人に期待される役割である。幼児期の教育の基礎の上に，中学校以降の教育や生涯にわたる学習とのつながりを見通しながら，児童の学習の在り方を展望していくために広く活用されるものとなることを期待して，ここに小学校学習指導要領を定める。

第 1 章　総　則

第 1　小学校教育の基本と教育課程の役割

1　各学校においては，教育基本法及び学校教育法その他の法令並びにこの章以下に示すところに従い，児童の人間として調和のとれた育成を目指し，児童の心身の発達の段階や特性及び学校や地域の実態を十分考慮して，適切な教育課程を編成するものとし，これらに掲げる目標を達成するよう教育を行うものとする。

2　学校の教育活動を進めるに当たっては，各学校において，第 3 の 1 に示す主体的・対話的で深い学びの実現に向けた授業改善を通して，創意工夫を生かした特色ある教育活動を展開する中で，次の (1) から (3) までに掲げる事項の実現を図り，児童に生きる力を育むことを目指すものとする。

(1) 基礎的・基本的な知識及び技能を確実に習得させ，これらを活用して課題を解決するために必要な思考力，判断力，表現力等を育むとともに，主体的に学習に取り組む態度を養い，個性を生かし多様な人々との協働を促す教育の充実に努めること。その際，児童の発達の段階を考慮して，児童の言語活動など，学習の基盤をつくる活動を充実するとともに，家庭との連携を図りながら，児童の学習習慣が確立するよう配慮すること。

(2) 道徳教育や体験活動，多様な表現や鑑賞の活動等を通して，豊かな心や創造性の涵養を目指した教育の充実に努めること。

　　学校における道徳教育は，特別の教科である道徳（以下「道徳科」という。）を要として学校の教育活動全体を通じて行うものであり，道徳科は。もとより，各教科，外国語活動，総合的な学習の時間及び特別活

動のそれぞれの特質に応じて，児童の発達の段階を考慮して，適切な指導を行うこと。

　道徳教育は，教育基本法及び学校教育法に定められた教育の根本精神に基づき，自己の生き方を考え，主体的な判断の下に行動し，自立した人間として他者と共によりよく生きるための基盤となる道徳性を養うことを目標とすること。

　道徳教育を進めるに当たっては，人間尊重の精神と生命に対する畏敬の念を家庭，学校，その他社会における具体的な生活の中に生かし，豊かな心をもち，伝統と文化を尊重し，それらを育んできた我が国と郷土を愛し，個性豊かな文化の創造を図るとともに，公共の精神を尊び，社会及び国家の発展に努め，他国を尊重し，国際社会の平和と発展や環境の保全に貢献し未来を拓く主体性のある日本人の育成に資することとなるよう特に留意すること。

(3) 学校における体育・健康に関する指導を，児童の発達の段階を考慮して，学校の教育活動全体を通じて適切に行うことにより，健康で安全な生活と豊かなスポーツライフの実現を目指した教育の充実に努めること。特に，学校における食育の推進並びに体力の向上に関する指導，安全に関する指導及び心身の健康の保持増進に関する指導については，体育科，家庭科及び特別活動の時間はもとより，各教科，道徳科，外国語活動及び総合的な学習の時間などにおいてもそれぞれの特質に応じて適切に行うよう努めること。また，それらの指導を通して，家庭や地域社会との連携を図りながら，日常生活において適切な体育・健康に関する活動の実践を促し，生涯を通じて健康・安全で活力ある生活を送るための基礎が培われるよう配慮すること。

3　2の(1)から(3)までに掲げる事項の実現を図り，豊かな創造性を備え持続可能な社会の創り手となることが期待される児童に，生きる力を育むことを目指すに当たっては，学校教育全体並びに各教科，道徳科，外国語活動，総合的な学習の時間及び特別活動（以下「各教科等」という。ただし，第2の3の(2)のア及びウにおいて，特別活動については学級活動（学校給食に係るものを除く。）に限る。）の指導を通してどのような資質・能力の育成を目指すのかを明確にしながら，教育活動の充実を図るものとする。その際，児童の発達の段階や特性等を踏まえつつ，次に掲げることが偏りなく実現できるようにするものとする。

(1) 知識及び技能が習得されるようにすること。

(2) 思考力，判断力，表現力等を育成すること。

(3) 学びに向かう力，人間性等を涵養すること。

4　各学校においては，児童や学校，地域の実態を適切に把握し，教育の目的や目標の実現に必要な教育の内容等を教科等横断的な視点で組み立てていくこと，教育課程の実施状況を評価してその改善を図っていくこと，教育課程の実施に必要な人的又は物的な体制を確保するとともにその改善を図っていくことなどを通して，教育課程に基づき組織的かつ計画的に各学校の教育活動の質の向上を図っていくこと（以下「カリキュラム・マネジメント」という。）に努めるものとする。

第2　教育課程の編成

1　各学校の教育目標と教育課程の編成

　教育課程の編成に当たっては，学校教育全体や各教科等における指導を通して育成を目指す資質・能力を踏まえつつ，各学校の教育目標を明確にするとともに，教育課程の編成についての基本的な方針が家庭や地域とも共有されるよう努めるものとする。その際，第5章総合的な学習の時間の第2の1に基づき定められる目標との関連を図るものとする。

2　教科等横断的な視点に立った資質・能力の育成

(1) 各学校においては，児童の発達の段階を考慮し，言語能力，情報活用能力（情報モラルを含む，問題発見・解決能力等の学習の基盤となる資質。）・能力を育成していくことができるよう，各教科等の特質を生かし，教科等横断的な視点から教育課程の編成を図るものとする。

(2) 各学校においては，児童や学校，地域の実態及び児童の発達の段階を考慮し，豊かな人生の実現や災害等を乗り越えて次代の社会を形成することに向けた現代的な諸課題に対応して求められる資質・能力を，教科等横断的な視点で育成していくことができるよう，各学校の特色を生かした教育課程の編成を図るものとする。

3　教育課程の編成における共通的事項

(1) 内容等の取扱い

ア　第2章以下に示す各教科，道徳科，外国語活動及び特別活動の内容に関する事項は，特に示す場合を除き，いずれの学校においても取り扱わなければならない。

イ　学校において特に必要がある場合には，第2章以下に示していない内容を加えて指導することができる。また，第2章以下に示す内容の取扱いのうち内容の範囲や程度等を示す事項は，全ての児童に対して指導するものとする内容の範囲や程度等を示したものであり，学校において特に必要がある場合には，この事項にか

216

かわらず加えて指導することができる。ただし，これらの場合には，第2章以下に示す各教科，道徳科，外国語活動及び特別活動の目標や内容の趣旨を逸脱したり，児童の負担過重となったりすることのないようにしなければならない。

ウ　第2章以下に示す各教科，道徳科，外国語活動及び特別活動の内容に掲げる事項の順序は，特に示す場合を除き，指導の順序を示すものではないので，学校においては，その取扱いについて適切な工夫を加えるものとする。

エ　学年の内容を2学年まとめて示した教科及び外国語活動の内容は，2学年間かけて指導する事項を示したものである。各学校においては，これらの事項を児童や学校，地域の実態に応じ，2学年間を見通して計画的に指導することとし，特に示す場合を除き，いずれかの学年に分けて，又はいずれの学年においても指導するものとする。

オ　学校において2以上の学年の児童で編制する学級について特に必要がある場合には，各教科及び道徳科の目標の達成に支障のない範囲内で，各教科及び道徳科の目標及び内容について学年別の順序によらないことができる。

カ　道徳科を要として学校の教育活動全体を通じて行う道徳教育の内容は，第3章特別の教科道徳の第2に示す内容とし，その実施に当たっては，第6に示す道徳教育に関する配慮事項を踏まえるものとする。

(2) 授業時数等の取扱い

ア　各教科等の授業は，年間35週（第1学年については34週）以上にわたって行うよう計画し，週当たりの授業時数が児童の負担過重にならないようにするものとする。ただし，各教科等や学習活動の特質に応じ効果的な場合には，夏季，冬季，学年末等の休業日の期間に授業日を設定する場合を含め，これらの授業を特定の期間に行うことができる。

イ　特別活動の授業のうち，児童会活動，クラブ活動及び学校行事については，それらの内容に応じ，年間，学期ごと，月ごとなどに適切な授業時数を充てるものとする。

ウ　各学校の時間割については，次の事項を踏まえ適切に編成するものとする。

（ア）各教科等のそれぞれの授業の1単位時間は，各学校において，各教科等の年間授業時数を確保しつつ，児童の発達の段階及び各教科等や学習活動の特質を考慮して適切に定めること。

（イ）各教科等の特質に応じ，10分から15分程度の

短い時間を活用して特定の教科等の指導を行う場合において，教師が，単元や題材など内容や時間のまとまりを見通した中で，その指導内容の決定や指導の成果の把握と活用等を責任を持って行う体制が整備されているときは，その時間を当該教科等の年間授業時数に含めることができること。

（ウ）給食，休憩などの時間については，各学校において工夫を加え，適切に定めること。

（エ）各学校において，児童や学校，地域の実態，各教科等や学習活動の特質等に応じて，創意工夫を生かした時間割を弾力的に編成できること。

エ　総合的な学習の時間における学習活動により，特別活動の学校行事に掲げる各行事の実施と同様の成果が期待できる場合において，総合的な学習の時間における学習活動をもって相当する特別活動の学校行事に掲げる各行事の実施に替えることができる。

(3) 指導計画の作成等に当たっての配慮事項

各学校においては，次の事項に配慮しながら，学校の創意工夫を生かし，全体として，調和のとれた具体的な指導計画を作成するものとする。

ア　各教科等の指導内容については，(1)のアを踏まえつつ，単元や題材など内容や時間のまとまりを見通しながら，そのまとめ方や重点の置き方に適切な工夫を加え，第3の1に示す主体的・対話的で深い学びの実現に向けた授業改善を通して資質・能力を育む効果的な指導ができるようにすること。

イ　各教科等及び各学年相互間の関連を図り，系統的，発展的な指導ができるようにすること。

ウ　学年の内容を2学年まとめて示した教科及び外国語活動については，当該学年間を見通して，児童や学校，地域の実態に応じ，児童の発達の段階を考慮しつつ，効果的，段階的に指導するようにすること。

エ　児童の実態等を考慮し，指導の効果を高めるため，児童の発達の段階や指導内容の関連性等を踏まえつつ，合科的・関連的な指導を進めること。　　　　（以下略）

C．教職課程コアカリキュラム

■教職課程コアカリキュラム作成の背景と考え方（案）

(1) 作成の背景

　国民は，公教育の担い手である教員に対して，その職への適性と高い資質能力を期待している。それに応えるためには，教員の養成・採用・研修の各段階を通じた不断の改善努力が求められるが，その中でも教員資格の付与に当たる教職課程の在り方は，最も重要視されなけれ

ばならない。

我が国の教員養成においては，将来，知識基盤社会を生きることになる幼児・児童・生徒の教育に，幅広い視野と高度の専門的知識・技能を兼ね備えた高度専門職である教員が当たることを目的として，教員養成の基幹部分をなしている教職課程は原則として大学における教育研究の一環として学芸の成果を基盤に営まれることになっている。同時に，教員は教職に就いたその日から，学校という公的組織の一員として実践的任務に当たることとなるため，教職課程には実践性が求められている。

このため教職課程は，学芸と実践性の両面を兼ね備えていることが必要とされ，教員養成は常にこの二つの側面を融合することで高い水準の教員を養成することが求められてきた。

しかし，この要請に応えることは簡単ではなく，戦後発足した「大学における教員養成」を巡る様々な議論や批判は，基本的にはこの課題に起因するものであった。従来，大学では学芸の側面が強調される傾向があり，そのことは，課題が複雑・多様化する教育現場から，例えば初任者が実践的指導力や学校現場が抱える課題への対応力を十分に身に付けていない等の批判を受けてきたところである。一方，近時においては，教職課程のあり方，内容，方法について，大学側において反省的検討が進められる動向があり，さまざまな提言や実践的成果の報告が行われるようになってきている。

こうした状況において，教職課程の質的水準に寄与するコアカリキュラム作成の必要性については，平成13年の「国立の教員養成系大学・学部の在り方に関する懇談会」の報告以降，幾度となく同様の趣旨の提言や試案が審議会や関係団体等においてなされてきた。直近では，平成27年の中央教育審議会答申「これからの学校教育を担う教員の資質能力の向上について」において「大学が教職課程を編成するに当たり参考とする指針（教職課程コアカリキュラム）を関係者が共同で作成することで，教員の養成，研修を通じた教員育成における全国的な水準の確保を行っていくことが必要である。」との提言を受けている。この答申を契機に，「教職課程コアカリキュラムの在り方に関する検討会」が開催され検討を行うこととなった。

（2）教職課程コアカリキュラム作成の目的

教職課程コアカリキュラムは，教育職員免許法及び同施行規則に基づき全国すべての大学の教職課程で共通的に修得すべき資質能力を示すものである。

各大学においては，教職課程コアカリキュラムの定める内容を学生に修得させたうえで，これに加えて，地域や学校現場のニーズに対応した教育内容や，大学の自主性や独自性を発揮した教育内容を修得させることが当然である。したがって，教職課程コアカリキュラムは地域や学校現場のニーズや大学の自主性や独自性が教職課程に反映されることを阻害するものではなく，むしろ，それらを尊重した上で，各大学が責任をもって教員養成に取り組み教師を育成する仕組みを構築することで教職課程全体の質保証を目指すものである。

□**教育課程の意義及び編成の方法（カリキュラム・マネジメントを含む。）**

全体目標：学習指導要領を基準として各学校において編成される教育課程について，その意義や編成の方法を理解するとともに，各学校の実情に合わせてカリキュラム・マネジメントを行うことの意義を理解する。

（1）教育課程の意義

一般目標：学校教育において教育課程が有する役割や機能，並びに意義を理解する。

到達目標：
1）学習指導要領・幼稚園教育要領の性格及び位置付け並びに教育課程編成の目的を理解している。
2）学習指導要領・幼稚園教育要領の改訂の変遷及び主な改訂内容並びにその社会的背景を理解している。
3）教育課程が社会において果たしている役割や機能を理解している。

（2）教育課程の編成の方法

一般目標：教育課程編成の基本原理，並びに学校の教育実践に即した教育課程編成の方法を理解する。

到達目標：
1）教育課程編成の基本原理を理解している。
2）教科・領域を横断して教育内容を選択・配列する方法を例示することができる。
3）単元・学期・学年をまたいだ長期的な視野から，また幼児，児童又は生徒や学校，地域の実態を踏まえて教育課程や指導計画を検討することの重要性を理解している。

（3）カリキュラム・マネジメント

一般目標：教科・領域・学年をまたいでカリキュラムを把握し，学校教育課程全体をマネジメントすることの意義を理解する。

到達目標：
1）学習指導要領に規定するカリキュラム・マネジメントの意義や重要性を理解している。
2）カリキュラム評価の基礎的な考え方を理解している。

□教育の方法及び技術（情報機器及び教材の活用を含む。）

全体目標：教育の方法及び技術（情報機器及び教材の活用を含む。）は，これからの社会を担う子供たちに求められる資質・能力を育成するために必要な，教育の方法，教育の技術，情報機器及び教材の活用に関する基礎的な知識・技能を身に付ける。

（1）教育の方法論

一般目標：これからの社会を担う子供たちに求められる資質・能力を育成するために必要な教育の方法を理解する。

到達目標：

1）教育方法の基礎的理論と実践を理解している。

2）これからの社会を担う子供たちに求められる資質・能力を育成するための教育方法の在り方（主体的・対話的で深い学びの実現等）を理解している。

3）学級，児童生徒，教員，教室，教材など授業・保育を構成する基礎的な要件を理解している。

4）学習評価の基礎的な考え方を理解している。
　※幼稚園教諭は「育みたい資質・能力と幼児理解に基づいた評価の基礎的な考え方を理解している。」

（2）教育の技術

一般目標：教育の目的に適した指導技術を理解し，身に付ける。

到達目標：

1）話法，板書など，授業・保育を行う上での基礎的な技術を見に付けている。

2）基礎的な学習指導理論を踏まえて，目標・内容，教材・教具，授業・保育展開，学習形態，評価規準等の視点を含めた学習指導案を作成することができる。

（3）情報機器及び教材の活用

一般目標：情報機器を活用した効果的な授業や適切な教材の作成・活用に関する基礎的な能力を身に付ける。

到達目標：

1）子供たちの興味・関心を高めたり課題を明確につかませたり学習内容を的確にまとめさせたりするために，情報機器を活用して効果的に教材等を作成・提示することができる。
　※幼稚園教諭は「子供たちの興味・関心を高めたり学習内容をふりかえったりするために，幼児の体験との関連を考慮しながら情報機器を活用して効果的に教材等を作成・提示することができる。」

2）子供たちの情報活用能力（情報モラルを含む）を育成するための指導法を理解している。

出所：文部科学省「教職課程認定申請の手引き」
http://www.mext.go.jp/a_menu/education/detail/__icsFiles/afieldfile/2017/07/11/1388006_1_1.pdf

---

D．持続可能な開発のための教育（ESD）に関するグローバル・アクション・プログラム
第 37 回ユネスコ総会採択，2013 年

序　論

1．持続可能な開発は政治的な合意，金銭的誘因，又は技術的解決策だけでは達成できない。持続可能な開発のためには我々の思考と行動の変革が必要である。教育はこの変革を実現する重要な役割を担っている。そのため，全てのレベルの行動によって持続可能な開発のための教育（ESD）の可能性を最大限に引き出し，万人に対する持続可能な開発の学習の機会を増やすことが必要である。持続可能な開発のための教育に関するグローバル・アクション・プログラムは，この行動を生み出すためのものである。本文書は，グローバル・アクション・プログラムの枠組みを示すものである。

2．教育は，長年にわたり持続可能な開発において重要な役割を担っていると認識されてきた。教育の向上及び再方向付けは，1992 年にリオデジャネイロ（ブラジル）で開催された国連環境開発会議にて採択されたアジェンダ 21 の目標の一つであり，その第 36 章では「教育，意識啓発及び訓練の推進」について示している。持続可能な開発へ向けた教育の再方向付けは，2002 年のヨハネスブルグ（南アフリカ共和国）の持続可能な開発に関する世界首脳会議の後に宣言された国連持続可能な開発のための教育の 10 年（DESD・2005〜2014 年）の下，多くの取組の焦点となった。さらに教育は国連気候変動枠組条約（1992 年）及び生物多様性条約（1992 年），国連砂漠化対処条約（1994 年）という，重要ないわゆるリオ 3 条約の要素である。

3．2012 年にリオデジャネイロ（ブラジル）で行われた国連持続可能な開発会議（リオ＋20）の成果文書である「我々が望む未来（The Future We Want）」において，加盟国は，「ESD を促進すること及び DESD 以降も持続可能な開発をより積極的に教育に統合していくことを決意すること」に合意した。ESD に関するグローバル・アクション・プログラムはこの合意に応え，DESD のフォローアップを実施するものである。本件プログラムは，様々なステークホル

ダーとの協議及びインプットを基に作成されている。これは，DESD のフォローアップであると同時に具体的かつ明確なポスト 2015 年アジェンダへの貢献となるものである。

4．DESD は，これまで ESD の認識向上に成功し，世界中のステークホルダーを動員し，国際協力の基盤を作り，政策に影響を与えて国レベルのステークホルダーの連携に貢献し，教育及び学習の全ての分野において多くの具体的な優良事例となるプロジェクトを生み出してきた。同時に，多くの課題も残されており，それは ESD の成功事例の多くは限られた時間枠と予算の範囲内で運用されているに過ぎない，ESD の政策と実践が適切にリンクしていない，教育及び持続可能な開発のアジェンダの主流に ESD が盛り込まれていないといったものである。さらに，持続可能な開発の課題は DESD の開始から更に緊急性を帯びてきており，グローバル・シチズンシップの促進の必要性等の新たな懸念が表面化してきている。したがって，ESD の行動の拡大が必要とされている。

原 則

5．グローバル・アクション・プログラムは，ESD の政策及び実践を網羅している。このグローバル・アクション・プログラムの文脈において，ESD は以下の原則に従うものとして理解されている。

（a）ESD は，現在と将来世代のために，持続可能な開発に貢献し，環境保全及び経済的妥当性，公正な社会についての情報に基づいた決定及び責任ある行動を取るための知識，技能，価値観及び態度を万人が得ることを可能にする。

（b）ESD は，持続可能な開発の重要な問題が教育及び学習に含まれることを伴い，学習者が持続可能な開発の行動へと駆られるような，革新的な参加型教育及び学習の方法を必要とする。ESD は批判的思考，複雑なシステムの理解，未来の状況を想像する力及び参加・協働型の意思決定等の技能を向上させる。

（c）ESD は，権利に基づく教育アプローチを土台としている。これは，質の高い教育及び学習の提供に関係して意義のあることである。

（d）ESD は，社会を持続可能な開発へと再方向付けするための変革的な教育である。これは，教育及び学習の再構成と同様，最終的には教育システム及び構造の再方向付けを必要とする。ESD は教育及び学習の中核に関連しており，既存の教育実践の追加的なものと考えられるべきではない。

（e）ESD は，統合的で均衡の取れた全体的な方法で，

持続可能な開発の環境，社会，経済の柱となるものに関連している。また，同様に，リオ＋ 20 の成果的文書に含まれる持続可能な開発の包括的なアジェンダにも関連しており，中でも貧困削減，気候変動，防災，生物多様性及び持続可能な消費と生産の相関的な問題を含んでいる。ESD は地域の特性に対応し文化多様性を尊重している。

（f）ESD は，フォーマル，ノンフォーマル，インフォーマルな教育，そして幼児から高齢者までの生涯学習を網羅している。したがって，持続可能な開発に向けた広範囲な取組の研修及び普及啓発活動も含む。

（g）このグローバル・アクション・プログラムで使用される ESD という言葉は，その活動自体が ESD という言葉を使用しているかどうか，若しくはその歴史及び文化的背景や環境教育，持続可能性の教育，グローバル教育，発展教育等の特定の優先的な分野にかかわらず，上記の原則に沿った全ての活動を含むものである。

目標（ゴール）と目的

6．グローバル・アクション・プログラムの全体的な目標（ゴール）は，持続可能な開発に向けた進展を加速するために，教育及び学習の全てのレベルと分野で行動を起こし拡大していくことである。このゴールは，さらに，教育セクターに直接関係する目的と，セクターを越えた目的の二つの下位目的がある。

（a）全ての人が，持続可能な開発に貢献するための，知識，技能，価値観，態度を習得する機会を得るため，教育及び学習を再方向付けすること。

（b）持続可能な開発を促進する全ての関連アジェンダ，プログラム及び活動において，教育及び学習の役割を強化すること。

優先行動分野

7．グローバル・アクション・プログラムは，戦略的な焦点及びステークホルダーのコミットメントを可能にするために，五つの優先行動分野に焦点を当てている。DESD の成功及び課題，「未完の事業」に基づいたこの行動分野は，ESD アジェンダの促進のための重要なポイントであると考えられる。教育と持続可能な開発の全てのレベル及び分野における ESD の行動が奨励されているが，このグローバル・アクション・プログラムに基づく行動は，特に下記の分野と戦略目標に焦点を当てている。

政策的支援（ESD に対する政策的支援）

8．ESD を教育と持続可能な開発に関する国際及び国内政策へ反映させる。フォーマル，ノンフォーマル，

インフォーマルな教育及び学習において，持続可能な開発のための教育及び学習を引き出し，ESD のアクションをスケールアップするためには，それを可能にするような政治環境が重要である。適切で一貫性のある政策は，参加型のプロセスに基づき，省庁間及び部門間で協調し，市民社会，民間セクター，学術界及び地域コミュニティと連携しながら作成されるべきである。政治環境を整えることは，実施と適切にリンクしていなければならず，特に次のことが必要である。

(a) 教育分野の全て若しくは一部を定める教育政策に ESD を計画的に取り入れること。これは，カリキュラム及び国家的な基準，学習結果の基準を設定する指標となる枠組み等に ESD を導入することを含む。また，ESD を国際教育アジェンダの重要な要素として取り入れることも含む。

(b) 持続可能な開発の重要な課題に関する政策に ESD を計画的に取り入れること。これは，リオ 3 条約がコミュニケーション，教育，研修，意識啓発を重要な役割とみなしているのに則して，3 条約に関連する国内の政策に教育及び学習の役割を反映させること等を含む。また，ESD を持続可能な開発に関する国際的なアジェンダに取り入れることも含む。

(c) ESD は二国間及び多国間の開発協力枠組みの分類要素である。

機関包括型アプローチ（ESD への包括的取組）

9．全てのレベル（at all levels）と場（in all settings）において ESD の機関包括型アプローチを促進する。機関包括型アプローチあるいは組織全体でのアプローチは，教授内容や方法論の再方向付けだけではなく，コミュニティにおける機関と持続可能な開発のステークホルダーとの協力と同様，持続可能な開発に則したキャンパスや施設管理においても求められるものである。これに関しては，高等教育及び中等教育学校で著しい成果が見られる。このような成果を就学前教育，技術・職業教育，ユース・成人に対する教育・訓練及びノンフォーマルな教育等の他のレベル及び種別の教育にも拡大し，強化する必要がある。機関包括型アプローチの促進のためには，特に次のことが必要である。

(a) 組織全体でのプロセスが，リーダー，教員，学習者，管理者等の全てのステークホルダーが協働して機関全体で ESD を実施するためのビジョンと計画を作り上げることを可能にする方法で編成されること。

(b) 再方向付けを支援するため，機関に対して技術的支援及び可能で適切な範囲の財政支援を行うこと。これは，関連する研究と同様，関連する優良事例や

リーダーシップ及び行政に対する研修，ガイドラインの開発等を含む。

(c) 既存の関連機関同士のネットワークが，機関包括型アプローチに関するピア・ラーニングのような相互支援を容易にし，適応のモデルとして機関包括型アプローチを推進しその認知度を高めるために動員され促進される。

教育者（ESD を実践する教育者の育成）

10．ESD のための学習のファシリテーターとなるよう，教育者，トレーナー，その他の変革を進める人の能力を強化する。教育者は，教育変革を促し，持続可能な開発を学ぶ手助けするために最も重要な「てこ」の一つである。そのため，持続可能な開発及び適切な教育及び学習の方法に関する問題について，トレーナーやその他の変革を進める人と同様，教育者の能力を強化することが急務である。特に次のことが必要である。

(a) ノンフォーマル及びインフォーマルな教育の教員及びファシリテーターと同様，就学前教育・初等中等教育の教員養成及び現職教員研修に ESD を取り入れること。ESD を特定の教科分野に盛り込むことから始めたとしても，最終的には ESD が分野横断的な項目として統合されることにつながる。学校長に対する ESD の研修も含まれる。

(b) 職業技術教育訓練の教員養成及び現職教員研修に ESD を取り入れること。これは，グリーン・ジョブのための技能と同様，持続可能な消費と生産の方法に関する能力の強化を含む。

(c) 持続可能性の問題を教え，解決指向型の多分野にわたる研究を指導・監督し，ESD 及び持続可能な開発に関する政策立案の知識を与えるための能力向上のため，ESD を高等教育機関の学部教授陣の研修に取り入れること。

(d) 例えば資源の効率化及び社会的責任や企業責任等の持続可能な開発の観点が，大学院教育及び政策決定者，公共セクターの職員，ビジネスセクターの社員，メディアと開発の専門家，その他の持続可能な開発に関する分野別及びテーマ別専門家の能力の構築・研修の強化された方法に取り入れられること。これは，民間企業の社員に ESD の社内教育プログラムを実施するのと同様，ESD プログラムのトレーナー研修や管理職教育に ESD を導入すること等を含む。

ユース（ESD への若者の参加の支援）

11．ESD を通じて持続可能な開発のための変革を進める人としての役割を担うユースを支援する。ユースは，彼ら自身及びこれからの世代のためにによりよい将来を

形作ることに，深く関係している。さらにユースは，今日，特にノンフォーマルとインフォーマル学習で，ますます教育プロセスの推進者となっている。ESDを通じて変革を進める人としての役割を担うユースを支援するためには，特に次のことが必要である。

(a) 学習者中心のノンフォーマル及びインフォーマルなユース向けの ESD の学習の機会を充実させること。これは，ESD のeラーニング及びモバイルラーニングの機会の発展と充実等を含む。

(b) 地球規模，国内，地域の持続可能な開発のプロセスにおいて，変革を進める人としてユースが行動するための参加型技能が，フォーマル及びノンフォーマルな ESD 及び ESD 以外の教育プログラムの明確な焦点となること。

地域コミュニティ（ESD への地域コミュニティの参加の促進）

12. ESD を通じた地域レベルでの持続可能な開発の解決策の探求を加速すること。持続可能な開発の効率的・革新的解決策は，しばしば地域レベルで開発されている。例えば，地方自治体，NGO，民間セクター，メディア，教育と研究機関，個々の市民の間でのマルチステークホルダーの対話と協力は重要な役割である。ESD はマルチステークホルダーの学習とコミュニティの関与を支援し，地域と海外をつなげる。持続可能な開発の教育及び学習を最大限に活用するためには，地域レベルの行動促進が必要である。このためには特に次のことが必要である。

(a) マルチステークホルダーの持続可能な開発の学習を容易にする地域のネットワークは，開発，改善，強化されること。これは，既存のネットワークの多様化及び拡大により，先住民のコミュニティを含む新たなより多様なステークホルダーの参加等を含む。

(b) 地方機関や地方自治体は，持続可能な開発の学習の機会を設ける役割を強めること。これは，コミュニティ全員に対する持続可能な開発のノンフォーマル及びインフォーマルな学習の機会の提供と支援と同様に，必要に応じて，地域レベルで ESD を学校教育に取り入れる支援等を含む。

実　施

13. グローバル・アクション・プログラムは，国際，地域，準地域，国家，準国家，国内の地方レベルで実施されることを期待されている。全ての関係ステークホルダーは，五つの優先行動分野の下に活動を発展させることが推奨されている。特に加盟国の政府，市民社会の団体，民間セクター，メディア，学術及び研究の

コミュニティ，学習の促進・支援を行う教育や他の関係機関，個々の教員及び学習者は，政府間機関と同様に責任を負う。教育及び持続可能な開発のステークホルダー双方からの貢献が期待されている。国際レベルの組織構造の軽量化及び国レベルでの実施と目標設定の柔軟性という要望に応え，グローバル・アクション・プログラムは主に分権的な方法で実施されるだろう。

14. 実施を容易にするために，五つの優先行動分野それぞれのキーパートナーが特定され，各優先行動分野の下の特定の行動に関するコミットメントが求められるだろう。これらの活動は，具体的なタイムラインと対象をもち，その他の実施者の活動を促進する触媒となることが期待される。各優先行動分野の下，キーパートナーのための調整フォーラムが設立されるだろう。ESD に関する研究は，各優先行動分野における進展を支援するよう奨励されるだろう。これは ESD への革新的アプローチに関する研究も含む。

15. DESD の経験に基づく国内調整機能の設置，若しくは DESD の下に整備され成功した機能が適切に継続されることが推奨される。加盟各国は各国のフォーカルポイントを明示することが求められる。国連機関間の調整機能は維持されるだろう。グローバル・アクション・プログラムの実施において，機関間及び他の関係機能を通じて，他の関連する国際的なプロセス及びアジェンダとの十分な一貫性が求められるだろう。

16. 事務局は，国連総会の承認が必要であるが，ユネスコが引き続き担う予定である。事務局の主要な役割は，パートナーシップを通じたグローバル・アクション・プログラムの実施を促進すること，世界レベルで進捗状況をモニタリングすること，主要実施者や成功事例のクリアリングハウス（オンライン情報センター）を提供することである。

17. ESD の適切な財源確保の活動の必要性が認識されている。同時に，ESD は，追加的アジェンダではなく，教育と持続可能な開発に横断的に関わるので，教育及び持続可能な開発の既存の資金調達機能からESD へ資金調達できると考えられる。提供者は既存の資金調達機能と ESD の適合性を考慮することが奨励される。ESD のステークホルダーは，既存のポテンシャルを十分に計画的に使用することが奨励される。さらに，グローバル・アクション・プログラムの実施を支援するために，民間セクターを含む新たなパートナーシップを発展させることも考えられる。

18. グローバル・アクション・プログラムの実施状況は，

定期的にモニタリングされるだろう。報告機能は，特定のターゲットやベンチマークを含んだ根拠に基づくモニタリングの必要性，インパクトを重視した報告の必要性，多くのステークホルダーが懸念するグローバル・アクション・プログラムの分権化された実施と同様，各行動分野で期待される異なる行動の特質を考慮して，開発されるだろう。国家，準国家及び国内の地方レベルでの評価機能の開発が奨励される。また必要に応じて，指標の開発が求められる。グローバル・アクション・プログラムの報告に，モニタリング及び評価機能に代わるものが含まれることもあり得る。

19. グローバル・アクション・プログラムは，2014年に開催される「ESDに関するユネスコ世界会議」（愛知県名古屋市・日本）で公式に発表されることが期待されている。グローバル・アクション・プログラムは，5年後にレビューされ，必要に応じて優先行動分野の変更もあり得る。

出所：文部科学省・環境省仮訳

E．教員の役割と地位に関する勧告（抄）
ユネスコ第45回国際教育会議宣言，1996年

宣　言

第45回国際教育会議に集まった我々文部大臣は，

・個人間，人民間，世代間の理解を深め，新しい，より積極的かつより公正な形態での連帯を発展させる必要を心にかけ，

・我々の社会が経験しつつある社会的・経済的・政治的・文化的な激しい変化と，多くの国々に蔓延しつつある貧困，健康，栄養に関するきわめて不安定な状態とが，教育システムの開発，調整，転換に緊急の優先権をもたらしていることを考慮し，

・教師がその考え，方法，実践を通して教育の改革にもたらす貢献の重要性を認め，

・システム全体の中で行われる教育改革と同様，すべての段階，すべての種類の学校および教室の中で，また学校教育のすべての手段を通して行われる教育改革の中で，教師は重要な当事者であることを確信し，

・変化の加速的な足どりによって，教師は単に学習者が知識を理解することを援助し指導することができるだけでなく，学習者が自らのアイデンティティを自覚し，寛容になり，他者や他の文化に対して心を開き，生涯を通じて学習を継続し，そしてそうすることにより，確信を持って未来に立ち向かうことを可能にするよう支援し導

くことができなければならないことを意識し，

・ニュー・テクノロジーの普及は，教育専門職の条件および，教師―学習者間の関係性を確実に転換させることを認識し，

・教師に適用できる既存の国際条約の合意と，とくに，基本的人権に関わる次のような国際文書，1948年の「結社の自由・団結権保護条約」，1949年の「団結権および団体交渉権条約」，1951年にILO総会で採択された「同一賃金条約」および1960年にユネスコ総会で採択された「教育差別禁止条約」等に注目し，

・1966年の「教師の地位に関するILO／ユネスコ勧告」とその適用にあたってのILO／ユネスコ共同の専門家会議報告，1975年に第35回国際教育会議で採択された，「教師の変化する役割並びにその教職の準備と現職教育に及ぼす影響に関する勧告」第69，ならびに，とりわけ職業倫理，市民的・道徳的教育，文化的多様性，国内法規，および人権と基本的自由に関して国際的に承認されている規範をめざす教育職員の研修に優先的に取り組むことを求める1994年の第44回国際教育会議（ICE）宣言，を思い起こし，

ここに決然と宣言するものである

1　各々の社会における社会・経済的，政治的，文化的状況にふさわしい協議，調整の形態による教育システムの改革過程に，教師およびすべての教育パートナーの積極的参加を保証すること

2　教育職に意欲的かつ有能な両性からなる新人を集め，かつそうした人材を維持するような，また，教育が直面する新たな難題解決に役立つような養成教育および現職研修を改善し，教育の刷新を促す方策を採用し，教師の専門的自立と責任感を強化し，その地位と労働条件を向上させるような総合政策を開発し実施すること

3　この総合政策を，適切で質の高い教育を平等に利用できることを保障すること，生涯学習を促進すること，および社会的統合の達成と民主的価値・平和文化の習得のために，学校を主要な手段の一つとすることを意図した戦略の枠組みの中に置くこと

4　極端な貧困，軍事紛争，社会的排除，または遠隔地域など，とりわけ困難な状況の中では働く教師に対する，国，地域，国際の各レベルにおける様々な形態の支援を展開すること

5　学習と，道徳教育，精神教育，市民教育，職業教育の活動的なセンターと考えられる学校の発展のために，またその教育が変わりゆく世界に引き続き適応していけるように，教師とその団体，学習者自身，道徳的精神的権威，家族，実業人，マスメディア，知識人，芸術家，

科学者などすべてのパートナーに呼びかけ，貢献してもらうよう要請すること

6　1996年10月5日，ジュネーブにおいて採択されるこの宣言に付随する勧告により，10月5日の国際教員デーに我々の行動が発展させられること

勧　告
序　文

1　1966年にユネスコとILOにより「教師の地位に関する勧告」が採択されて以来30年，そしてまた教師をテーマとした第35回国際教育会議から21年が過ぎた今，教師の役割，機能，さらに学校および社会における教師と教育者の地位を再度検討する時にいたった。

2　実際，経済・文化・情報に影響を与えつつあるグローバライゼイション，諸領域の国際化と増大する個人の移動，コミュニケーション・メディアの抜本的な革新，コンピュータの日常生活と労働現場への大規模な導入は，教育システムに対する挑戦であるとともに，機会の提供という両側面を表現するものである。同時に，多くの社会と教育システムは深刻な社会統合の問題に直面している。その中には，民族間の紛争と暴力，増大する失業（とりわけ青年の），道徳的価値観の低下，子どもの社会化における家族的紐帯・指導力の衰退とその役割変化が挙げられなければならない。もし，これらすべての挑戦と問題が短期間に克服されなければ，未来の世代にとって特に致命的である不安感とペシミズムを増大させる危険がある。社会にとっての希望，とりわけ若者がより尊厳のある，民主的で実り多い人生が送れるという希望は，教育に結びついている。教育は，人間性を発達させる主要な手段と考えられるからである。

3　これらの変動の結果として教育は変化させられつつあるので，教師は，教育し，教授し，指導し，評価するとともに，自らの自己開発能力を伸ばし，学校の現代化と変化への積極的な対応と，変化を受容する学校づくりに参加することが期待される。教師は学習を援助するだけでなく，市民性の育成と社会への積極的な統合を促進し，好奇心，批判的思考と創造性，自発性と自己決定能力とを発達させなければならない。教師の役割はますます，集団における学習の援助者（ファシリテーター）という役割となるだろう。さらに，他の情報を提供する機関や社会化機関が果たす役割が増大するなかで，教師は，道義的，教育的指導の役割を果たし，学習者がこの大量の情報と様々な価値観のなかで自分の位置を確かめられるようにすることが期待される。共通の教育目標に向かって，様々なパートナーによって供さられる教育活動のまとめ役として機能することを通して，現代の教師は，コミュニティにおける変革の効果的な担い手となるだろう。教師と教育には多くのことが，おそらくは多すぎるほどのことが期待されており，その期待は常に正当な根拠を持つとは限らない。なぜなら，まず第一に，社会の機能不全の解決策を見つけるのは，教師の参加を明らかに伴うにしても，社会自身であるべきだからである。

4　すべての国にあてはまる唯一の解決策を出すことが問題なのではなく，共通の指針を確立することこそが問題である。地域，国家，地方レベルの多様な状況は，こうした指針が（それぞれの状況に合わせて）適用されるべきことをはっきり示唆している。しかしながら，一つの本質的な条件がある。それは，この大規模な教育改革の試みが成功するとしたら，そこには，すべての学校段階とすべての分野における教師たちの間に，またすべての教育スタッフと教育システムにおける公的・私的パートナーとの間に，相互の信頼関係が必ずなければならない。そうした環境を維持するためには，関与するすべての者の専門的能力と役割を，自律性，責任，参加の観点に照らして，明確に定義する基準を確立する必要がある。

5　ILO／ユネスコの「教師の地位に関する勧告」（1966年）の実施は予見した以上に困難であった。しかしながら，過去の経験から二つの結論を導き出すことができ，それはまた，一連の現行勧告の基礎を形成している。

（i）所定の目標を達成するためには，政治的関与と専門的能力の両方が必要である。

（ii）システム的なアプローチは絶対欠かせない。経験は，教師の役割がそれぞれ分離した措置を通しては変更され得ないことを私たちに教えている。それゆえ，第45回ICEの勧告は，総合的な全体として考慮されるべきである。

6　にもかかわらず，教師の生活条件・労働条件が，非常にしばしば，その重要で意義深い任務に相応しいものでないことは銘記されなければならない。それゆえに，この点に特別の注意を向ける必要があり，発展計画の中で教育に優先権を与え，教師の地位を向上させるために努力を惜しんではならない。

出所：菊池恵子訳／河内徳子監訳，教育科学研究会編『教育』No. 612，国土社，1997年

第2期教育振興基本計画 第1部 総論 概要 ～我が国の危機回避に向けた4つの基本的方向性～

教育行政の**4つの基本的方向性**

1. 社会を生き抜く力の養成
～多様で変化の激しい社会の中で個人の自立と協働を図るための主体的な力～

2. 未来への飛躍を実現する人材の養成
～変化や新たな価値を主導・創造し、社会の各分野を牽引していく人材～

3. 学びのセーフティネットの構築
～誰もがアクセスできる多様な学習機会を～

4. 絆づくりと活力あるコミュニティの形成
～社会が人を育み、人が社会をつくる好循環～

我が国を取り巻く危機的状況

今後の社会の方向性
→「自立」「協働」「創造」の3つの理念の実現に向けた生涯学習社会を構築

自立　協働　創造

出所：文部科学省 http://www.mext.go.jp/a_menu/keikaku/
detail/__icsFiles/afieldfile/2013/06/20/1336379_01_1.pdf

索　引

あ行

ICT　6,152
アクティブ・ラーニング　ⅰ,ⅱ,9,20,80,147,162,164,
　176,196,201
ESD　ⅱ,14,30,72,74,77,151,210
ESDカレンダー　80
ESD塾　84
飯田市　82
生きる力　ⅱ,12,18,22,39,40,72,159
異質な他者　16
挑み（力）　144,203
居場所　107
英国のシティズンシップ教育　176
恵庭市　160
NGO　192
NPO　19,140,193
園庭　137
エンパワーメント　29,135
応答責任　5

か行

学習指導案　91
学習指導要領　ⅰ,1,18,35,52,71,132,149,176
学習定着率　165
学力　18,164,147
学力観　38
学力問題　21
隠れたカリキュラム　210
仮説実験授業　48
学校・家庭・地域住民等の相互連携協力　5
学校教育（経営）計画　5
学校教育法　5,38,53,74,130
学校教育法施行規則　19,74
学校経営計画　19
学校経営方針　164
カリキュラム　1,35,53,62,71,165
カリキュラム・マネジメント　ⅳ,103,147
韓国　105
関心・意欲・態度　20
カント,I.　25
キャリアデザイン　208
教育課程　ⅰ,1,18,35,52,71,72,88,129,144,164,176,

196
教育課程自主編成　19,53
教育課程自主編成運動　47,48
教育課程づくりへの参画　198
教育基本法　19,53,149,191,197
教育計画　1
教育振興基本計画　4,5,19,44,153
教育大綱　5,19,71
教科書検定　19
教師による「教育課程の問い直し」　70
協同学習　30
協同の教育　12,199
口伝　87
クリック,B.　180
ケアの思想　28
経験主義　2,26,37
系統主義　26
現代化　26,38
原発学習　ⅳ
原発事故　89
原発停止　78
公害教育カリキュラム　ⅲ,52
公害問題　52
公共　6,22
公共性　188
校長のリーダーシップ42,43
校内研究　164
国際数学・理科教育動向調査（TIMSS）3
国民の教育権　2,18
国家の教育権　18
子どもの権利条約　20,155
子どもの参画　20
こどもの時間　ⅳ,147
コミュニティスクール　ⅳ,160
コメニウス,J. A.　25
コンピテンシー　5,81

さ行

佐藤学　3
算数交換日記　169
自覚的協働関係　ⅲ,35,46
自己教育　20

自己決定　14,20,23
自己肯定感　23
自己実現　23,31
自然体験　5,107,161
持続可能で包容的な社会　v,6,28
持続可能で包容的な未来　196
持続可能な社会　32,72,77
持続可能な発展　184
持続不可能で包容的な未来　131
自治体教育振興計画　5,19
シティズンシップ　205
児童福祉法　130
自発的隷従　86
市民形成　153
市民性（シティズンシップ）教育　7
市民性教育　v,27,176
「市民」の育成　199
下川町　33
社会実験　207
社会に開かれた教育課程　i,iv,1,31,82,103
授業評価　198
主権者教育　27,192
主体的・対話的で深い学び　80,147,176
主体的な学び　24,80,198
生涯学習社会　5
生涯学習の理念　5
職場体験　186
人格の覚醒　36
進路　3
水道方式　87
杉並区　163
ストランド　181
政治教育　7
政治的リテラシー　181
生体域　32
生態系　137
生徒の学習到達度調査（PISA）　5
説明責任　5
全国学力調査　5,150,164
総合的学習　29
総合的な学習の時間　38,40,75,78,88,186,187
相互承認　23,31
ソーシャル・イノベーション　206

た行
代案学校　iv,105
対話的学び　24,80
確かな学力　8
田中裕一　64
多文化　145,178
地域教育計画　2
地域人教育　83
地域に根ざした教育　26
地育力　83
知識基盤社会　i,5,28,72
地方教育行政の組織及び運営に関する法律　74
中央教育審議会　8,21,42,80,198
長期総合教育計画　2,27
地理総合　6
通学合宿　160
道徳　88,187
道徳教育の充実　153
同僚性　v,45,79,162,164
特別の教科　道徳　22

な行
中内敏夫　3,70
なすこと　13
——によって学ぶ　189
——を学ぶ　209
21世紀型　77,200
21世紀型学習　1,12
21世紀的学力　1,8
21世紀の価値観　72
日本教職員組合　53
日本国憲法　20,74,96
認知スキル　84

は行
発達段階　3
パブリック・アチーブメント型教育　203
反転学習／反転授業　6,152
PTA　19,99,163
PDCA（サイクル）　43,150
ビオトープ　137
東日本大震災　8,21,88
ひきこもり　21
PISA　149
開かれた教育課程　191

ファシリテーター　14
フォト・ランゲージ　98
深い学び　24,80
副読本　75,88
不登校　21,84,89
プログラミング教育　6,151
ペア学習　v,162,165
保育所保育指針　130
防災　145
ホールスクール・アプローチ　80
ボランティア　97,183,205

ま行
学びの地図　24
自ら考える力　203
水俣・芦北公害研究サークル　65
水俣市　ⅲ,52
南三陸町　98

民間教育研究団体　53
民主主義の作法　35

や行
ゆとり　8,18,26,38,147,159
ユネスコスクール　77
幼稚園教育要領　ⅳ,19,130
幼保一元化　131
四日市市　ⅲ,52

ら行
臨時教育審議会　26
歴史総合　6

わ行
ワークショップ　207

［編 著］

鈴木 敏正（すずき としまさ）
　1947年生まれ。北海道文教大学人間科学部教授。京都大学大学院博士課程終了（農学博士），博士（教育学，北海道大学）。島根大学農学部助手・助教授，北海道大学教育学部助教授・教授，同学部長・研究科長など，札幌国際大学人文学部教授を経て，現職。元日本社会教育学会会長。
　主な著書・論文：『将来社会への学び』（筑波書房，2016年），『生涯学習の教育学』（北樹出版，2014年），『持続可能な発展の教育学』（東京館出版社，2013年），『持続可能で包容的な社会のために』（北樹出版，2012年），『排除型社会と生涯学習』（北海道大学出版会，2011年，編著）『教育学をひらく』（青木書店，2009年），『現代教育計画論への道程』（大月書店，2008年），『教育の公共化と「社会的協同」』（北樹出版，2006年），『生涯学習の構造化』（北樹出版，2001年），『主体形成の教育学』（御茶の水書房，2000年）

降旗 信一（ふりはた しんいち）
　1962年生まれ。東京農工大学農学部教授。東京農工大学大学院博士後期課程修了。博士（学術）。社団法人日本ネイチャーゲーム協会理事長，鹿児島大学産学官連携推進機構特任准教授，東京農工大学農学部准教授を経て現職
　主な著書・論文：『持続可能な地域と学校のための学習社会文化論』（編著：学文社，2017年），『持続可能な未来のための教職論』（編著：学文社，2016年），『ESD（持続可能な開発のための教育）と自然体験学習—サステイナブル社会の教職教育に向けて—』（単著：風間書房，2014年），『現代自然体験学習の成立と発展』（単著：風間書房，2012年），『現代環境教育入門』（共編著：筑波書房，2009年），『自然体験学習論—豊かな自然体験学習と子どもの未来』（共編著：高文堂出版社，2006年），「公害教育における自然体験学習—水俣公害教育史における自然体験学習の成立期を探る—」（単著：『環境教育』第25巻2号，2015年）など

「ESDでひらく未来」シリーズ
教育の課程と方法—持続可能で包容的な未来のために—

2017年10月5日　第1版第1刷発行
2019年1月30日　第1版第2刷発行

編著　鈴木敏正
　　　降旗信一

発行者　田中千津子　〒153-0064　東京都目黒区下目黒3-6-1
　　　　　　　　　　電話　03（3715）1501 代
発行所　株式　学文社　FAX　03（3715）2012
　　　　会社　　　　　http://www.gakubunsha.com

© Toshimasa SUZUKI・Shinichi FURIHATA 2017　　印刷　亜細亜印刷

ISBN 978-4-7620-2718-5